面向21世纪高等院校会计类核心课程实验实训教材系列

ERP供应链管理系统实验指导教程

用友–U8 V10.1版

毛卫东　叶小平　主　编
杨　洁　王　攀　副主编

上海财经大学出版社

图书在版编目(CIP)数据

ERP 供应链管理系统实验指导教程:用友-U8 V10.1 版/毛卫东,叶小平主编. 一上海:上海财经大学出版社,2018.3
(面向 21 世纪高等院校会计类核心课程实验实训教材系列)
ISBN 978-7-5642-2953-5/F · 2953

Ⅰ.①E… Ⅱ.①毛…②叶… Ⅲ.①企业管理-供应链管理-计算机管理系统-高等学校-教材 Ⅳ.①F274-39

中国版本图书馆 CIP 数据核字(2018)第 027127 号

□ 责任编辑　袁　敏
□ 封面设计　杨雪婷

ERP GONGYINGLIAN GUANLI XITONG SHIYAN ZHIDAO JIAOCHENG
ERP 供应链管理系统实验指导教程
(用友-U8 V10.1 版)

主　编　毛卫东　叶小平
副主编　杨　洁　王　攀

上海财经大学出版社出版发行
(上海市中山北一路 369 号　邮编 200083)
网　　址:http://www.sufep.com
电子邮箱:webmaster @ sufep.com
全国新华书店经销
江苏句容市排印厂印刷装订
2018 年 3 月第 1 版　2018 年 3 月第 1 次印刷

787mm×1092mm　1/16　13 印张　333 千字
印数:0 001—4 000　定价:36.00 元

面向 21 世纪高等院校会计类核心课程实验实训教材系列

编 委 会

主　任：陆竞红

副主任：陈云娟　毛卫东

委　员：陈云娟　陈赛珍　陈委委　毛卫东
　　　　陆竞红　汪　静　王　攀　王家华
　　　　王艳超　熊晓花　杨　洁　虞拱辰
　　　　叶小平

前　言

企业的所有资源,简要地说包括物流、资金流、信息流。ERP 就是对这三种资源进行全面集成管理的管理信息系统。ERP 是一种现代的管理思想、先进的管理理念与科学的管理方法,属于管理科学的范畴。由于这些方法涉及大量的数据、复杂的计算、反复的校核对比,用人工进行计算几乎不可能,因此必须借助计算机程序来辅助,还要有一整套业务流程来实现,这就是 ERP 系统。

本教材以用友 ERP-U8 V10.1 实验平台为蓝本模拟了浙江西蒙服装有限公司一个月的购销存业务,系统介绍供应链管理各子系统的主要内容,同时兼顾与供应链管理密切相关的总账、应收款管理系统和应付款管理系统的有关内容,读者可以通过实验来体验 ERP 供应链管理系统的功能,掌握其功能特点及应用方式,领会财务业务一体化的实质,提高信息化环境下的业务处理能力。

一、内容设计

本教材共分为 6 章,第一章为系统基础设置,介绍用友 ERP-U8 V10.1 管理软件的使用基础、系统管理和业务基础设置,第二章为财务与供应链系统初始设置,通过实验,完成各子系统的初始化,第三～第六章分别介绍了 ERP 供应链管理系统中最重要和最基础的采购管理、销售管理、库存管理、存货核算 4 个子系统的应用方法。每章的内容都包括了功能概述和实验操作指导。功能概述简明扼要地介绍了系统的基本功能;实验操作指导是本教材的重点,每个实验由实验准备、实验要求、实验资料、实验操作指导四个部分组成。实验准备部分将实验前需要做的准备工作进行了说明;实验要求部分对实验内容提出了具体要求;实验资料部分提供了模拟企业发生的经济业务;实验操作指导部分针对实验资料给出的具体操作方法和操作步骤,并通过注意事项对操作中应注意的问题给予必要的提示和说明。另外,本教材还提供了 ERP 综合考核资料,用来考核学习效果。

二、教材特色

为满足不同教学层次 ERP 供应链实务学习的需求和方便读者学习,经过仔细讨论和精细设计,形成了本教材的特色。与同类教材相比,本教材有以下特点:

1. 实用性

本书注重实际操作,全书安排企业经常发生的业务实例近 200 例,按这些实例和操作步骤进行学习,能够掌握用友 ERP-U8 V10.1 供应链管理软件的基本应用技巧,学完之后能够利用会计软件处理中小企业的财务与业务工作。

2. 直观性

本书力求图文并茂、直观易懂。全书插入图 309 幅、表格 39 张,使读者能够直观地了解操作基本方法,与操作结果进行对照学习。

3. 系统性

本书以一个企业账套为载体，完成初始设置、采购管理、销售管理、库存管理和存货核算各个系统的主要业务处理，使读者能够系统、全面地了解财务与业务各个模块的操作流程及相互关系，对软件的功能形成一个完整的认识。

4. 全面性

业务编排上力求避免业务的交叉，每笔业务按业务发生的时间顺序贯穿始终，便于读者完整理解经济业务的全貌，降低初学者的学习难度，加深读者对财务业务一体化业务流程的理解，掌握财务与业务一体化的实质。

本教材可以作为高等院校经济管理专业相关课程的实验教材，也可以作为用友认证考试、企业员工培训和能力提升的案例教材。

本教材内容与结构由教材编写组集体讨论确定，各章节分工如下：第一章和第二章由毛卫东和杨洁编写，第三章由毛卫东和王攀编写；第四章、第五章和第六章由叶小平编写，附录部分由王攀编写，全书由毛卫东统稿。

编者在编写本书的过程中参考了同领域的相关教材，得到了用友公司相关人员的大力支持，同时也获得"浙江师范大学行知学院重点教材项目"的资助，在此深表谢意！

虽然编者在本书编写过程中付出了最大的努力，但是差错难免，恳请广大读者批评指正，并提出宝贵意见。

本教材有配套的账套数据(包括 ERP-U8 V10.1 版)和 PPT 课件，读者如有需要，可在上海财经大学出版社网站下载或与编者联系(编者邮箱：gsxymwd@zjnu.cn，QQ：1041618945)。

编 者

2018 年 1 月

目 录

前言 ·· (1)

第一章 系统基础设置 ·· (1)
1.1 功能概述 ·· (1)
1.2 实验操作指导 ·· (2)
  实验1—1 建立账套 ·· (2)
  实验1—2 业务基础设置 ·· (11)

第二章 财务与供应链系统初始设置 ·· (37)
2.1 功能概述 ·· (37)
2.2 实验操作指导 ·· (38)
  实验2—1 财务系统初始设置 ·· (38)
  实验2—2 供应链管理系统基础设置 ··· (50)

第三章 采购管理系统 ·· (60)
3.1 功能概述 ·· (60)
3.2 实验操作指导 ·· (61)
  实验3—1 普通采购业务 ·· (61)
  实验3—2 特殊采购业务 ·· (92)

第四章 销售管理系统 ·· (110)
4.1 功能概述 ·· (110)
4.2 实验操作指导 ·· (111)
  实验4—1 普通销售业务(一) ··· (111)
  实验4—2 普通销售业务(二) ··· (128)
  实验4—3 分期收款业务 ·· (138)
  实验4—4 委托代销业务 ·· (144)
  实验4—5 销售退货业务 ·· (149)
  实验4—6 直运业务 ·· (156)

第五章　库存管理系统 ……………………………………………………… (163)
　5.1　功能概述 ………………………………………………………………… (163)
　5.2　实验操作指导 …………………………………………………………… (164)
　　实验5—1　库存日常业务 ………………………………………………… (164)
　　实验5—2　其他库存业务 ………………………………………………… (167)

第六章　存货核算系统 ……………………………………………………… (173)
　6.1　功能概述 ………………………………………………………………… (173)
　6.2　实验操作指导 …………………………………………………………… (174)
　　实验6—1　存货日常业务处理 …………………………………………… (174)
　　实验6—2　期末处理与月末结账 ………………………………………… (178)

附录　ERP综合考核 ………………………………………………………… (181)
　考核一　系统管理与基础设置 ……………………………………………… (181)
　考核二　财务与供应链系统初始设置 ……………………………………… (184)
　考核三　采购业务 …………………………………………………………… (187)
　考核四　销售业务 …………………………………………………………… (189)
　考核五　库存管理 …………………………………………………………… (194)
　考核六　往来业务 …………………………………………………………… (196)
　考核七　出入库成本管理 …………………………………………………… (198)

第一章　系统基础设置

1.1　功能概述

ERP系统是企业管理系统中的重要组成部分,由多个子系统组成。各子系统服务于企业的不同管理层面,为不同的管理需求服务。各个子系统本身具有相对独立的功能,各子系统之间存在着紧密的数据关联关系,它们共有一个企业数据库,共同拥有公共基础信息以及相同的账套和年度账,为企业实现财务业务一体化管理提供基础保障。

系统平台就是为企业管理系统正常运行提供基本支撑的平台。系统平台主要由系统管理和企业应用平台两大部分组成。

系统管理的主要功能是对用友ERP-U8管理系统的各个产品进行统一的操作管理和数据维护,包括以下内容:

● 账套管理。账套是指一组相互关联的数据,每一个企业(或每个独立核算部门)的数据在系统内都体现为一个账套,账套管理包括账套建立、账套修改、账套引入、账套输出和决策管理设置等。

● 年度账管理。年度账与账套是两个不同的概念,一个账套中包含企业连续多年的数据。把企业数据按年度划分,称为年度账。一个用户不仅可以建立多个账套,而且每个账套还可以存放不同年度的年度账。通过年度账,可以对不同核算单位以及同一个用户不同时期的数据进行操作。年度账包括年度账的建立、引入、输出以及结转上年数据和清空年度数据等。

● 用户及权限的集中管理。为保证系统内数据的安全、完整与保密,系统管理提供了用户及其功能权限的集中管理功能,通过系统对用户操作分工和权限的管理,可以避免与业务无关的人员进入系统,也可以按照企业需求对各个用户进行管理授权,以保证操作员各负其责。用户及权限的集中管理包括定义角色、设置系统用户及设置用户功能权限等功能。

● 系统数据及运行安全的统一管理。系统管理要对系统运行安全负责,在系统管理中,可以对整个系统的运行过程进行监控,清除系统运行过程中的异常任务、设置系统自动备份计划、查询上机日志、清除单据锁定等功能。

企业应用平台就是用友ERP-U8管理软件的集成应用平台,实现系统基础数据的集中维护、各种信息的及时沟通、数据资源的有效利用。企业应用平台为企业员工、用户、合作伙伴提供了访问系统的唯一通道;通过企业应用平台,系统使用者可以设计个性化工作流程,定义自己的业务工作,设计自己的工作流程,还可以实现与日常办公的协同进行。主要包括以下功能:

● 基础设置。主要包括基本信息、基础档案、数据权限和单据的设置等。在基本信息中,可以设置系统启用、修改建账时设置的分类编码方案和数据精度。在基础档案中,可以设置用友ERP-U8管理软件各个子系统公用的基础档案信息,如机构人员、客商信息、财务信息等;

在数据权限中,可以针对系统数据的操作权限进行进一步细分,在单据设置中,系统提供了个性化单据显示及打印格式的定义等。

● 业务工作。将 ERP-U8 管理软件分为财务会计、人力资源、供应链、企业集成应用等功能群,每个功能群中又包括若干功能模块,此处也是用户访问 ERP-U8 管理软件中各功能模块的唯一入口。

● 系统服务。提供了常用的系统配置工具等。

1.2 实验操作指导

实验 1-1 建立账套

实验准备

安装好用友 ERP-U8 管理软件,分析本企业所处的行业经济业务类型和生产经营活动的特点核算与管理要求,确定本企业个性化的应用方案。

实验要求

- 增加操作员
- 建立核算单位账套
- 对操作员进行授权
- 启用系统
- 备份账套
- 账套引入

实验资料

浙江西蒙服装有限公司(简称"西蒙公司")是一家专业生产男式衬衣、女式衬衣的专业公司,于 2017 年 1 月开始实施会计信息化。该公司下设行政部、财务部、采购部、销售部、仓储部、技术部和生产部。公司购买了用友 ERP-U8 V10.1 系统,并启用总账系统、应收款管理系统、应付款管理系统、采购管理、销售管理、库存管理、存货核算等系统。

西蒙公司相关资料:

1. 建账信息

账套号:666;账套名称:浙江西蒙服装有限公司;启用会计期间:2017 年 1 月 1 日。

2. 单位信息

单位名称:浙江西蒙服装有限公司;单位简称:西蒙公司;单位地址:浙江省金华市北山路 6588 号;法人代表:李兴;邮政编码:321000;联系电话:0579-236108××;电子邮箱:zjxm@sina.com;税号:33070120000888×。

3. 核算类型

该企业记账本位币为人民币(RMB);企业类型为工业,行业性质为 2007 年新会计制度科目;按行业性质预置会计科目;账套主管为李明。

4. 角色分工及其权限

001 李明（口令 001）	角色：账套主管
002 金昌（口令 002）	权限：采购管理、销售管理、库存管理、存货核算
003 钱鑫（口令 003）	权限：总账、应收系统、应付系统

5. 基础信息

增加基础信息设置：存货、客户、供应商分类，无外币核算。

6. 数据精度信息

采用系统默认设置。

7. 分类编码方案（见表 1－1）

表 1－1　　　　　　　　　　　　分类编码方案

基础信息类型	编码方案	基础信息类型	编码方案
科目编码方案	4－2－2	客户分类编码方案	2
部门编码方案	2－2	供应商分类编码方案	2

8. 启用系统和启用日期

以账套主管 001 李明的身份，启用总账、应收款管理、应付款管理、采购管理、销售管理、库存管理和存货核算系统，系统启用日期均为 2017 年 1 月 1 日。

实验指导

1. 以系统管理员的身份登录系统管理

①单击"开始/所有程序/用友 ERP-U8 V10.1/系统服务/系统管理"，打开"系统管理"窗口。

②执行"系统/注册"命令，打开"登录"对话框，如图 1－1 所示。

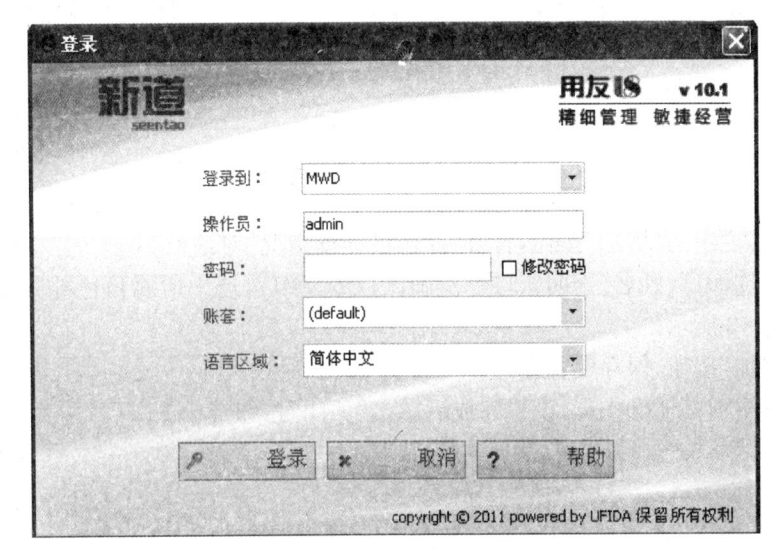

图 1－1　登录系统管理对话框

③系统中预先设置了一个系统管理员 admin,以系统管理员的身份注册进入"系统管理"(首次运行时,系统管理员的密码为空),单击"登录"按钮。

注意

● 实际工作中必须及时修改系统管理员的密码,教学中建议同学不要修改系统管理员密码。

● 系统管理员是用友 U8 系统管理中权限最高的操作员,对系统安全和运行负责,是非业务处理人员,不能进行业务处理。

● 用友 U8 系统只允许系统管理员和账套主管两种角色登录系统管理。

2. 增加操作员

只有系统管理员 admin 才能进行增加"用户"(即操作员)的操作。

①以 admin 身份注册登录"系统管理"后,执行"权限/用户"命令,打开"用户管理"对话框,如图 1-2 所示。

图 1-2 用户管理对话框

②单击工具栏中的"增加"按钮,打开"操作员详细情况"对话框。

③录入编号"001"、姓名"李明"、口令及确认口令"001",选中所属角色部分的"账套主管"复选框,如图 1-3 所示。

④单击"增加"按钮,保存设置。

⑤同理,再增加其他操作员,设置完成后单击"关闭"按钮退出。

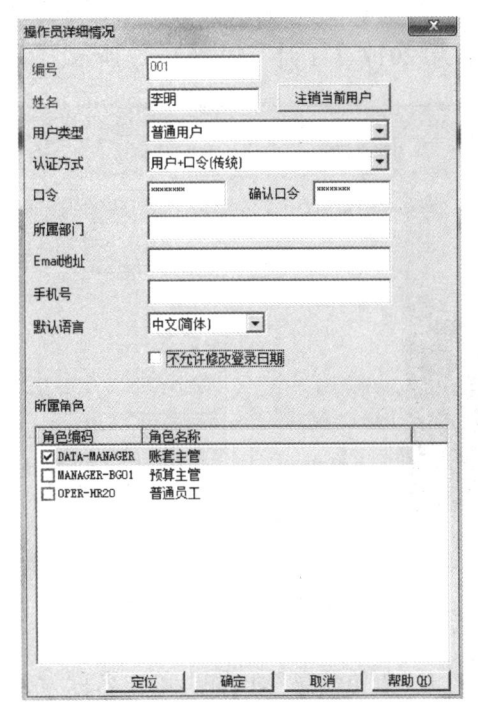

图1-3 增加用户对话框

📖 **注意**

- 在增加用户时可以直接指定用户所属的角色,其他用户一律先不进行角色设置。
- 如已设置用户为"账套主管"角色,则此用户也是系统内所有账套的账套主管。
- 用户已被启用将不允许删除,编号不可以修改,姓名可以修改。

3. 建立账套

①以 admin 身份注册进入系统管理,执行"账套/建立"命令,打开"创建账套——建账方式"对话框,选择"新建空白账套"复选框,如图1-4所示。

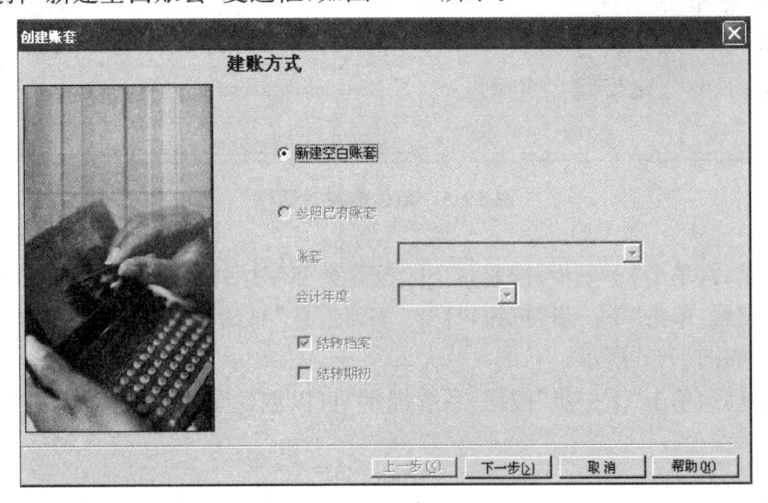

图1-4 建账方式对话框

②单击"下一步"按钮,打开"账套信息"对话框。账套号录入"666",账套名称为"浙江西蒙服装有限公司",启用会计期为"2017年1月",如图1—5所示。

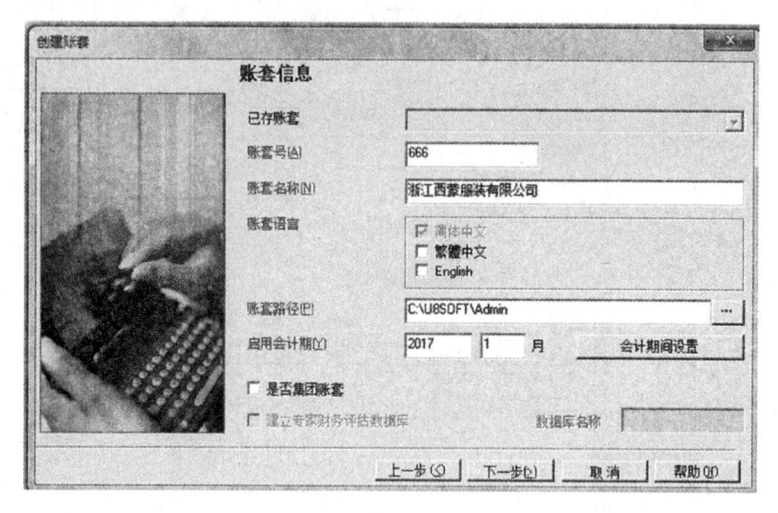

图1—5 账套信息对话框

③单击"下一步"按钮,打开"单位信息"对话框,单位名称为必输项。录入信息如图1—6所示。

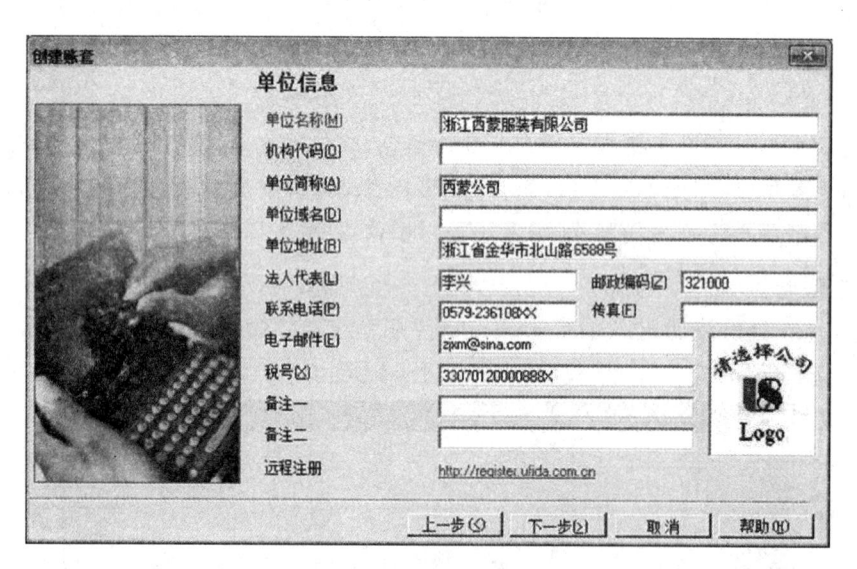

图1—6 单位信息对话框

④输入完成后,单击"下一步"按钮,打开"核算类型"对话框,录入信息如图1—7所示。

⑤输入完成后,单击"下一步"按钮,打开"基础信息"对话框,用于设置账套的分类信息及有无外币核算,如图1—8所示。

⑥输入完成后,单击"下一步"按钮,系统提示"可以创建账套了么?",单击"是"按钮,如图1—9所示。

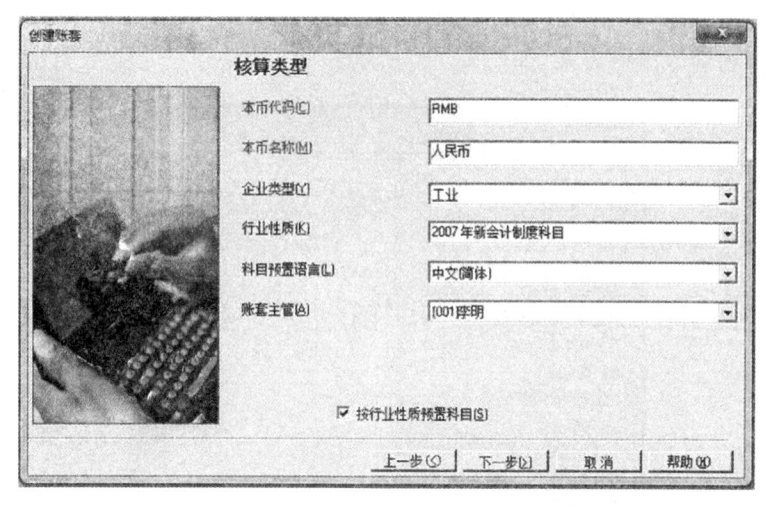

图1-7　核算类型对话框

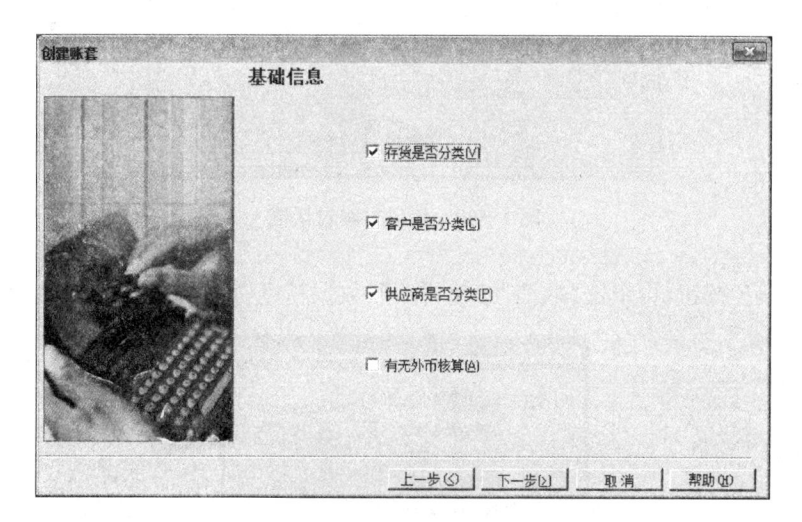

图1-8　基础信息对话框

图1-9　创建账套的开始对话框

⑦创建账套完成后,系统打开"分类编码方案"对话框。
⑧按所给资料修改编码方案,如图1—10所示。

项目	最大级数	最大长度	单级最大长度	第1级	第2级	第3级	第4级	第5级	第6级	第7级	第8级	第9级
科目编码级次	13	40	9		2	2						
客户分类编码级次	5	12	9	2								
供应商分类编码级次	5	12	9	2								
存货分类编码级次	8	12	9	2	2	2	3					
部门编码级次	5	12	9	2								
地区分类编码级次	5	12	9	2	3	4						
费用项目分类	5	12	9	1	2							
结算方式编码级次	2	3	3	1	2							
货位编码级次	8	20	9	2	3	4						
收发类别编码级次	3	5	5	1	1	1						
项目设备	8	30	9	2								
责任中心分类档案	5	30	9	2								
项目要素分类档案	6	30	9	2								
客户权限组级次	5	12	9	2	3	4						

图1—10　编码方案对话框

⑨单击"确定"按钮,再单击"取消"按钮,打开"数据精度"对话框,如图1—11所示。

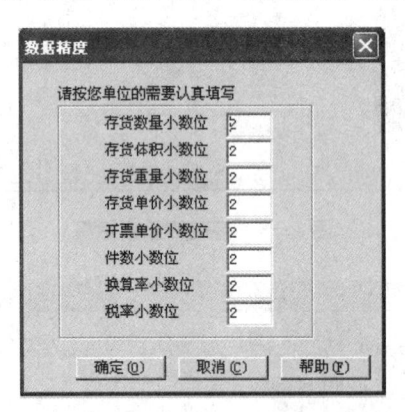

请按您单位的需要认真填写
存货数量小数位　2
存货体积小数位　2
存货重量小数位　2
存货单价小数位　2
开票单价小数位　2
件数小数位　2
换算率小数位　2
税率小数位　2

图1—11　创建账套的数据精度对话框

⑩默认系统预置的数据精度的设置,不需要修改,单击"确定"按钮。系统弹出信息提示框,"浙江西蒙服装有限公司(666)建立成功,您可以现在进行系统启用的设置,或以后从(企业应用平台——基础信息)进入(系统启用)功能,现在进行系统启用的设置?",单击"否"按钮,结束建账过程,系统弹出"请进入企业应用平台进行业务操作!"提示,单击"确定"按钮,再单击"退出"按钮,返回系统管理界面。

4. 设置操作员权限

①以admin身份登录"系统管理"窗口,执行"权限/权限"命令,打开"操作员权限"对话框。

②在"账套主管"右边的下拉列表框中选中"[666]浙江西蒙服装有限公司"账套。
③在左侧的操作员列表中,选中"001 李明"后,可查看李明拥有账套主管权限。
④在"操作员权限"左侧窗口中,选中"002"号操作员"金昌",单击"修改"按钮。
⑤在"显示所属权限"框中,单击选择"供应链"下的"销售管理、采购管理、库存管理和存货核算"前的复选框,如图 1-12 所示。

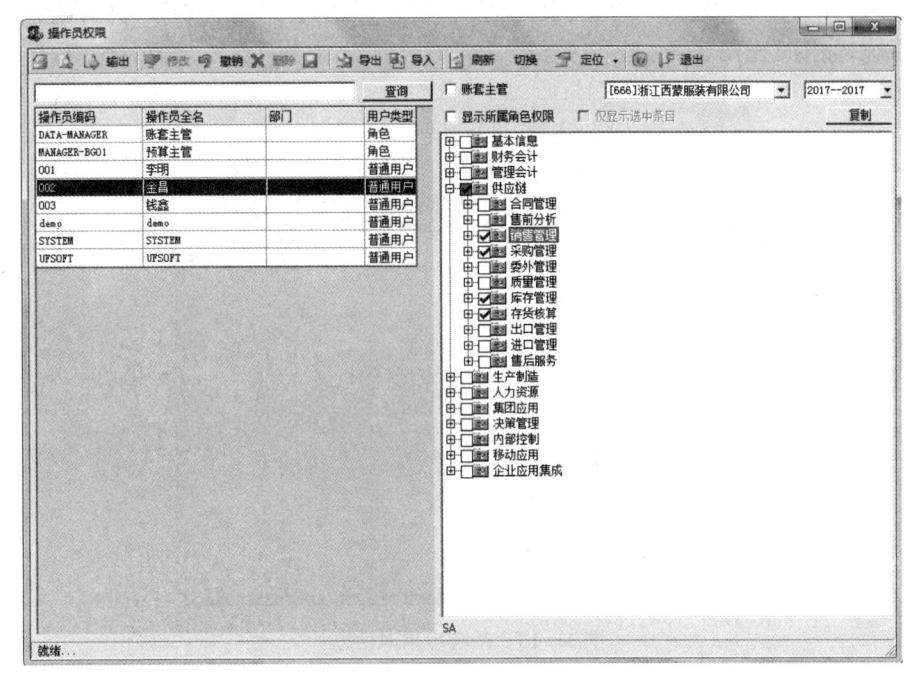

图 1-12 操作员授权(金昌)

⑥单击的"保存"按钮。
⑦用类似方法根据题目资料设置"003 钱鑫"的权限。

注意

- 只有系统管理员才有权设置或取消账套主管,账套主管有权对所辖账套的其他操作员设置操作权限。
- 一个账套可以有多个账套主管。
- 在存在多个账套的情况下,设置权限时应注意所选的"账套"及相应的"用户"。
- 在"增加和调整权限"对话框中,单击每一个权限前的加号,可以列示该权限的明细权限,用户可以根据需要增加或修改明细权限。
- 系统默认账套主管拥有全部系统操作权限,普通操作员不能进行增加和删除权限的操作。

5. 系统启用
①执行"开始/所有程序/用友 ERP-U8 V10.1/企业应用平台"命令,打开"登录"对话框。
②录入操作员"001",密码"001",单击"账套"栏的下三角按钮,选择"666(default)浙江西蒙服装有限公司"。
③单击"登录"按钮,进入"企业应用平台"。

④在"基础设置"选项卡中，执行"基本信息/系统启用"命令，打开"系统启用"对话框。

⑤选中"GL总账"前的复选框，弹出"日历"对话框。

⑥选择"日历"对话框中的"2017年1月1日"。

⑦单击"确定"按钮，系统弹出"确实要启用当前系统吗?"信息提示框，单击"是"按钮，完成总账系统的启用。

⑧同理，启用"应收款管理"、"应付款管理"、"销售管理"、"采购管理"、"库存管理"、"存货核算"等系统，如图1-13所示。

图1-13 系统启用对话框

📖 注意

- 只有账套主管才有权在企业应用平台中进行系统启用的设置。
- 其他各系统的启用时间必须大于或等于总账系统的启用时间。

6. 账套备份

①在硬盘(如E盘)中建立"666供应链账套备份"文件夹。

②在"666供应链账套备份"文件夹中新建"实验1-1建立账套"文件夹。

③以admin身份注册进入"系统管理"窗口，选择"账套/输出"命令，进入"输出账套"对话框。

④单击"账套号"栏的下三角按钮，选择账套号"666浙江西蒙服装有限公司"，撤销"同步输出文件服务器相关文件"前的复选框。

⑤单击"确认"按钮，打开"选择备份目标"对话框。

⑥指出账套输出的位置，选择"E:\666供应链账套备份\实验1-1建立账套"文件夹，单击"确定"按钮。

⑦系统弹出"输出成功"信息提示框，单击"确认"按钮，备份完成。

📖 注意

- "输出账套"功能就是将账套数据备份到指定的位置。
- 如果输出时将"删除当前输出账套"选项选中，则数据库中的指定账套备份数据将被删除。

●只有系统管理员才有权进行账套输出的操作。

7. 账套引入

①在"系统管理"窗口,执行"账套/引入",进入"引入账套"对话框。

②选择"E:\666供应链账套备份\实验1—1建立账套"文件夹,将光标定位在"uferpact.lst"文件上。

③单击3次"确定"按钮,完成账套数据的引入。

注意

●每次上机实验之前需要以系统管理员admin的身份将上一次上机实验数据引入用友软件之中,实验结束后进行账套输出。

●高校实验室的计算机一般设置了硬盘自动恢复功能,完成一个实验后应将备份的账套数据文件复制到自己的移动存储设备中保存。每次实验开始时,需将移动存储设备上的账套数据文件复制到教学实验室的电脑硬盘中,才能开始账套引入操作。

实验1—2 业务基础设置

实验准备

已经完成实验1—1的操作,或者引入实验1—1账套备份数据,将系统时间修改为2017年1月1日,如果不调整系统时间,每次登录账套,须将操作时间修改为业务发生的日期,如果操作日期与建立账套的时间超过3个月,则该账套在演示版情况下将不能进行任何业务操作。以账套主管"001李明"(口令为001)的身份注册进入企业应用平台,进入时间为2017年1月1日。

实验要求

- 建立部门档案和人员类别及人员档案
- 建立供应商分类和供应商档案
- 建立客户分类和客户档案
- 设置付款条件
- 建立存货分类、计量单位和存货档案
- 设置结算方式
- 建立仓库档案
- 设置采购类型和销售类型
- 设置费用项目
- 设置结算方式
- 设置会计科目
- 设置项目目录
- 设置本单位开户银行
- 备份账套

实验资料

1. 部门档案（见表1—2）

表1—2　　　　　　　　　　　　部门档案

部门编码	部门名称
01	行政部
02	财务部
03	销售部
04	采购部
05	仓储部
06	技术部
07	生产部

2. 人员类别（见表1—3）

表1—3　　　　　　　　　　　　人员类别档案

职员类别编码	职员类别名称
10101	管理人员
10102	经营人员
10103	生产人员

注：在"正式工"类别下设置。

3. 人员档案（见表1—4）

表1—4　　　　　　　　　　　　人员档案

职员编号	职员姓名	性别	行政部门	职员类别	是否业务员
001	李兴	男	行政部	管理人员	是
002	李明	女	财务部	管理人员	
003	金昌	男	财务部	管理人员	
004	钱鑫	男	财务部	管理人员	
005	冯梅	女	销售部	经营人员	是
006	王星	女	采购部	经营人员	是
007	赵宝	男	仓储部	管理人员	
008	孙华	男	技术部	管理人员	
009	张伟	男	生产部	生产人员	

4. 客户分类档案与供应商分类档案（见表 1-5）

表 1-5　　　　　　　　　　　　　　客户与供应商分类

分类编码	客户分类名称	供应商分类名称
01	VIP 客户	VIP 供应商
02	普通客户	普通供应商

5. 客户档案和客户开户银行资料（见表 1-6 和表 1-7）

表 1-6　　　　　　　　　　　　　　　客户档案

客户编码	客户名称	客户简称	所属分类	税号	分管部门	分管业务员	发展日期
01	金华天兴公司	天兴	01	11111111	销售部	冯梅	2016.12.01
02	金华隆兴公司	隆兴	01	22222222	销售部	冯梅	2016.12.01
03	宁波大海公司	大海	01	33333333	销售部	冯梅	2016.12.06
04	温州伟成公司	伟成	02	44444444	销售部	冯梅	2015.01.08
05	绍兴大远公司	大远	02	55555555	销售部	冯梅	2015.06.18

表 1-7　　　　　　　　　　　　　　客户开户银行档案

客户编码	客户名称/账户名称	所属银行名称	开户银行	银行账号
01	金华天兴公司	中国建设银行	建行江东支行	070707007
02	金华隆兴公司	中国工商银行	工行江南支行	080808008
03	宁波大海公司	中国银行	中行钱湖支行	030303003
04	温州伟成公司	交通银行	交行瓯江支行	010101001
05	绍兴大远公司	中国农业银行	农行鉴湖支行	020202002

6. 供应商档案资料（见表 1-8）

表 1-8　　　　　　　　　　　　　　　供应商档案

供应商代码	供应商名称	供应商简称	所属分类	税号	分管部门	分管业务员	发展日期
01	杭州西湖公司	西湖	01	66666666	采购部	王星	2016.01.15
02	嘉兴南湖公司	南湖	01	77777777	采购部	王星	2016.01.29
03	武汉东湖公司	东湖	02	88888888	采购部	王星	2016.01.19
04	金华双龙公司	双龙	02	99999999	采购部	王星	2015.08.07

7. 存货分类（见表 1-9）

表 1-9　　　　　　　　　　　　　　　存货分类

存货分类编码	存货分类名称
01	原材料
02	辅助材料
03	库存商品
04	应税劳务

8. 计量单位(见表1—10)

表1—10　　　　　　　　　　　　计量单位

计量单位组	计量单位
01 基本计量单位(无换算率)	1. 米
	2. 盒
	3. 件
	4. 公里

9. 存货档案(见表1—11)

表1—11　　　　　　　　　　　　存货档案

存货编码	存货名称	所属分类码	计量单位	税率	存货属性
001	纯棉面料	01	米	17%	外购、生产耗用
002	混纺面料	01	米	17%	外购、生产耗用
003	纽扣	02	盒	17%	外购、生产耗用
004	男式衬衣	03	件	17%	自制、内销
005	女式衬衣	03	件	17%	自制、内销
006	运输费	04	公里	11%	外购、内销、应税劳务

10. 设置仓库档案(见表1—12)

表1—12　　　　　　　　　　　　仓库档案

仓库编码	仓库名称	所属部门	计价方式	是否货位管理
01	原材料仓	仓储部	先进先出法	否
02	产成品仓	仓储部	先进先出法	否

11. 设置收发类别(见表1—13)

表1—13　　　　　　　　　　　　收发类别

类别编码	类别名称	收发标志
1	采购入库	收
2	产成品入库	收
3	其他入库	收
4	材料出库	发
5	销售出库	发
6	其他出库	发

12. 采购类型（见表1-14）

表1-14　　　　　　　　　　　　　　采购类型

采购类型编码	采购类型名称	入库类别	是否默认值
01	VIP采购	采购入库	是
02	普通采购	采购入库	否

13. 销售类型（见表1-15）

表1-15　　　　　　　　　　　　　　销售类型

销售类型编码	销售类型名称	入库类别	是否默认值
01	VIP客户销售	销售出库	是
02	普通客户销售	销售出库	否

14. 费用项目分类（见表1-16）

表1-16　　　　　　　　　　　　　费用项目分类

费用项目分类编码	费用项目分类名称
1	销售费用
2	代垫费用

15. 费用项目（见表1-17）

表1-17　　　　　　　　　　　　　　费用项目

编号	费用项目名称	费用分类
11	广告费	销售费用
12	差旅费	销售费用
21	运输费	代垫费用

16. 单据编号设置

采购专用发票、采购普通发票、采购运费发票、其他应付单、付款单、销售专用发票、其他应收单、收款单、采购入库单、销售发货单等单据编号改为"完全手工编号"。

17. 设置凭证类别

凭证分类方式采用收款凭证、付款凭证、转账凭证,凭证限制科目如下:收款凭证借方必有库存现金或银行存款科目,付款凭证贷方必有库存现金或银行存款科目,转账凭证必无库存现金和银行存款科目。

18. 付款条件（见表1-18）

表1-18　　　　　　　　　　　　　　付款条件

付款条件编码	信用天数	优惠天数1	优惠率1	优惠天数2	优惠率2	优惠天数3	优惠率3
01	30	10	2	0	0	0	0

续表

付款条件编码	信用天数	优惠天数1	优惠率1	优惠天数2	优惠率2	优惠天数3	优惠率3
02	60	10	3	30	2	0	0
03	90	10	3	30	2	60	1

19. 设置结算方式（见表1—19）

表1—19　　　　　　　　　　　结算方式

编码	结算方式	是否进行支票管理
1	现金结算	否
2	支票	是
201	现金支票	是
202	转账支票	是
3	银行汇票	否
4	汇兑	否
5	商业承兑汇票	否
6	银行承兑汇票	否
7	网上银行	否

20. 设置会计科目（见表1—20）

表1—20　　　　　　　　　　　会计科目

科目名称/科目编码	辅助核算	科目名称/科目编码	辅助核算
库存现金(1001)	日记	销项税额(22210102)	
工行存款(100201)	银行日记	转出未交增值税(22210103)	
农行存款(100202)	银行日记	未交增值税(222102)	
应收票据(1121)	客户往来	生产成本(5001)	项目核算
应收账款(1122)	客户往来	主营业务收入(6001)	项目核算
预付账款(1123)	供应商往来	主营业务成本(6401)	项目核算
其他应收款(1221)	个人往来	广告费(660101)	部门核算
库存商品(1405)	项目核算	差旅费(660102)	部门核算
应付票据(2201)	供应商往来	其他费用(660103)	部门核算
一般应付账款(220201)	供应商往来	办公费(660201)	部门核算
暂估应付账款(220202)		差旅费(660202)	部门核算
预收账款(2203)	客户往来	其他费用(660203)	部门核算
应交增值税(222101)		利息费用(660301)	
进项税额(22210101)		其他费用(660302)	

21. 设置项目目录

①项目大类定义。项目大类名称：产品核算；项目级次：1。

②核算科目设置。项目大类名称：产品核算；核算科目：库存商品(1405)、生产成本(5001)、主营业务收入(6001)、主营业务成本(6401)。

③项目分类定义。项目大类名称：产品核算；分类编码：1；分类名称：产成品。

④项目目录定义（见表1-21）。

表1-21　　　　　　　　　　　　　　项目目录

项目大类名称	项目编号	项目名称	是否结算	所属分类
产品核算	001	男式衬衣	否	1
	002	女式衬衣	否	1

22. 本单位开户银行

本单位开户银行为中国工商银行金华城北支行，账号为987654321000，币种人民币。

实验指导

1. 设置部门档案

部门档案主要用于设置企业各个职能部门的信息。

①在"基础设置"选项卡中，执行"基础档案/机构人员/部门档案"命令，打开"部门档案"窗口，单击"增加"按钮，在屏幕右边输入部门编码、部门名称、负责人、部门属性等信息。

②单击"保存"按钮，左列表框显示出已设置的部门名称，部门录入结束，如图1-14所示。

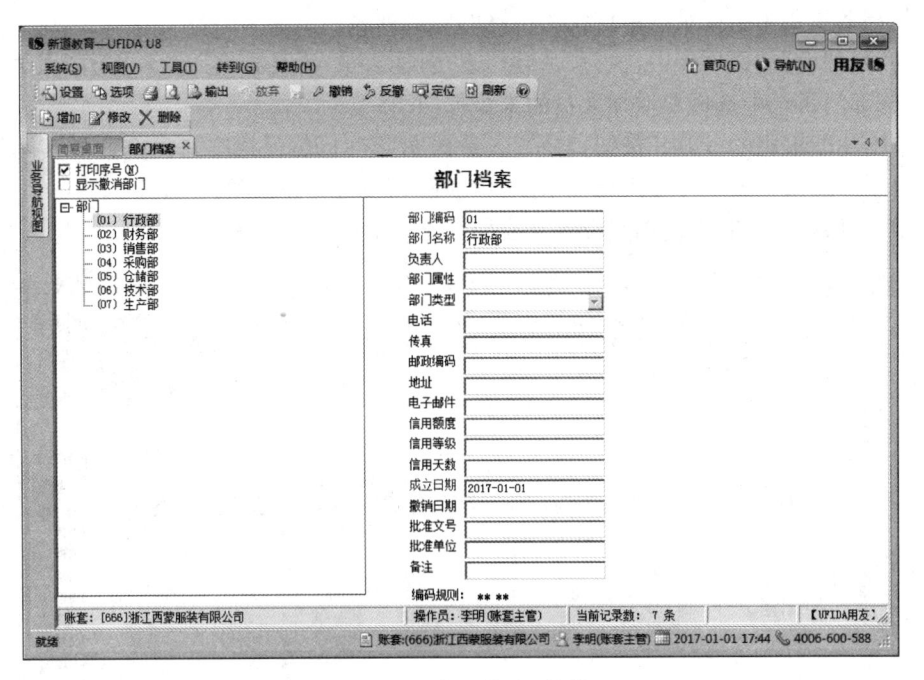

图1-14　部门档案对话框

注意

● 部门编码必须符合编码原则。

● 由于还未设置人员档案，因此，部门档案中的负责人一栏在人员档案录入后通过"修改"

的方法再补充填录。

● 部门档案资料一旦被其他对象引用,将不能被修改或删除。

2. 设置人员类别

人员类别是用来记录本单位人员分类,系统按不同的人员类别统计人员相关信息,并为设置人员档案时提供人员类别数据。

①在"基础设置"选项卡中,执行"基础档案/机构人员/人员类别",打开"人员类别"窗口,在左侧人员类别目录中选择"正式工",单击功能键中的"增加"按钮,增加相应的人员类别。

②单击"保存"按钮,人员类别结果如图1-15所示。

图1-15 人员类别设置

3. 设置人员档案

人员档案主要用于记录本单位使用系统的职员列表。

①在"基础设置"选项卡中,执行"基础档案/机构人员/人员档案"命令,打开"人员档案"窗口,在左侧部门目录中选择要增加人员的末级部门。

②单击功能键中的"增加"按钮,显示"人员档案"空白页,可根据自己企业的实际情况,在相应栏目中参照录入或直接输入相关信息,其中蓝色项目为必输项。

③单击"保存"按钮,人员档案设置完成如图1-16所示。

图1-16 人员档案设置

4. 设置客户/供应商分类档案

通过本功能建立客户/供应商分类体系，已被引用的客户/供应商分类不能被删除，没有对客户/供应商进行分类管理需求的可以不使用本功能。

①在"基础设置"选项卡中，执行"基础档案/客商信息/供应商分类"命令，打开"供应商分类"窗口，单击"增加"按钮，在编辑区输入分类编码和分类名称等信息。

②单击"保存"按钮，保存在此次增加的供应商分类，如图1－17所示。

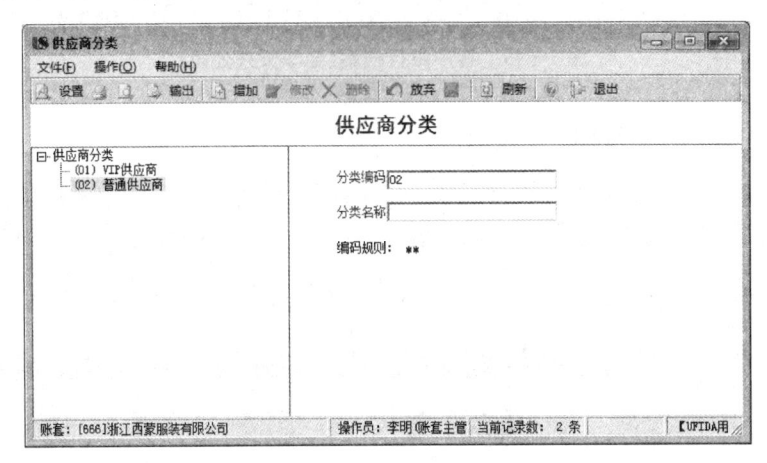

图1－17　供应商分类设置

③同理，增加客户分类，客户分类结果如图1－18所示。

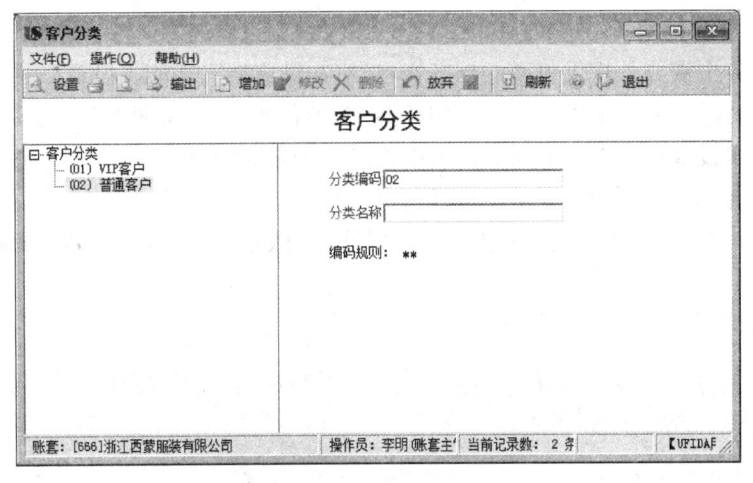

图1－18　客户分类设置

5. 设置客户档案

在销售业务中需要处理的客户档案资料，应在本功能中设置。

①在"基础设置"选项卡中，执行"基础档案/客商信息/客户档案"命令，打开"客户档案"窗口，在左边的树形列表中选择一个末级的客户分类（如果在建立账套时设置客户/供应商不分类，则不用进行选择）。

②单击"增加"按钮，进入增加状态，分别选择"基本"、"联系"、"信用"、"其他"页签，填写相关内容。

③单击"银行"按钮，录入客户开户银行、银行账号等信息，如图1-19所示。
④单击"保存"按钮，保存。

图1-19 客户银行档案（金华天兴公司）

⑤客户档案录入完成如图1-20所示。

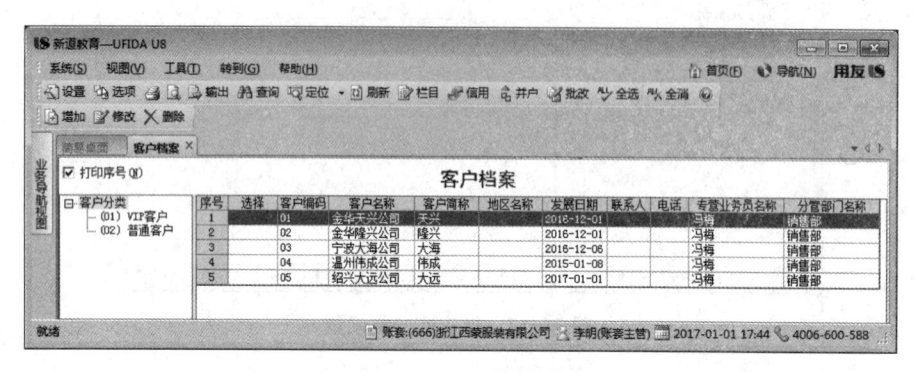

图1-20 客户档案窗口

6. 设置供应商档案

在采购业务中需要处理供应商的档案资料，应在供应档案功能中设置。

①在"基础设置"选项卡中，执行"基础档案/客商信息/供应商档案"命令，打开"供应商档案"窗口，在档案设置窗口左边的树形列表中选择一个末级的客户/供应商分类（如果在建立账套时设置客户/供应商不分类，则不用进行选择）。

②单击"增加"按钮，进入增加状态，选择"基本"、"联系"、"信用"、"其他"页签，填写相关内容。

③单击"保存"按钮，供应商档案结果如图1-21所示。

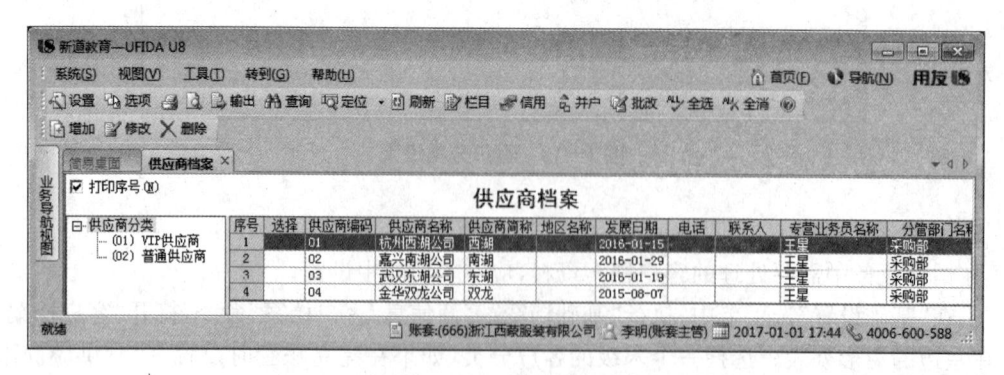

图1-21 供应商档案

7. 设置存货分类

可以根据对存货的管理要求对存货进行分类管理。

①在"基础设置"选项卡中,执行"基础档案/存货/存货分类"命令,打开"存货分类"窗口依次录入分类编码,分类名称。

②单击"保存"按钮,完成对存货分类目录的设置,存货分类结果如图1-22所示。

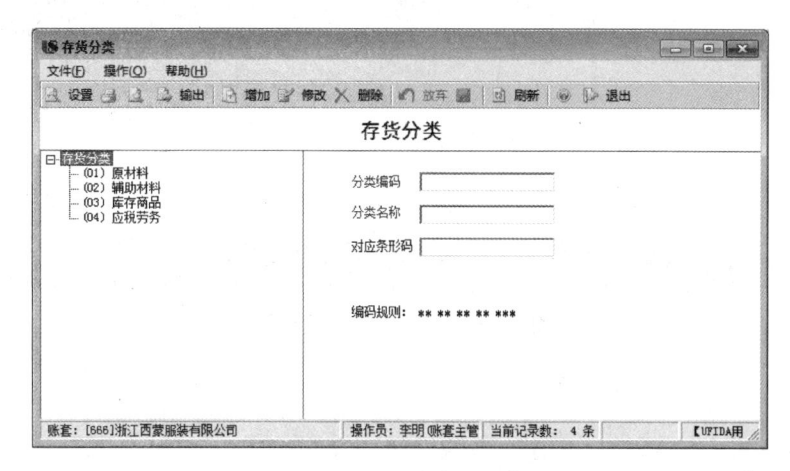

图1-22 设置存货分类

8. 设置存货计量单位

先增加计量单位分组内容,然后在该分组下增加其具体的计量单位内容。

①在"基础设置"选项卡中,执行"基础档案/存货/计量单位"命令,打开"计量单位"窗口。

②单击"分组"按钮,打开"计量单位组"窗口。

③单击"增加"按钮,单击"计量单位组类别"栏的下三角按钮,选择"无换算率",录入计量单位组编码"01",录入计量单位组名称"基本计量单位",如图1-23所示。

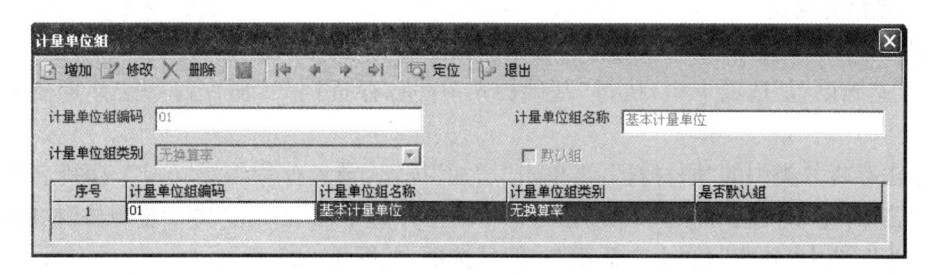

图1-23 设置计量单位组

④单击"保存"按钮,再单击"退出"按钮。

⑤单击"单位"按钮,进入"计量单位设置"窗口。

⑥单击"增加"按钮,录入计量单位编码"1",计量单位名称"米",单击"保存"按钮。

⑦继续录入其他的计量单位内容,录入完成所有的计量单位之后,单击"退出"按钮,计量单位设置结果如图1-24所示。

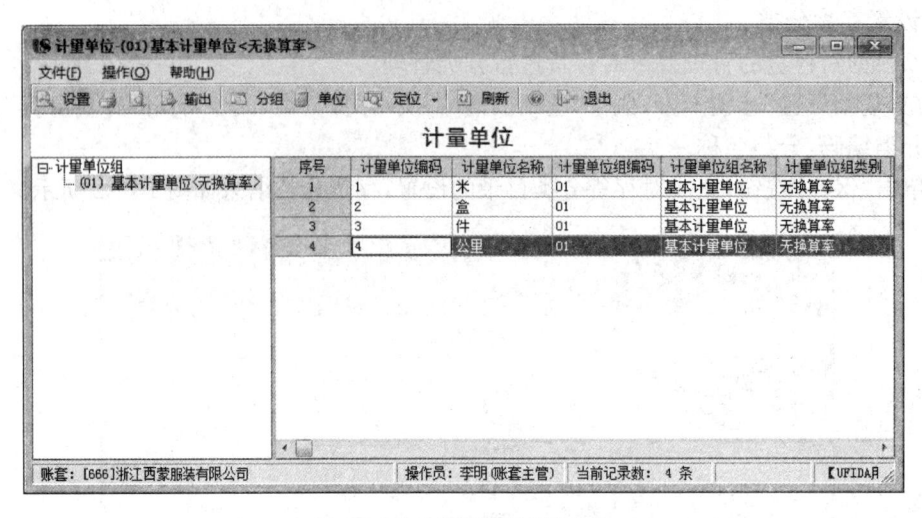

图 1—24　设置存货计量单位

📖 **注意**

计量单位组分无换算、浮动换算、固定换算三种类别：

● 无换算计量单位组：在该组下的所有计量单位都以单独形式存在，各计量单位之间不需要输入换算率，系统默认为主计量单位。

● 浮动计量单位组：设置为浮动换算率时，可以选择的计量单位组中只能包含两个计量单位。

● 固定换算计量单位组：包括多个计量单位，一个主计量单位、多个辅计量单位。设置为固定换算率时，可以选择的计量单位组中可以包含两个(不包括两个)以上的计量单位，且每一个辅助计量单位对主计量单位的换算率不为空。

9. 设置存货档案

设置存货档案的目的是完成对存货目录的设立和管理。

①在"基础设置"选项卡中，执行"基础档案/存货/存货档案"命令，打开"存货档案"对话框。

②单击存货分类中的"原材料"，再单击"增加"按钮，录入存货编码"001"，存货名称"纯棉面料"，单击"计量单位组"栏的参照按钮，选择"基本计量单位"，单击"主计量单位"栏的参照按钮，选择"米"，选中"外购"和"生产耗用"前的复选框，如图 1—25 所示。

③单击"保存并新增"按钮，以此方法录入其他存货档案，存货档案录入完成后如图 1—26 所示，单击"关闭存货档案"按钮。

图1—25　增加存货档案

图1—26　存货档案设置完成

10. 设置仓库档案

存货一般是按仓库存放和保管,对存货进行核算管理,首先应对仓库进行管理。因此,进行仓库设置是供应链管理系统的重要基础工作和准备工作。

①在"基础设置"选项卡中,执行"基础档案/业务/仓库档案"命令,打开"仓库档案"窗口。

②单击"增加"按钮,录入原材料仓的相关信息后,保存数据如图1—27所示。

③同理增加产成品仓档案,如图1—28所示。

图1-27 增加仓库档案（原材料仓）

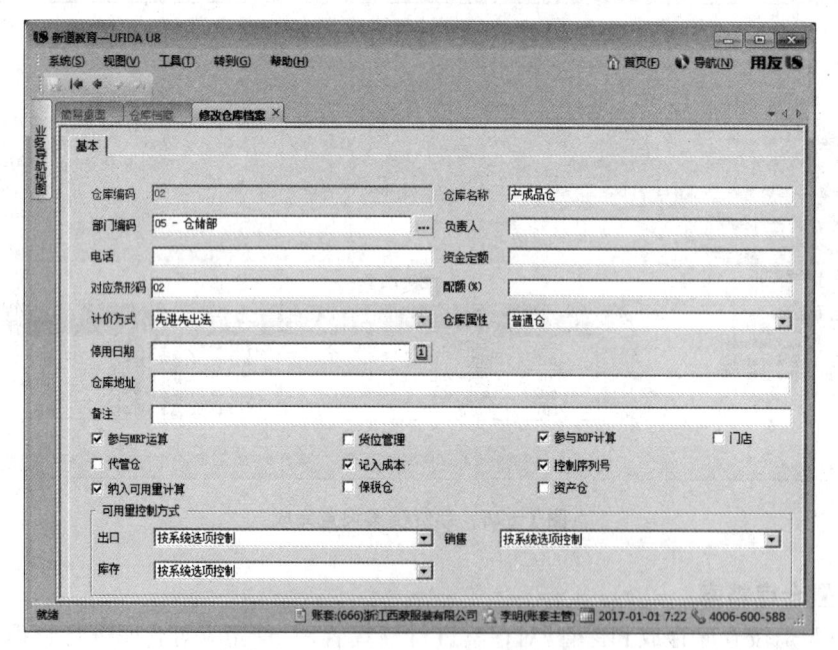

图1-28 增加仓库档案（产成品仓）

11. 设置收发类别

收发类别设置的目的是对材料和产成品的出入库情况进行分类汇总统计而设置的。

①在"基础设置"选项卡中，执行"基础档案/业务/收发类别"命令，打开"收发类别"窗口。

②单击"增加"按钮，分别录入收发类别编号和收发类别名称，并选择收发标志后，单击"保存"按钮。收发类别设置完成后如图1-29所示。

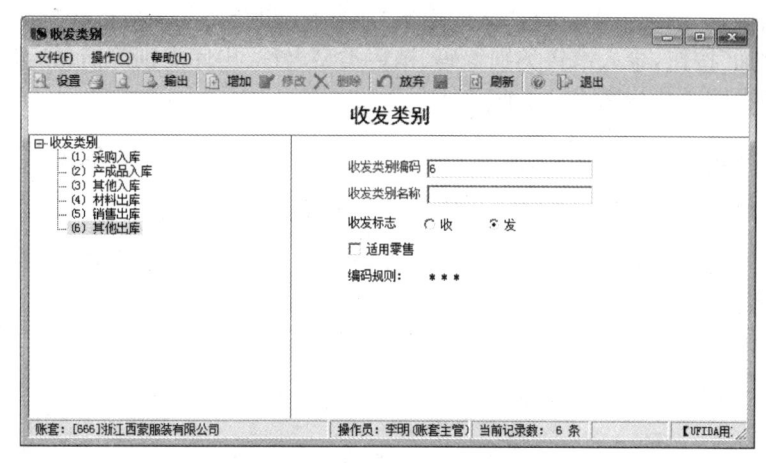

图1-29 设置收发类别

12. 设置采购类型

采购类型是由企业根据需要自行设定的项目,在使用采购管理系统,填制采购入库单等单据时,会涉及采购类型栏目。如果企业需要按采购类型进行统计,就需要建立采购类型项目。采购类型不分级次,企业可以根据实际需要进行建立。

①在"基础设置"选项卡中,执行"基础档案/业务/采购类型"命令,打开"采购类型"窗口。

②单击"增加"按钮,录入采购类别编码、采购类型名称、入库类别等信息后,单击"保存"按钮,采购类型录入完成后如图1-30所示。

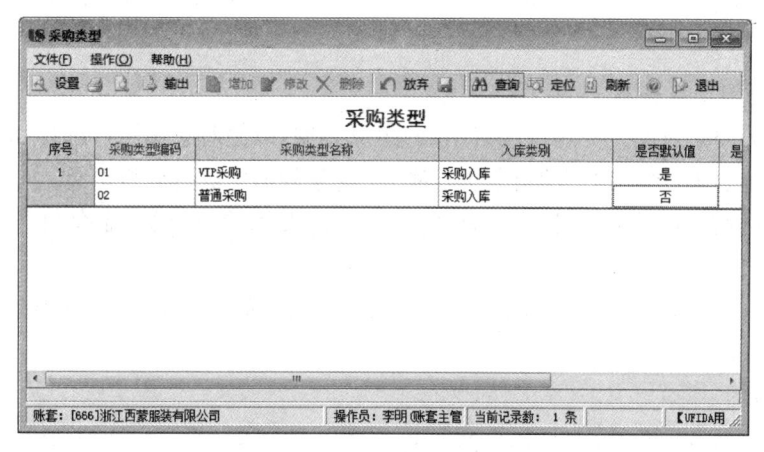

图1-30 采购类型设置

注意

● 入库类别:设定填制采购入库单时,输入采购类型后,系统默认的入库类别,以便加快录入速度。入库类别是收发类别中的收发标志为"收"的那部分,收发标志为"发"的收发类别不能作为出库类别。

● 是否默认值:设定某个采购类型是填制采购单据默认的采购类型,对于最经常发生的采购类型,可以设定该采购类型为默认的采购类型。

13. 设置销售类型

定义销售类型的目的是便于按销售类型对销售业务数据进行统计和分析。

①在"基础设置"选项卡中,执行"基础档案/业务/销售类型"命令,打开"销售类型"窗口。

②单击"增加"按钮,录入销售类别编码、销售类型名称、出库类别等信息后,单击"保存"按钮,销售类型录入完成后如图1—31所示。

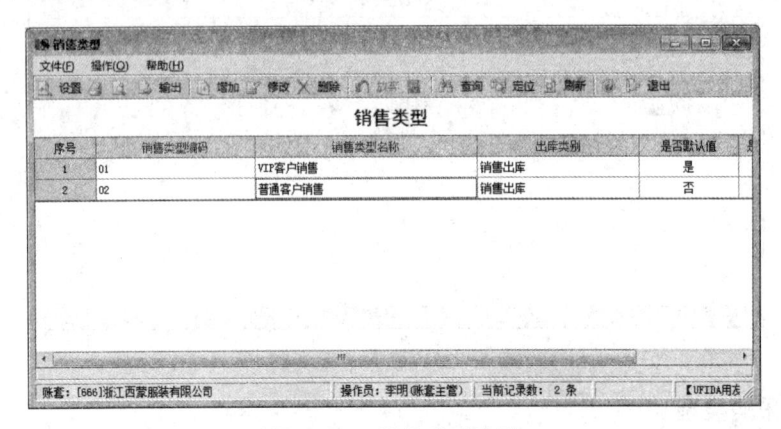

图1—31 销售类型设置

📚 **注意**

● 出库类别:输入销售类型所对应的出库类别,以便销售业务数据传递到库存管理系统和存货核算系统时进行出库统计和财务制单处理。出库类别是收发类别中的收发标志为"发"的那部分,收发标志为"收"的收发类别不能作为出库类别。

● 是否默认值:标识销售类型在单据录入或修改被调用时,是否作为调用单据的销售类型的默认取值。

14. 设置费用项目分类

费用项目分类是对同一类属性的费用,归集成一类,以便对它们进行统计和分析。根据出口和销售等系统要求,增加费用项目分类档案,在业务数据中进行分析汇总。

①在"基础设置"选项卡中,执行"基础档案/业务/费用项目分类"命令,打开"费用项目分类"窗口。

②单击"增加"按钮,录入相应的项目后,单击"保存"按钮,费用项目分类结果如图1—32所示。

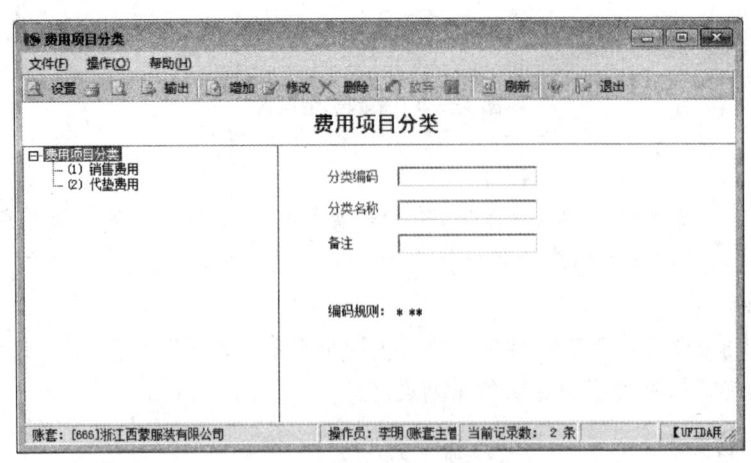

图1—32 "费用项目分类"窗口

15. 设置费用项目

费用项目分类完成后，还需要细分具体的费用项目，完成对费用项目的设置和管理，在处理销售业务中的代垫费用、销售支出费用时，应先设定这些费用项目。

①在"基础设置"选项卡中，执行"基础档案/业务/费用项目"命令，打开"费用项目"窗口。

②单击"增加"按钮，录入相应的项目后，单击"保存"按钮，费用项目结果如图1－33所示。

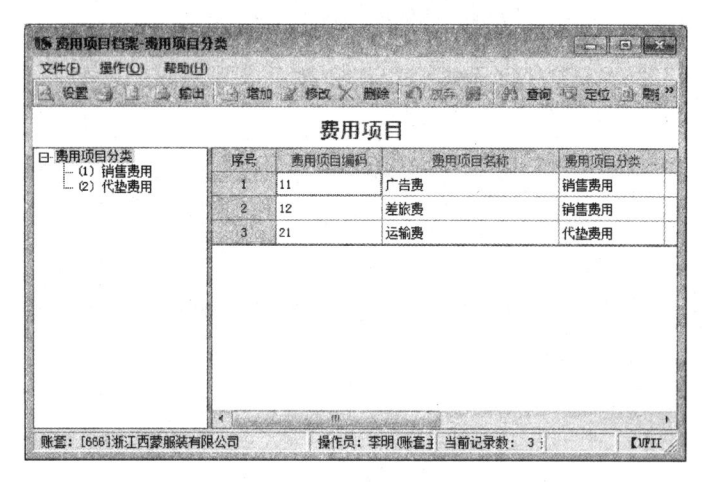

图1－33　"费用项目"窗口

16. 单据编号设置

单据格式设置主要是根据系统预置的单据模板，定义本企业所需要各种类型的单据格式。

单据编号设置根据企业业务中使用的各种单据的不同需求，自行设置各种单据类型的编码生成原则。

①在"基础设置"选项卡中，执行"单据设置/单据编号设置"命令，进入"单据编号设置"窗口。

②单击左侧"单据类别"窗口中的"销售管理/销售专用发票"命令，打开"单据编号设置——销售专用发票"窗口。

③在"单据编号设置——销售专用发票"窗口中，单击"修改"按钮，选中"完全手工编号"前的复选框，如图1－34所示。

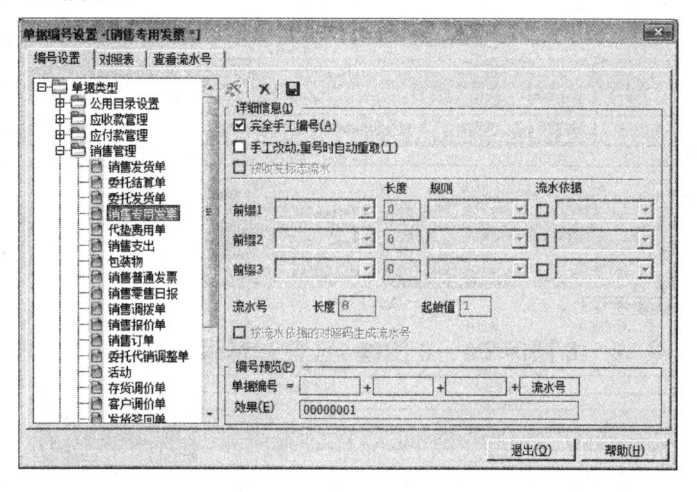

图1－34　单据编号设置

④单击"保存"按钮,同理设置其他单据编号为"完全手工编号"。

17. 设置凭证类别

设置凭证类别主要包括设置编制记账凭证允许使用的凭证类别,包括设置凭证类别、类别名称、限制类型及限制科目等内容。

①在"基础设置"选项卡中,执行"基础档案/财务/凭证类别"命令,进入"凭证类别"对话框。
②单击"收款凭证、付款凭证、转账凭证"选项,单击"确定"。
③系统打开在凭证类别设置窗口,选择限制类型,录入限制科目,如图1-35所示。
④单击"退出"按钮,退出凭证类别设置。

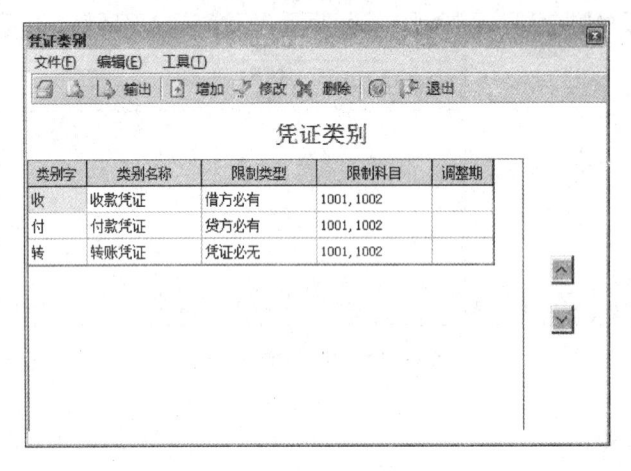

图1-35 凭证类别

18. 设置付款条件

付款条件也称现金折扣,指为了鼓励客户偿还货款而允诺的折扣优待。系统最多同时支持4个时间段的折扣。

①在"基础设置"选项卡中,执行"基础档案/收付结算/付款条件"命令,打开"付款条件"窗口。
②单击"增加"按钮,在相应栏中输入优惠天数、优惠率等信息。
③单击"保存"按钮,付款条件录入结果如图1-36所示。

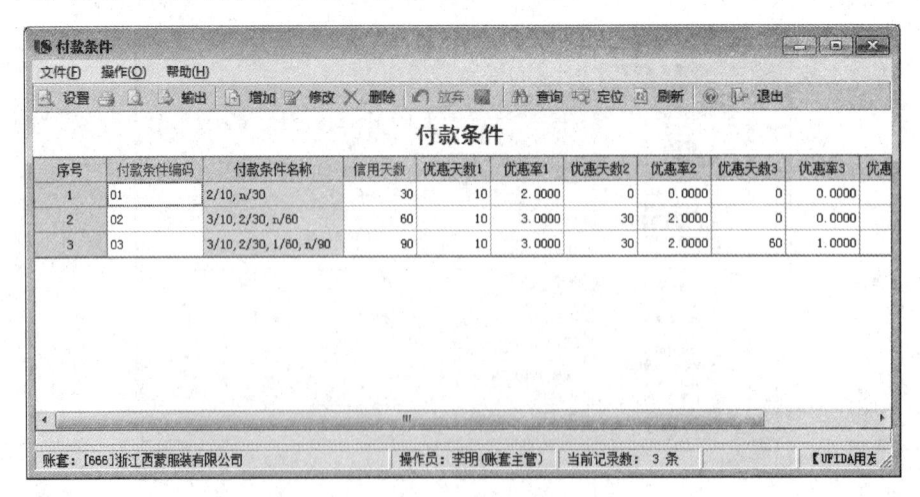

图1-36 设置付款条件

19. 设置结算方式

该功能用来建立和管理在经营活动中所涉及的结算方式，它与财务结算方式一致，如现金结算、支票结算等。结算方式一旦被引用，便不能进行修改和删除的操作。

①在"基础设置"选项卡中，执行"基础档案/收付结算/结算方式"命令，打开"结算方式"窗口。

②单击"增加"按钮，输入结算方式编码、结算方式名称和是否票据管理。

③单击"保存"按钮，便可将本次增加的内容保存，如图1－37所示。

其中票据管理标志用来标识票据是否要进行支票登记簿管理。

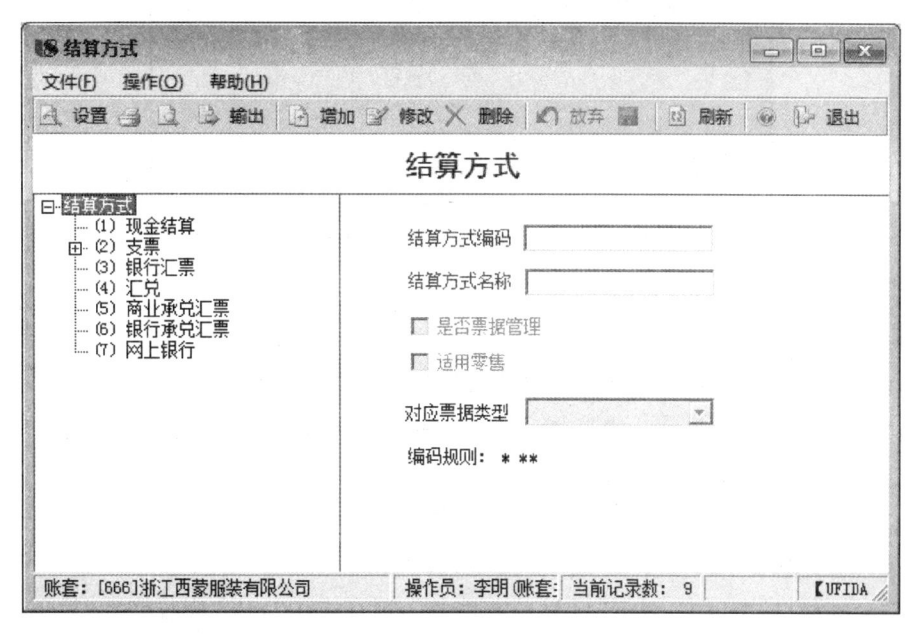

图1－37 结算方式设置

20. 设置会计科目

会计科目设置是将会计核算中使用的科目逐一按要求录入系统，并将科目设置的结果保存在科目文件中，实现对会计科目的管理。会计科目是填制会计凭证，登记账簿、编制报表的基础。

(1)**增加会计科目**

①在"基础设置"选项卡中，执行"基础档案/财务/会计科目"命令，打开"会计科目"窗口。

②单击"增加"按钮，打开"新增会计科目"对话框。

③录入科目编码"100201"，科目名称"工行存款"，科目类型"资产"，账页格式"金额式"，辅助核算分别选中"日记账"和"银行账"，如图1－38所示。

④输入完成后，单击"确定"按钮，该科目即存入系统。

⑤如果需要继续增加会计科目，可以单击"增加"按钮，重复上述操作步骤，不需要增加会计科目时，可以单击对话框右上角的"关闭"按钮返回。

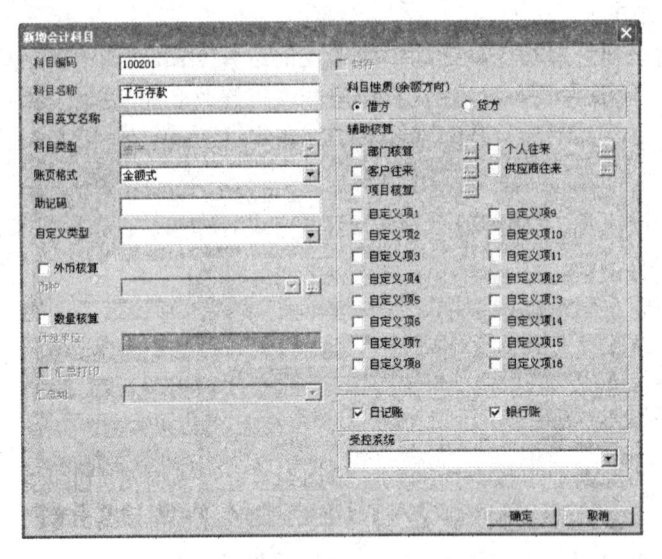

图1-38 新增会计科目——工行存款

📖 **注意**

- 增加会计科目要遵循先建上级再建下级科目的原则。
- 会计科目编码的长度及每级位数应符合科目编码规则。
- 会计科目编码必须唯一,不能重复。
- 如果会计科目已经使用,则不能修改或删除该科目。

(2)修改会计科目

①在"会计科目"窗口中,双击"1122应收账款",或在选中"1122应收账款"后单击"修改"按钮,打开"会计科目_修改"对话框。

②选中"客户往来"前的复选框,再单击"受控系统"栏中的下三角按钮,选择"应收系统",如图1-39所示。

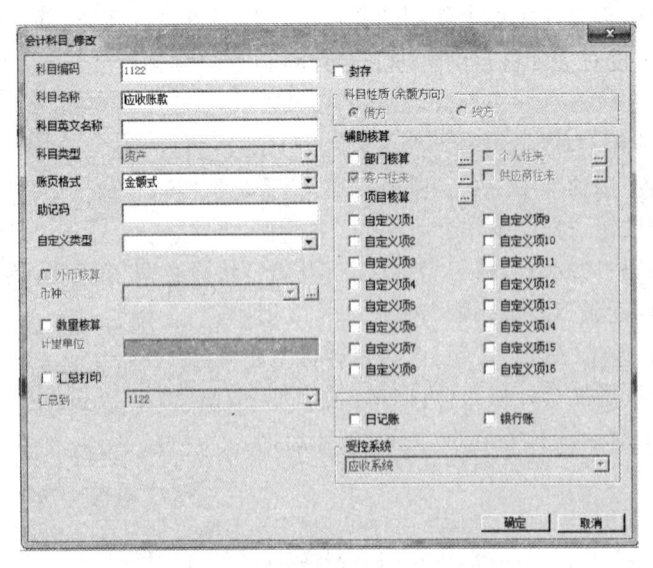

图1-39 会计科目修改——应收账款

③单击"确定"按钮。

④同理,将"1121 应收票据"、"2203 预收账款"科目辅助核算类型修改为"客户往来"(受控系统为应收系统)。

⑤将"2201 应付票据"、"220201 应付账款——一般应付账款"和"1123 预付账款"辅助核算类型修改为"供应商往来"(受控系统为应付系统),修改"220201 应付账款——一般应付账款"科目,如图 1-40 所示。

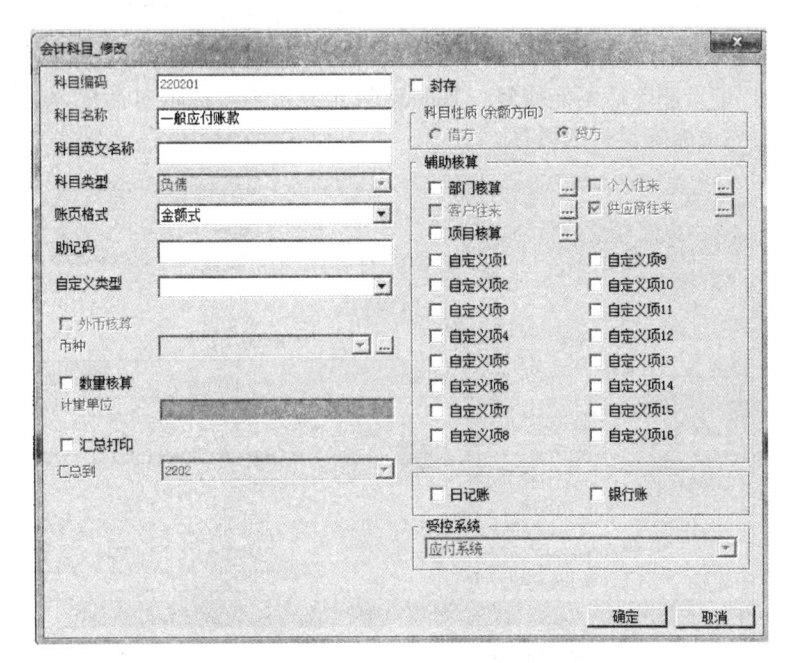

图 1-40 会计科目修改——应付账款(一般应付账款)

⑥修改"1221 其他应收款"的辅助核算类型为"个人往来",如图 1-41 所示。

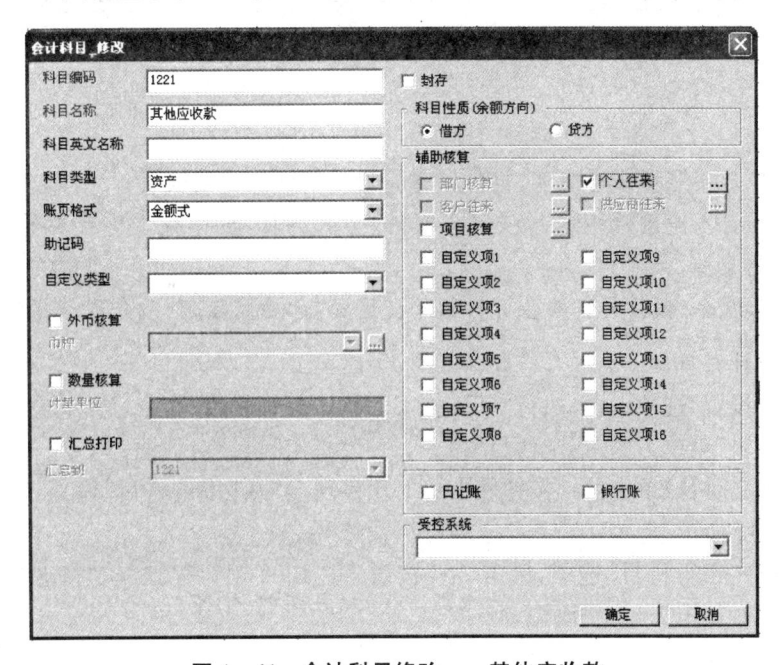

图 1-41 会计科目修改——其他应收款

📖 注意

● "无受控系统"即该账套不使用应收应付系统,应收应付业务均在总账系统中进行核算。
● 受控系统为应收系统,则该科目为应收系统的专属科目,总账系统不能使用该科目。
● 设置成辅助核算内容的会计科目,在填制凭证时都需要填制具体的辅助项核算内容。

(3)删除会计科目

①单击选中要删除的会计科目(例如:要删除"1021 结算备付金"科目)。
②单击"删除"按钮。
③系统弹出"记录删除后不能修复!真的删除此记录吗?"提示对话框,如图 1-42 所示,单击"确定"按钮完成删除科目的操作。

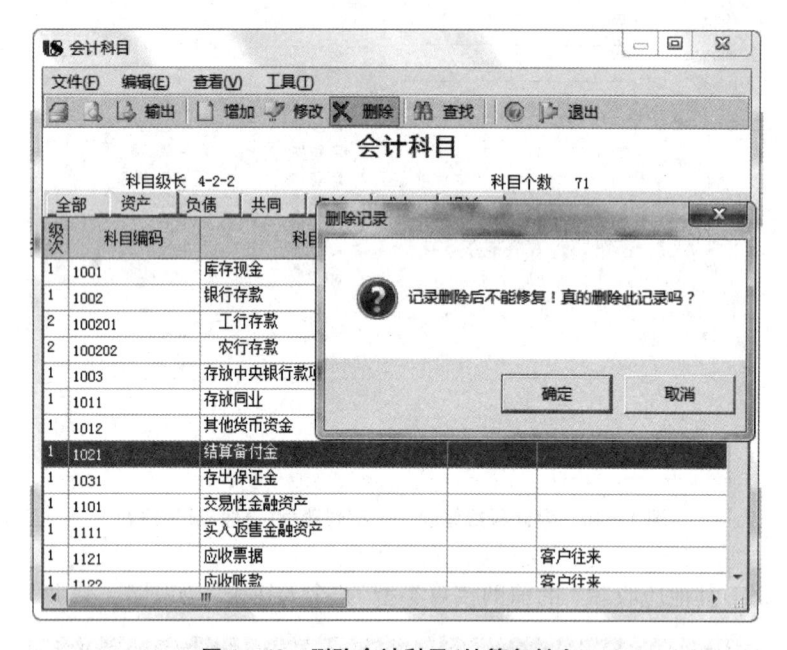

图 1-42 删除会计科目(结算备付金)

📖 注意

● 删除科目后不能被自动恢复,但可以通过增加功能来完成恢复。
● 非末级科目不能删除;已有数据(余额)的会计科目,应先将该科目及其下级科目数据(余额)清零后再删除。
● 被指定为现金、银行科目的会计科目不能删除,如要删除,必须先取消指定。

(4)指定会计科目

①在"基础设置"选项卡中,执行"基础档案/财务/会计科目"命令,进入"会计科目"窗口。
②执行"编辑"菜单下的"指定科目"命令,打开"指定科目"对话框。
③选择"现金科目"单击">"按钮将"1001 库存现金"从"待选科目"窗口选入"已选科目"窗口,如图 1-43 所示。
④单击选择"银行科目"选项,单击">"按钮,将"1002 银行存款"从"待选科目"窗口选入"已选科目"窗口,如图 1-44 所示。

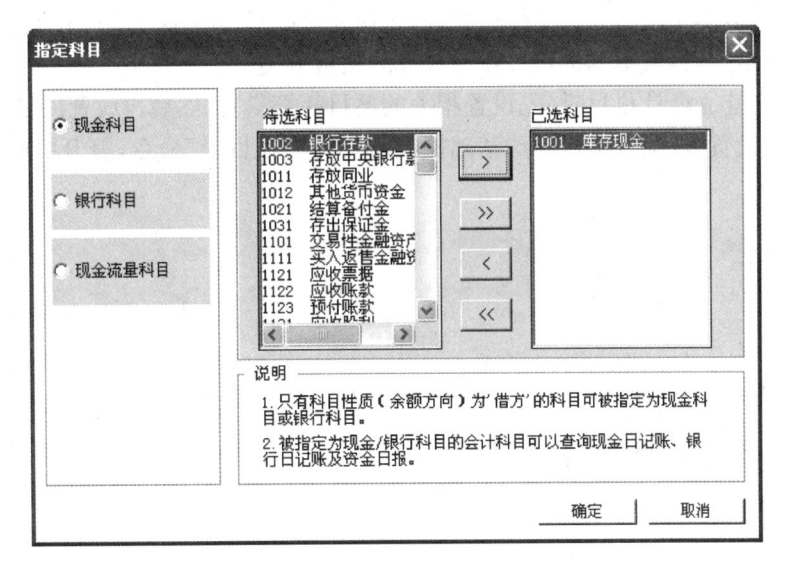

图 1—43　指定现金科目

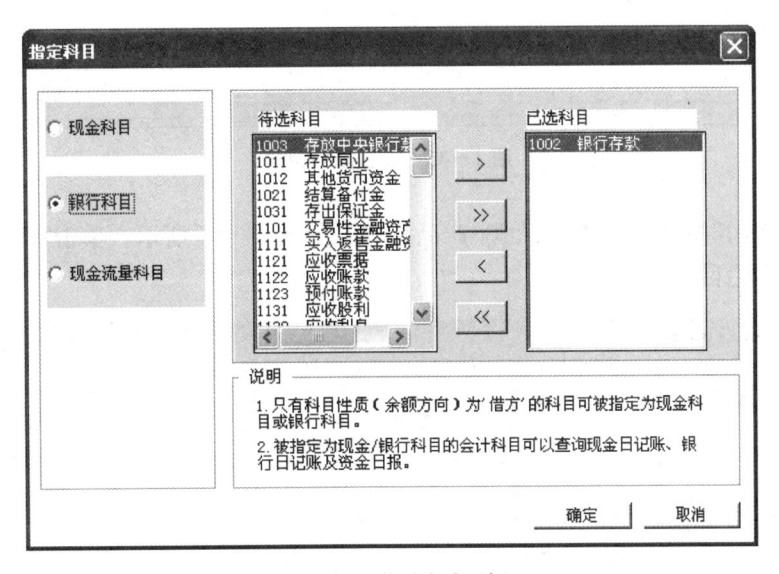

图 1—44　指定银行科目

⑤单击"确定"按钮。

注意
- 被指定的"现金科目"及"银行科目"必须是一级会计科目。
- 只有指定"现金科目"及"银行科目"才能进行出纳签字的操作。
- 只有指定"现金科目"及"银行科目"才能查询现金日记账和银行存款日记账。

21. 设置项目目录

企业在实际业务处理中会对多种类型的项目进行核算和管理,如在建工程、对外投资、技术改造项目、项目成本管理等。企业可将具有相同特性的一类项目定义成一个项目大类,一个项目大类可以核算多个项目。为了便于管理,企业还可以对这些项目进行分级管理。存货、成本对象、现金流量、项目成本等都可以作为核算的项目分类。

系统要求在建立会计科目时,先设置相关的项目核算科目,然后再设置项目目录。

①在"基础设置"选项卡中,执行"基础档案/财务/项目目录"命令,打开"项目档案"窗口。如图1-45所示。

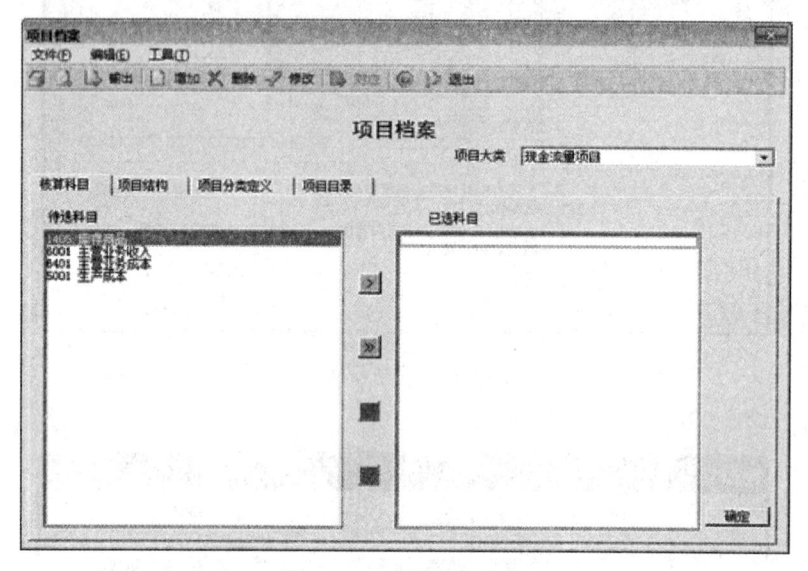

图1-45 设置项目目录

②单击"增加"按钮,增加项目大类"产品核算",如图1-46所示。单击"下一步"按钮,再确认项目级次、栏目,直到完成。

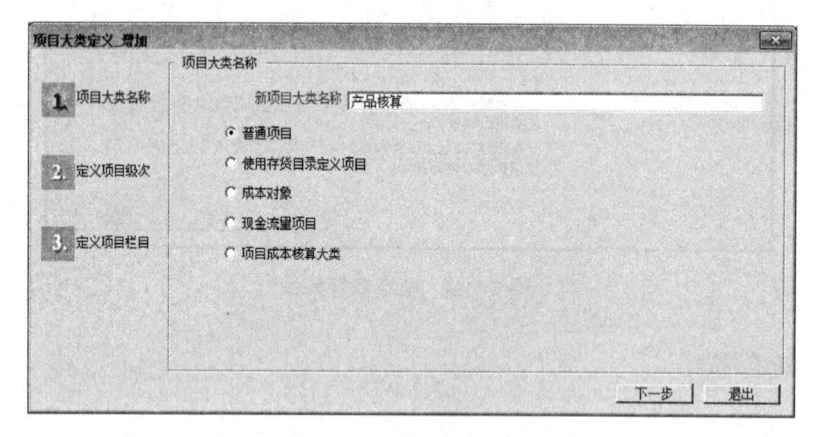

图1-46 增加项目大类

③选择"项目大类"中的"产品核算"大类,将待选科目中的科目选择并移至已选科目档,单击"确定",如图1-47所示。

④单击"项目分类定义"页签,定义"项目分类",单击"确定",如图1-48所示。

⑤单击"项目目录"页签,单击"维护",增加项目目录,如图1-49所示。

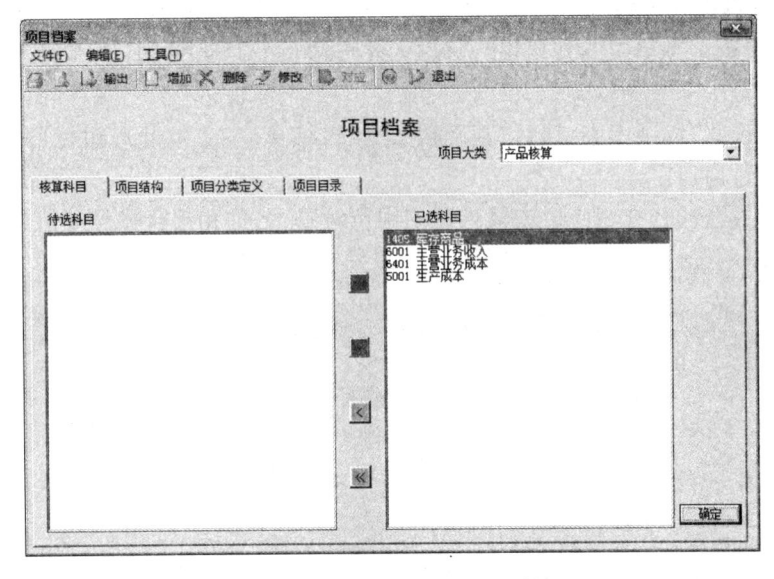

图1-47 选择项目大类对应核算科目

图1-48 定义项目分类

图1-49 维护项目目录

22. 设置本单位开户银行

用于维护及查询本单位的开户银行信息。开户银行一旦被引用,便不能进行修改和删除的操作。

①在"基础设置"选项卡中,执行"基础档案/收付结算/本单位开户银行"命令,打开"增加本单位开户银行"窗口。

②单击"增加"按钮,在相应栏中输入开户银行编码、名称和银行账号等信息。

③单击"保存"按钮,如图 1—50 所示。

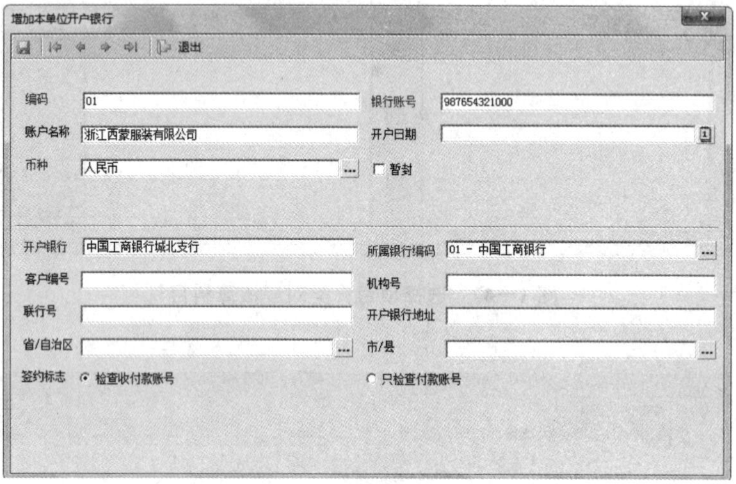

图 1—50　设置开户银行

第二章　财务与供应链系统初始设置

2.1　功能概述

系统初始设置主要包括财务系统初始设置和供应链系统初始设置。财务系统初始设置主要完成总账系统、应收款管理系统和应付款管理系统等系统的初始设置；供应链系统初始设置主要完成采购管理、销售管理、库存管理和存货核算等系统的初始设置。

● 总账系统初始设置：由用户根据本企业工作的需要建立财务应用环境，将用友通用软件转变成适合本企业实际需要的专用软件系统，为总账系统日常业务处理工作做准备。系统初始设置主要工作包括设置系统参数、设置会计科目体系、录入初始余额、设置凭证类别、设置结算方式、期初余额录入等功能，以及与各业务子系统进行期初数据对账等。

● 应收款管理系统初始设置：包括参数设置和期初余额录入。用户根据企业管理要求进行参数设置，系统提供单据类型设置、账龄区间的设置，为各种应收款业务的日常处理及统计分析做准备。系统提供期初余额的输入功能，保证数据的连续性和完整性。

● 应付款管理系统初始设置：包括参数设置和期初余额录入。用户根据企业管理要求进行参数设置，系统提供单据类型设置、账龄区间的设置，为各种应付款业务的日常处理及统计分析做准备。系统提供期初余额的输入功能，保证数据的连续性和完整性。

● 采购管理系统初始设置：包括参数设置和期初余额录入。用户根据企业管理要求进行参数设置，包括业务与权限设置、公共及参照控制设置、采购预警和报警设置等；期初数据录入是指在启用系统之前，已经收到采购货物，但未收到对方开具的发票。期初数据包括：期初暂估入库、期初在途存货和期初受托代销商品等。

● 销售管理系统初始设置：包括参数设置和期初余额录入。期初销售数据是指在启用销售管理系统之前尚未处理完成的销售数据，录入期初数据，以保证其数据的连续性，包括期初发货单、期初委托代销发货单和期初分期收款发货单等。

● 库存管理系统初始设置：包括参数设置和期初余额录入。参数设置是确定存货业务的范围、类型以及对库存业务的要求。期初余额录入包括期初结存和期初不合格品的录入。

● 存货核算系统初始设置：包括参数设置和期初余额录入。参数设置主要包括存货的计价方法、安全库存量等核算和控制规则，期初余额数据包括各仓库存货的期初结存款量和各货的期初结存数量、单价、金额，如果按计划价或售价核算出库成本的存货，还需要录入期初差异或差价。

2.2 实验操作指导

实验 2-1 财务系统初始设置

实验准备

已经完成实验 1-2 的操作,或者引入实验 1-2 账套备份数据,将系统日期修改为 2017 年 1 月 1 日,以 001 操作员(口令为 001)的身份登录"666 账套"的企业应用平台。

实验要求

- 设置总账系统参数
- 录入总账系统账户的期初余额
- 应收系统参数设置
- 应收系统初始设置
- 应收系统期初余额录入
- 应付系统参数设置
- 应付系统初始设置
- 应付系统期初余额录入
- 备份账套

实验资料

1. 总账系统初始化

(1) 总账系统选项设置

凭证选项卡中,制单序时控制、支票控制、赤字控制,不能使用应收、应付受控科目,凭证编号方式采用系统编号;权限选项卡中,不允许修改、作废他人填制的凭证,凭证审核时控制到操作员,出纳凭证必须经由出纳签字;其他选项均采用默认设置。

(2) 期初余额录入

① 总账系统账户期初余额(见表 2-1)

表 2-1 总账系统账户期初余额

科目名称/科目编码	辅助核算	方向	期初余额
库存现金(1001)	日记	借	5 440
银行存款(1002)		借	1 530 000
工行存款(100201)	银行日记	借	1 120 000
农行存款(100202)	银行日记	借	410 000
应收票据(1121)	客户往来	借	117 000
应收账款(1122)	客户往来	借	339 400
预付账款(1123)	供应商往来	借	50 000

续表

科目名称/科目编码	辅助核算	方向	期初余额
其他应收款(1221)	个人往来	借	3 000
坏账准备(1231)		贷	3 000
材料采购(1401)			20 000
原材料(1403)		借	2 120 000
库存商品(1405)	项目核算	借	3 400 000
固定资产(1601)		借	1 600 000
累计折旧(1602)		贷	140 000
短期借款(2001)		贷	1 000 000
应付票据(2201)	供应商往来	贷	25 740
应付账款(2202)		贷	43 100
一般应付账款(220201)	供应商往来	贷	35 100
暂估应付账款(220202)		贷	8 000
预收账款(2203)	客户往来	贷	90 000
应交税费(2221)		贷	40 000
未交增值税(222102)		贷	40 000
实收资本(4001)		贷	7 343 000
利润分配(4104)		贷	500 000
未分配利润(410415)		贷	500 000

备注：应收账款、应收票据、预收账款等科目受控系统为应收系统，应付账款、应付票据、预付账款等科目受控系统为应付系统。应收系统和应付系统受控科目的期初余额在应收系统和应付系统录入，总账系统引入应收系统和应付系统受控科目的期初余额。

②辅助账期初余额(见表2—2)

表2—2　　　　　　　　其他应收款(1221)期初余额明细信息

日期	凭证号	部门	个人	摘要	方向	金额	票号	票据日期	年度
2016.12.26	付—72	销售部	冯梅	出差借款	借	3000	1111	2016.12.26	2017

2. 应收款管理系统初始化

(1)选项设置

常规选项卡中，单据审核日期依据为单据日期，坏账处理方式为应收余额百分比法，代垫费用类型为其他应收单，应收账款核算模型为详细核算；凭证选项卡中，受控科目制单方式为明细到客户，非受控科目制单方式为汇总方式，选择方向相反的分录合并；权限与预警选项卡中，启用信用方式，单据报警提前天数为7天；核销设置选项卡中，应收款核销方式为：按单据；其他均采用系统默认值。

(2)初始设置

①基本科目设置(见表2—3)

表 2—3　　　　　　　　　　　　　　　　基本科目设置

基础科目种类	科目	基础科目种类	科目
应收科目	应收账款(1122)	预收科目	预收账款(2203)
销售收入科目	主营业务收入(6001)	销售退回科目	主营业务收入(6001)
银行承兑科目	应收票据(1121)	商业承兑科目	应收票据(1121)
票据利息科目	利息费用(660301)	票据费用科目	其他费用(660302)
运费科目	其他费用(660103)	坏账入账科目	资产减值损失(6701)
现金折扣科目	其他费用(660302)	税金科目	销项税额(22210102)

②结算方式科目设置

现金结算科目为"1001 库存现金",现金支票、转账支票、银行汇票、汇兑、商业承兑汇票、银行承兑汇票、网上银行结算方式科目均为"100201 工行存款"。

③坏账准备设置

坏账准备提取比率:3‰;坏账准备期初余额:3 000;坏账准备科目 1231;对方科目:6701。

(3)各应收系统受控账户期初余额

【应收账款账户期初余额】

①2016 年 12 月 12 日,销售部冯梅销售给天兴公司男衬衣 1 000 件,无税单价 200 元,价税合计 234 000 元,开出销售专用发票一张,发票编号:XS0001,货款未收。

②2016 年 12 月 15 日,销售部冯梅销售给伟成公司女式衬衣 500 件,无税单价 180 元,价税合计 105 300 元。开出销售专用发票一张,发票编号:XS0015,货款未收。

③2016 年 12 月 19 日,销售部冯梅向伟成公司销售产品代垫运费 100 元,其他应收单编号:XS0080。

【预收账款账户期初余额】

2016 年 12 月 26 日,预收隆兴公司货款 90 000 元,结算方式银行汇票,票号 SK6666。

【应收票据账户期初余额】

2016 年 10 月 20 日,销售部冯梅收到大海公司同日签发的商业承兑汇票一张,票号为 P100001,金额 117 000 元,到期日为 2017 年 10 月 20 日。

3. 应付款管理系统初始化

(1)选项设置

常规选项卡中,单据审核日期依据为单据日期,费用支出单类型为其他应付单;应付账款核算模型为详细核算。凭证选项卡中,受控科目制单方式为:明细到供应商;非受控科目制单方式为:汇总方式,选择方向相反的分录合并。权限与预警选项卡中,启用信用方式,单据报警提前天数为 7 天。核销设置选项卡中,应付款核销方式为:按单据。其他均采用系统默认值。

(2)初始设置

①基本科目设置(见表 2—4)

表 2—4　　　　　　　　　　　　　　　　基本科目设置

基本科目种类	科　目	项　目	科　目
应付科目	一般应付账款(220201)	预付科目	预付账款(1123)
银行承兑科目	应付票据(2201)	商业承兑科目	应付票据(2201)
票据利息科目	利息费用(660301)	票据费用科目	其他费用(660302)
现金折扣科目	其他费用(660302)	税金科目	进项税额(22210101)

②结算方式科目设置

现金结算科目为"1001 库存现金",现金支票、转账支票、银行汇票、汇兑、商业承兑汇票、银行承兑汇票、网上银行结算方式科目均为"100201 工行存款"。

(3)**各应付系统受控账户期初余额**

①应付账款账户期初余额

2016 年 12 月 26 日,采购部王星从东湖公司购入纯棉面料 500 米,原币单价 60 元,原币价税合计 35 100 元,取得采购专用发票一张,发票编号:CG1234。

②预付账款账户期初余额

2016 年 12 月 20 日,预付东湖公司货款 50 000 元,单据编号为 YF2345,结算方式为转账支票,票号为 ZZ1234。

③应付票据账户期初余额

2016 年 10 月 20 日,签发西湖公司商业承兑汇票一张,票据金额 25 740 元,编号 P30000,到期日为 2017 年 1 月 10 日,经办人为采购部王星。

实验指导

1. 总账系统选项设置

系统选项称为系统参数,亦称为业务处理控制参数,是指在企业业务处理过程中所使用的各种控制参数,系统控制参数的设置决定使用系统的业务流程、业务模式和数据流向。在进行选项设置前,一定要详细了解选项开关对业务处理流程的影响,并结合企业的实际业务需要进行设置。由于有些选项在日常业务开始后不能随意更改,需要在业务开始前进行通盘考虑,特别是那些对其他系统有影响的选项设置更要考虑周全。

①在"业务工作"选项卡中,执行"财务会计/总账/设置/选项",打开"选项"窗口。

②单击"编辑"按钮,进入编辑状态,再单击"凭证"选项卡,进行相应设置,如图 2—1 所示。

③单击"权限"选项卡,进行相应设置,如图 2—2 所示。

④单击"确定"按钮,完成相应设置。

2. 总账系统期初余额录入

(1)普通账户期初余额录入

①在"业务工作"选项卡中,执行"财务会计/总账/设置/期初余额",打开"期初余额录入"窗口。

②白色的单元为末级科目(无下级科目的会计科目),可以直接输入期初余额。

(2)个人往来辅助账期初余额录入(其他应收款)

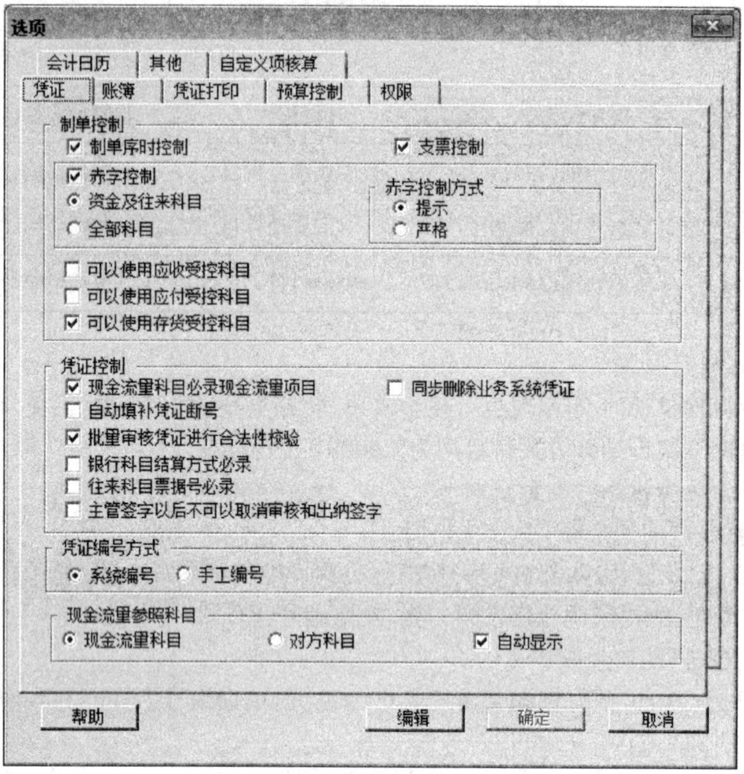

图 2—1 选项对话框的凭证选项卡

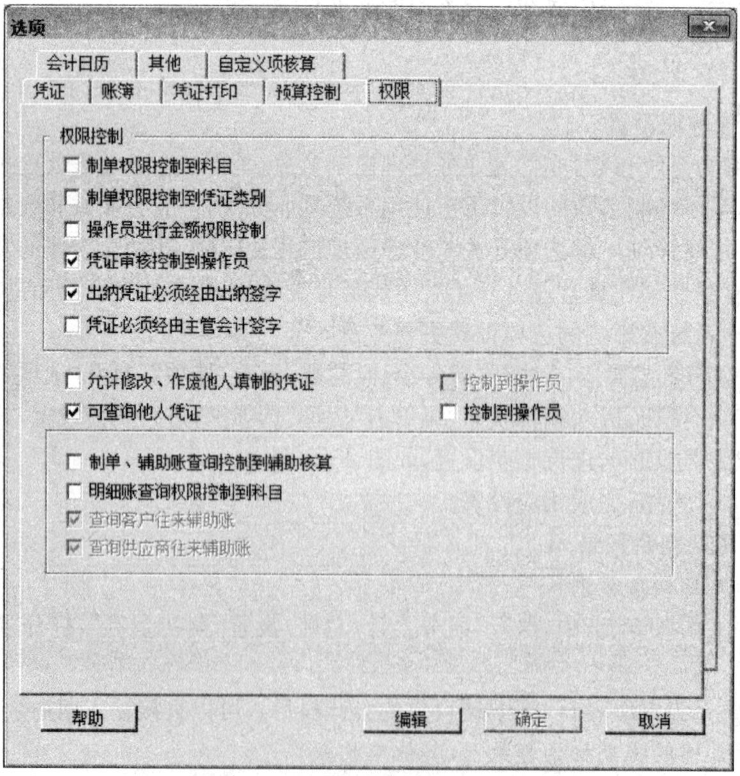

图 2—2 选项对话框的权限选项卡

①将光标移到"1221 其他应收款"科目的"期初余额"栏,双击该栏,系统打开"辅助期初余额"窗口。

②单击"往来明细"按钮,系统打开"期初往来明细"界面,单击"增行",录入相关信息后如图 2－3 所示。

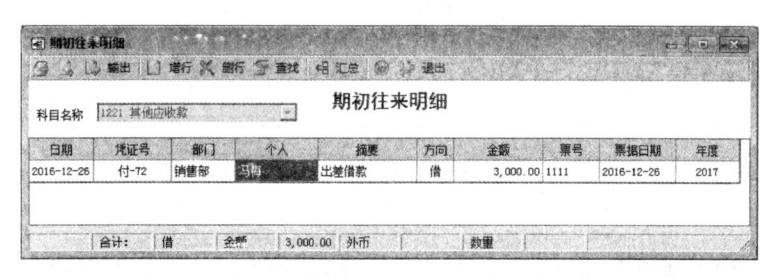

图 2－3　其他应收款期初往来明细窗口

③单击"汇总",再单击"是"按钮,系统提示"完成了往来明细到辅助期初表的汇总",单击"确定"按钮,再单击"退出"按钮,可以查看"辅助期初余额",如图 2－4 所示。

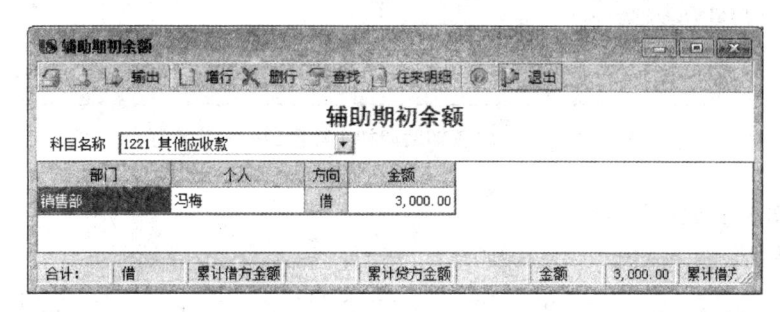

图 2－4　其他应收款期初往来明细窗口——已完成

④单击"退出"按钮,系统返回"期初余额"。

(3)辅助账期初余额录入(从其他系统引入,先在其他系统录入期初余额)

①将光标移到"1122 应收账款"科目的"期初余额"栏,双击该栏,系统打开"辅助期初余额"窗口。

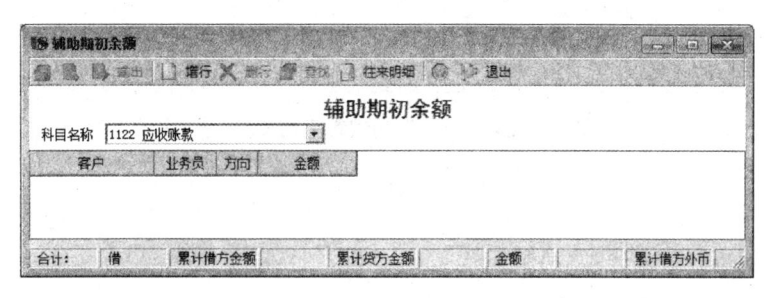

图 2－5　应收账款辅助期初余额窗口——未完成

②单击"往来明细"按钮,系统打开"期初往来明细"界面,单击"引入",系统提示"确定要引入期初吗?",单击"是"按钮,完成数据的引入。

③单击"确定"按钮,再单击"退出"按钮,可以查看"辅助期初余额",如图 2－7 所示。

④单击"退出"按钮,系统返回"期初余额",同理引入应收票据、预收账款、应付账款、应付

图 2—6　应收账款期初往来明细窗口（引入后）

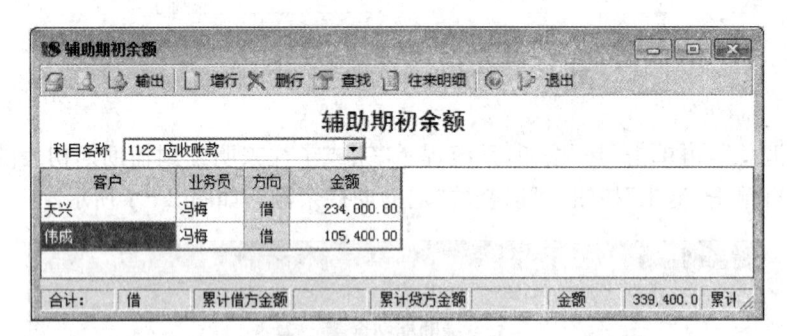

图 2—7　应收账款辅助期初余额窗口——已完成

票据、预付账款科目数据。

⑤所有科目余额录入完成后，单击"试算"按钮，结果如图 2—8 所示。

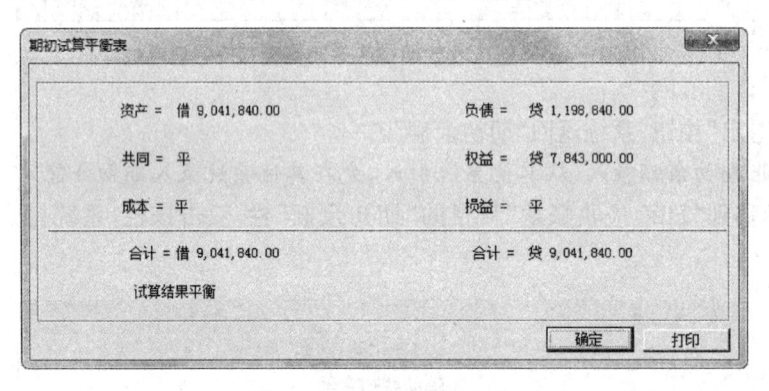

图 2—8　期初试算平衡表

📖 注意

●灰色的单元为非末级科目，不允许录入期初余额，需先录入最低级科目的余额，下级科目余额录入完成后自动汇总生成。

●米黄色的单元格代表该科目已设置了辅助核算，不允许直接录入余额，需要在该单元格中双击进入辅助账期初设置，在辅助账中输入期初数据，完成后系统自动将数据填入总账期初余额表中。

●期初余额及累计发生额输入完成后，为了保证初始数据的正确性，必须依据"资产＝负债＋所有者权益"的静态平衡公式进行试算平衡，即进行期初余额平衡校验。

● 在"录入期初余额"窗口单击"试算"按钮,校验工作由计算机自动完成,校验完成后系统会自动生成一个核验结果报告。系统规定,期初余额不平衡可以进行日常业务中填制凭证的操作,但系统不允许进行记账。

3. 应收款管理系统选项设置

在处理日常业务以前,需设置应收系统所需要的参数,使系统按设定的选项进行相应的业务处理。

①在"业务工作"选项卡中,执行"财务会计/应收款管理/设置/选项"命令,打开"账套参数设置"窗口。

②单击"编辑"按钮,设置选项后,单击"确定"按钮,结果如图2—9所示。

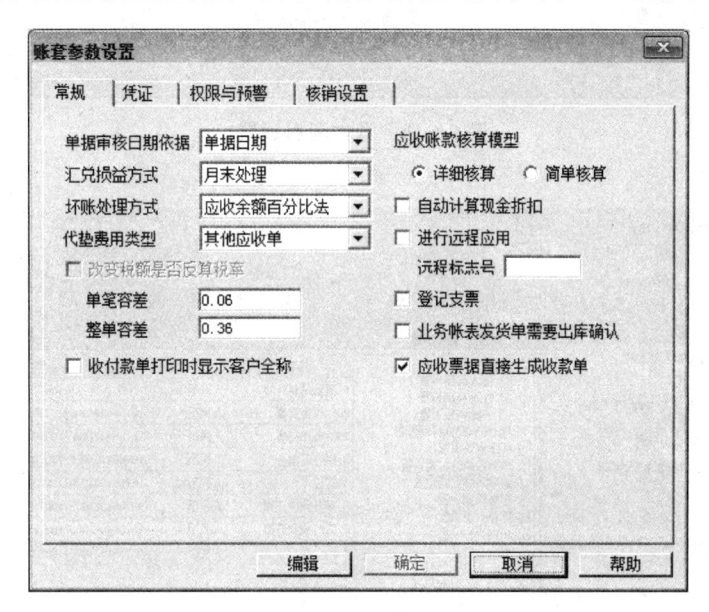

图2—9 应收款管理系统选项设置

4. 应收款管理系统初始设置

(1)设置科目

①在"业务工作"选项卡中,执行"财务会计/应收款管理/设置/初始设置/基本科目设置"命令,打开"基本科目设置"窗口。

②单击"增加"按钮,录入或选择应收科目"1122"等基本科目,币种均选择"人民币",录入完成如图2—10所示。

③执行"设置/初始设置/结算方式科目设置"命令,进入"结算方式科目设置"窗口。

④单击"结算方式"栏的下三角按钮,选择"现金支票",单击币种栏,选择"人民币",在"科目"栏录入或选择"100201",选择本单位账号"987654321000",回车,以此方法继续录入其他结算方式科目,如图2—11所示。

⑤在应收款管理系统中,执行"设置/初始设置/坏账准备"命令,打开"坏账准备设置"窗口,录入提取比率"3",坏账准备期初余额"3 000",坏账准备科目"1231",坏账准备对方科目"6701",如图2—12所示。

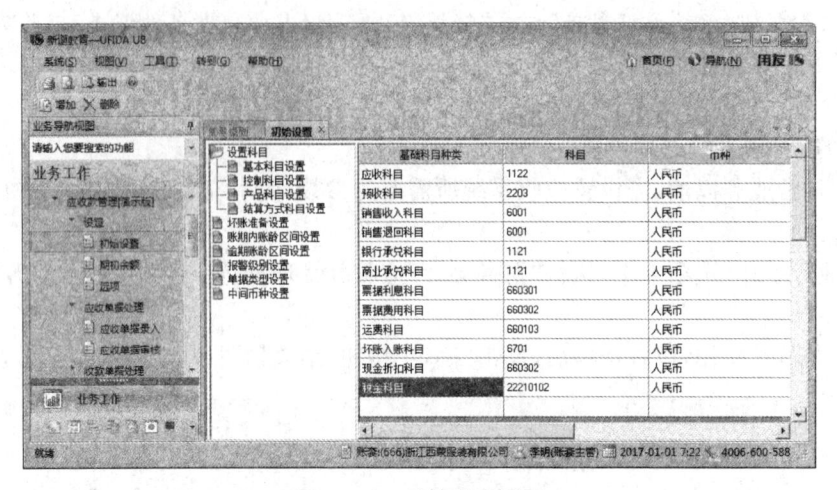

图 2—10 基本科目设置

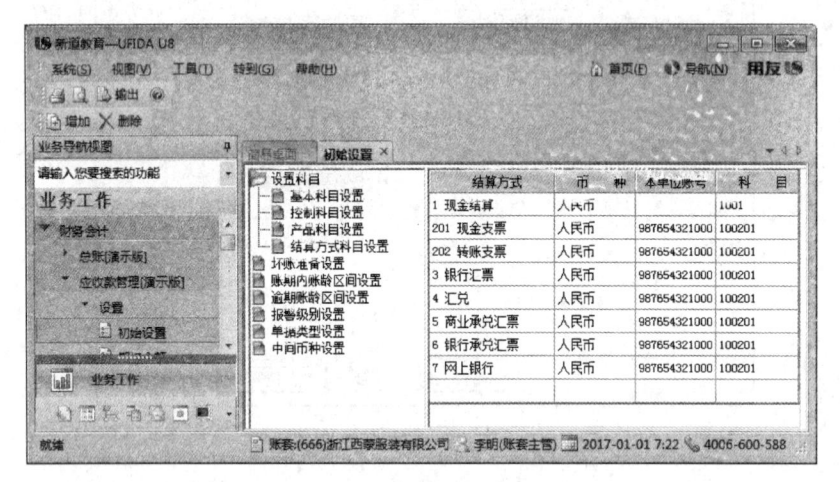

图 2—11 结算方式科目设置

⑥单击"确定"按钮,弹出"存储完毕"信息提示对话框。

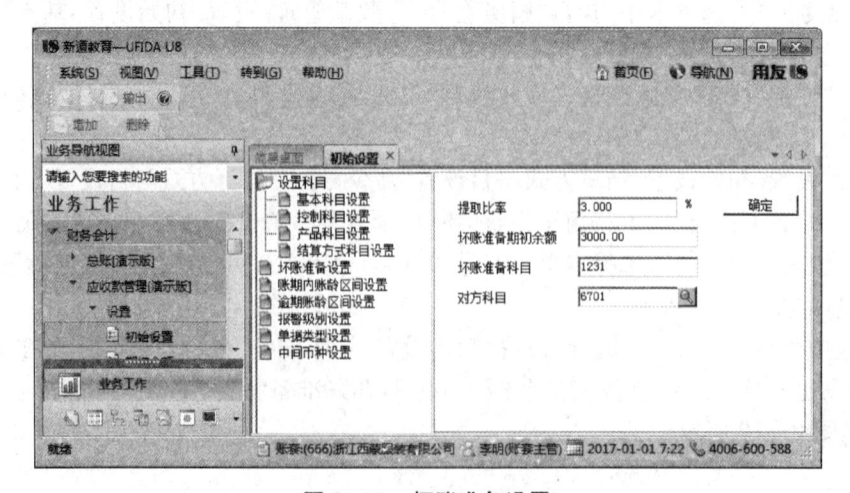

图 2—12 坏账准备设置

(2) 期初余额录入

①在应收款管理系统中,执行"设置/期初余额"命令,打开"期初余额——查询"窗口。
②单击"确定"按钮,进入"期初余额明细表"窗口。
③单击"增加"按钮,打开"单据类别"对话框,如图 2—13 所示。

图 2—13　选择单据类别

④选择单据名称为"销售发票",单据类型为"销售专用发票",方向为正向,然后单击"确定"按钮,进入"销售专用发票"窗口。
⑤单击"增加"按钮,按单据资料录入相关信息后,单击"保存"按钮。
⑥期初销售发票录入结果如图 2—14、图 2—15 所示,期初应收单录入结果如图 2—16 所示,期初预收款(收款单)录入结果如图 2—17 所示,期初应收票据录入结果如图 2—18 所示。

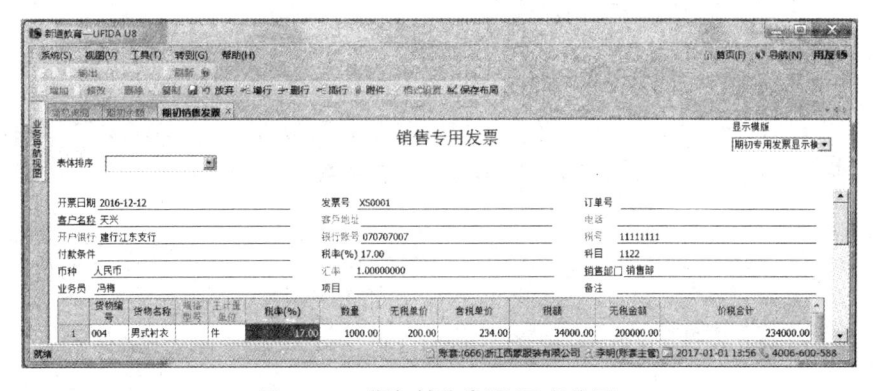

图 2—14　期初销售发票(天兴公司)

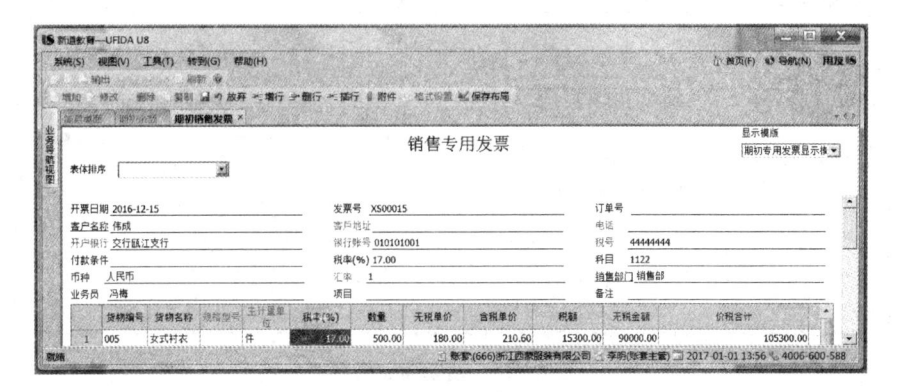

图 2—15　期初销售发票(伟成公司)

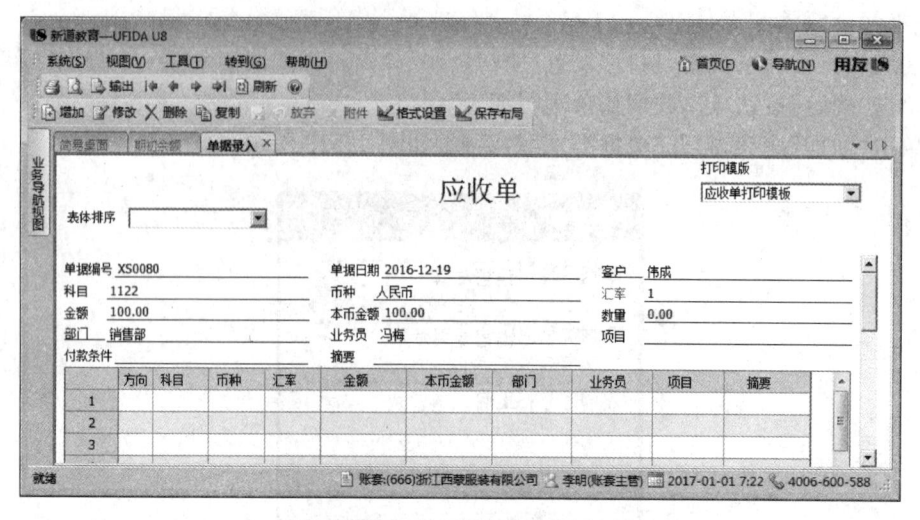

图 2—16　期初应收单

图 2—17　期初预收款（收款单）

图 2—18　期初商业汇票

⑦完成全部应收款期初余额录入后,"期初余额明细表"窗口信息如图 2—19 所示。

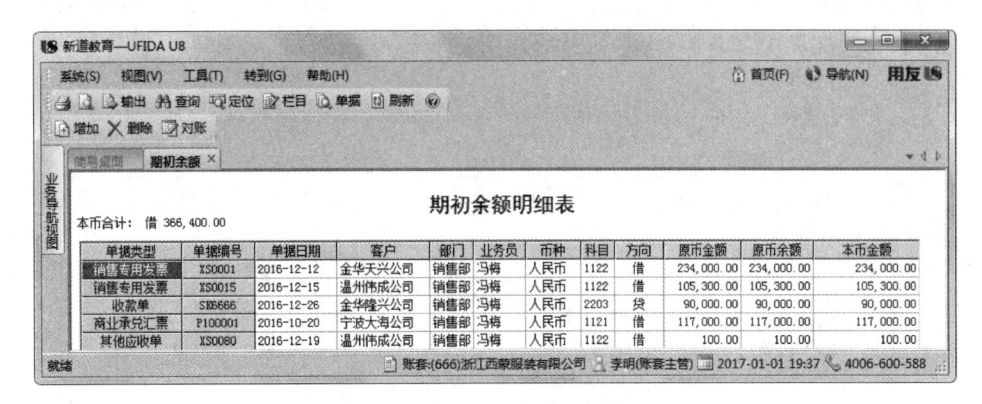

图 2—19 期初余额明细表

📖 **注意**

● 通过"对账"功能,可将应收系统的受控科目的余额与总账系统期初余额进行核对。

● 如果发现期初销售期初发票、期初应收单、期初预收款单、期初应收票据有错误,可通过单击"修改"或"删除"按钮进行处理,但须注意已核销的单据不允许修改或删除。

● 期初单据不需要审核,在录入总账系统余额时可以通过引入功能引入应收系统的期初余额,仅限于应收系统的受控科目。

5. 应付款管理系统初始化

应付款管理系统初始化与应收款管理初始化工作相同,应付款管理系统初始工作也包括选项设置、初始设置以及期初余额的录入三个部分,各部分的含义以及操作方式与应收款管理系统类似。基本科目设置如图 2—20 所示,结算方式科目设置如图 2—21 所示,期初余额明细表如图 2—22 所示。

图 2—20 基本科目设置

图 2—21　结算方式科目设置

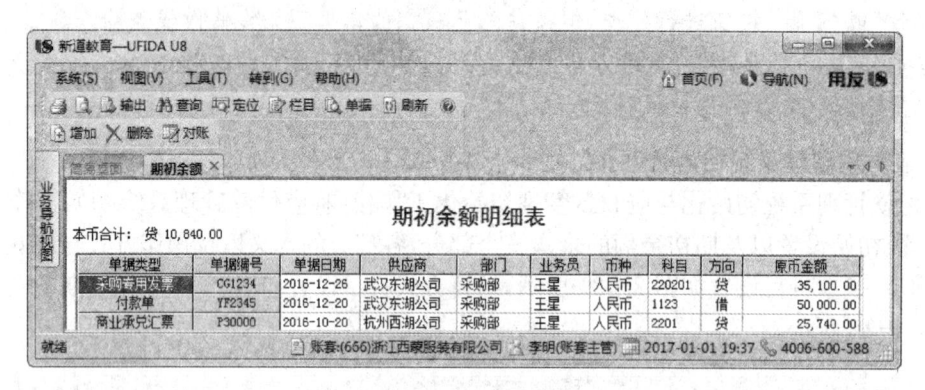

图 2—22　期初余额明细表

实验 2—2　供应链管理系统基础设置

实验准备

已经完成实验 2—1 的操作，或者引入实验 2—1 账套备份数据，将系统日期修改为 2017 年 1 月 1 日，以 001 操作员（口令为 001）的身份登录"666 账套"的企业应用平台。

实验要求

- 采购管理选项设置
- 采购管理期初数据录入
- 销售管理选项设置
- 销售管理期初数据录入
- 库存管理选项设置

- 库存管理期初数据录入
- 存货核算选项设置
- 存货核算期初数据录入
- 备份账套

实验资料

1. 采购管理系统初始化

(1) 采购选项设置

采用系统默认值。

(2) 采购期初数据录入

①期初暂估入库存货

2016年12月22日,采购部王星从双龙公司购入纽扣100盒,本币单价100元,本币金额8 000元(暂估),业务类型为普通采购,采购类型为VIP采购,已验收,入原材料仓,入库类别:采购入库,入库单号:RK12345。

②期初在途存货

2016年12月28日,采购部王星从西湖公司购入混纺面料400米,原币单价50元,原币税额3 400元,价税合计23 400元,采购类型为VIP采购,同日取得采购专用发票一张,票号CG0908,至月底货未到。

(3) 采购期初记账

2. 销售管理系统初始化

(1) 销售选项

业务控制选项卡中选择"销售生成出库单";其他控制选项卡中选择"新增发货单、退货单、发票参照订单";其他参数采用系统默认值。

(2) 销售期初数据录入并审核

2016年12月27日,销售部冯梅销售给VIP客户天兴公司女式衬衣100件,无税单价170元,税率17%,价税合计19 890元,业务类型为普通销售,同日自产成品仓发货(发货单号:FH4321)。

3. 库存管理系统初始化

(1) 库存选项设置

采用系统默认值。

(2) 期初结存录入与审核

①原材料仓期初结存(见表2—5)

表2—5　　　　　　　　　　原材料仓期初结存

仓　库	存货编码	存货名称	计量单位	数　量	单　价	金　额
原材料仓	001	纯棉面料	米	20 000	80	1 600 000
原材料仓	002	混纺面料	米	10 000	50	500 000
原材料仓	003	纽扣	盒	200	100	20 000

②产成品仓期初结存(见表2—6)

表 2—6　　　　　　　　　　　产成品仓期初结存

仓库	存货编码	存货名称	计量单位	数　量	单　价	金　额
产成品仓	004	男式衬衣	件	20 000	120	2 400 000
产成品仓	005	女式衬衣	件	10 000	100	1 000 000

4. 存货核算系统初始化

(1) 存货核算选项设置

采用系统默认值。

(2) 存货期初数据录入与记账

① 存货期初数据录入(或取数);数据同库存管理系统。

② 期初对账与记账。

(3) 科目设置(见表 2—7)

表 2—7　　　　　　　　　　　　科目设置

仓库编码	仓库名称	存货科目编码	存货科目名称	分期收款发出商品编码	分期收款发出商品科目	委托代销发出商品编码	委托代销发出商品
01	原材料仓	1403	原材料				
02	产成品仓	1405	库存商品	1406	发出商品	1406	发出商品

(4) 对方科目设置(见表 2—8)

表 2—8　　　　　　　　　　　对方科目设置

收发类别编码	收发类别名称	对方科目编码	对方科目名称	暂估科目编码	暂估科目
1	采购入库	1401	材料采购	220202	暂估应付款
2	产成品入库	5001	生产成本		
4	材料出库	5001	生产成本		
5	销售出库	6401	主营业务成本		

实验指导

1. 采购管理系统初始化

① 在"业务工作"选项卡中,执行"供应链/采购管理/设置/采购选项",打开"采购系统选项设置"窗口。

② 单击"确定"按钮,完成相应设置。

③ 在采购管理系统中,执行"采购入库/采购入库单"命令,打开"期初采购入库单"窗口。

④ 单击"增加"按钮,录入相关信息后,单击"保存"按钮,期初采购入库单如图 2—23 所示。

⑤ 在采购管理系统中,执行"采购发票/专用采购发票"命令,打开"期初专用发票"窗口。

⑥ 单击"增加"按钮,录入期初采购专用发票,并保存数据,如图 2—24 所示。

⑦ 输入期初单据后,选择"设置/采购期初记账"。

⑧ 进入采购期初记账界面,系统显示提示信息。

⑨ 单击"记账",系统开始记账。

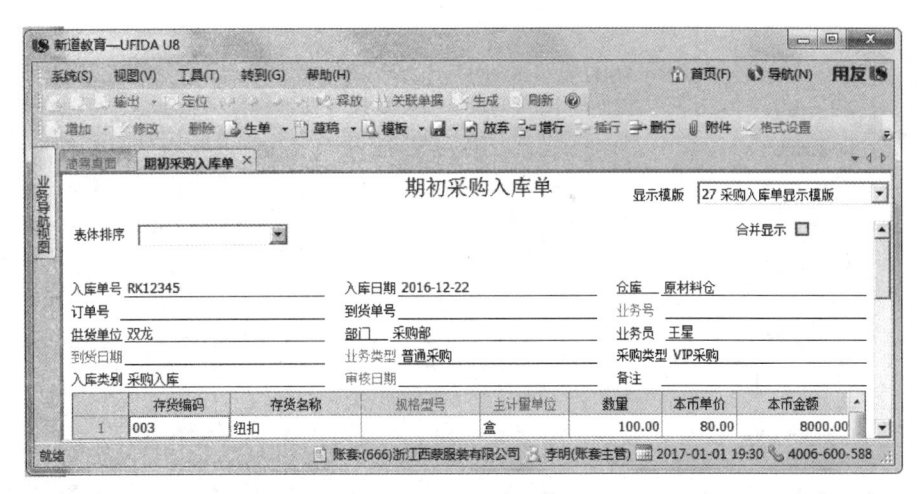

图 2—23 期初采购入库单录入

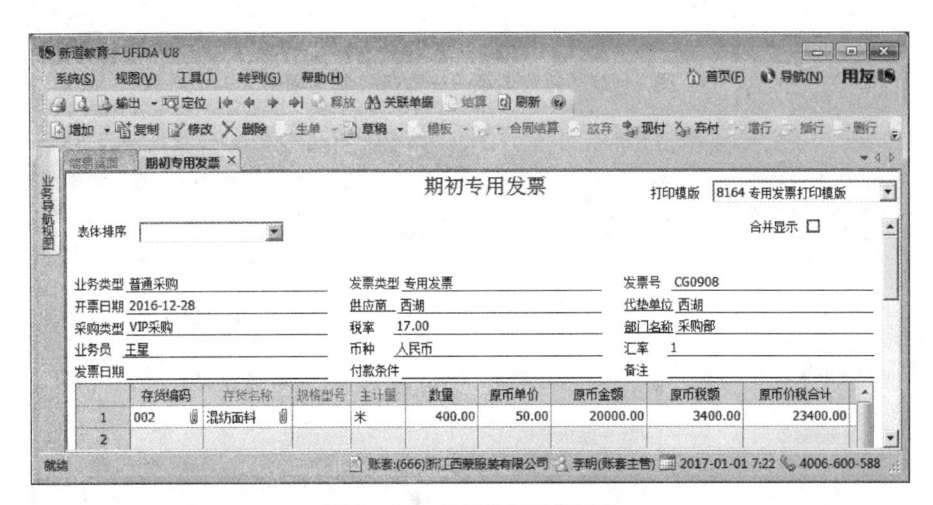

图 2—24 期初专用发票录入

记账后,如取消记账,则单击"取消记账",系统将期初记账数据设置为期初未记账状态。

📖 **注意**

● 期初采购记账是将采购期初数据记入有关采购账户中。

● 期初采购记账前,需要将期初暂估入库、期初在途存货和期初受托代销商品数据录入采购管理系统中。

● 期初采购记账后,才能处理日常采购业务,期初数据不能增加、修改,除非取消采购记账。

2. 销售管理系统初始化

①在销售管理系统中,执行"设置/销售选项",打开"销售设置"窗口。

②单击"确定"按钮,如图 2—25、图 2—26 所示,在"业务控制"选项卡和"其他控制"选项卡中,完成相应设置。

③选择"设置/期初录入/期初发货单",打开"期初发货单"窗口。

图 2-25 销售选项——业务控制选项卡

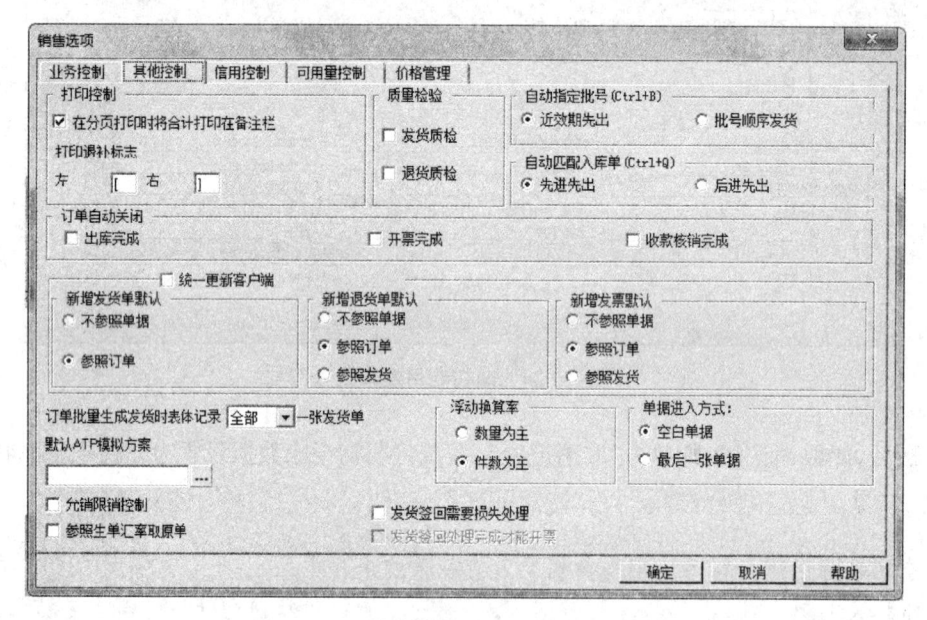

图 2-26 销售选项——其他控制选项卡

④单击"增加"按钮,录入期初发货单,录入完成后如图 2-27 所示。
⑤单击"审核"按钮。

3. 库存管理系统初始化
①在库存管理系统中,执行"初始设置/选项",打开"库存选项设置"窗口。
②设置完成后,单击"确定"按钮。
③选择"初始设置/期初结存",进入"库存期初数据录入"窗口,如图 2-28 所示。
④单击"修改"按钮,录入"原材料仓"各种存货的数量、单价、金额等信息,录入完毕后,单

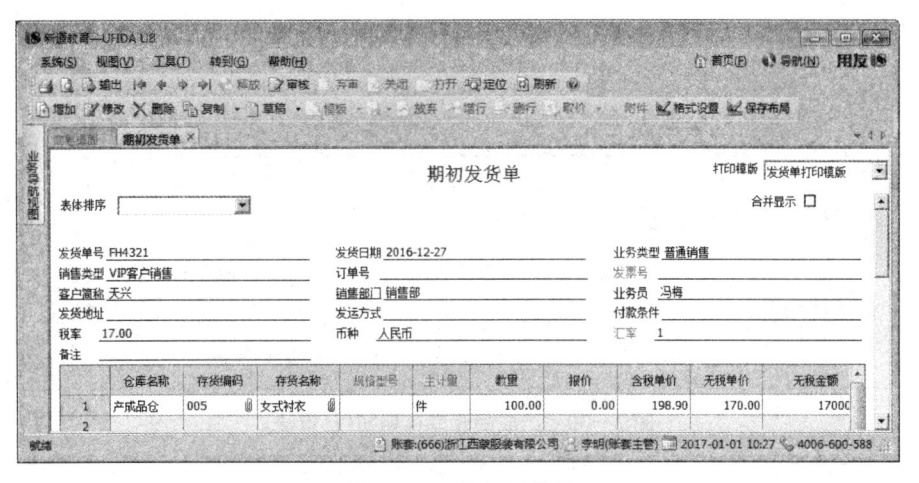

图 2—27 期初发货单

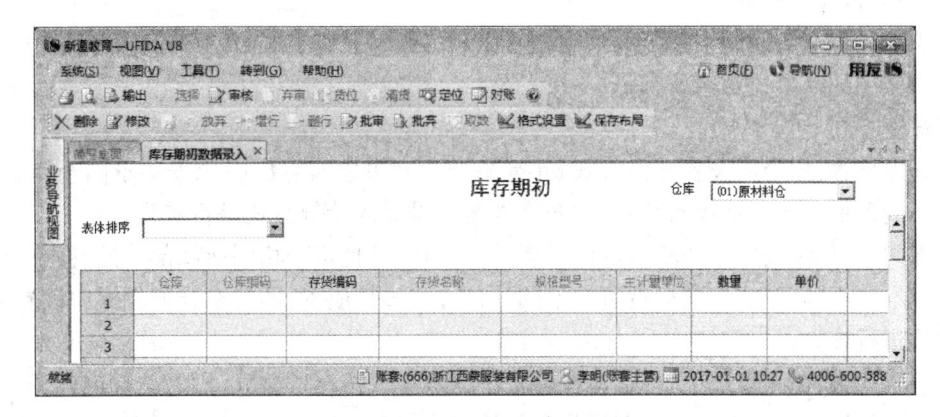

图 2—28 库存期初数据录入

击"保存"按钮,同理录入"产成品仓"期初数据。

⑤再单击"批审"按钮,审核后的"原材料仓"期初数据如图 2—29 所示。

⑥审核后的"产成品仓"期初数据如图 2—30 所示。

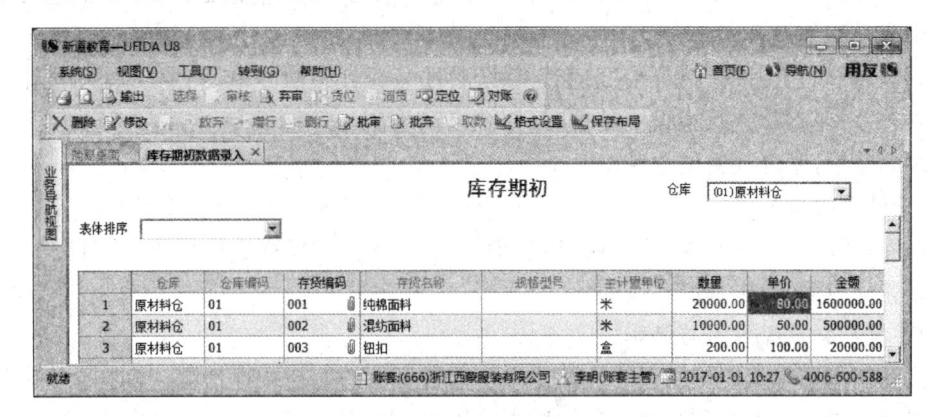

图 2—29 原材料仓库存期初(已审核)

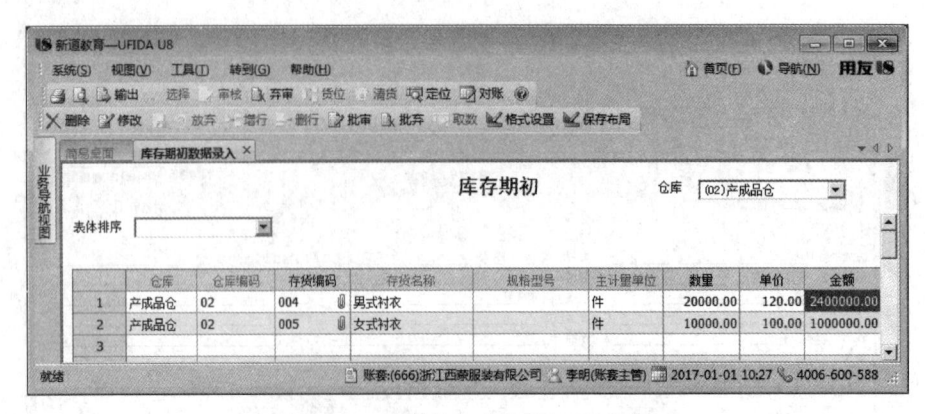

图 2-30　产成品仓库存期初（已审核）

4. 存货核算系统初始化

(1) 存货核算选项设置

用于定义企业所使用本系统的选项，包括核算方式、控制方式、最高最低控制等。

经常使用的存货核算选项有：

① 核算方式

按仓库核算：按仓库设置计价方式，并且每个仓库单独核算出库成本。不同仓库、相同存货可按不同计价方式核算成本，即按在仓库档案中设置的计价方式进行核算。

按部门核算：按仓库中的所属部门设置计价方式，并且每个相同所属部门的各仓库统一核算出库成本。不同部门、相同存货可按不同计价方式核算成本，即按在仓库档案中设置的部门计价方式进行核算。

按存货核算：通常情况下，企业应按存货进行核算。按存货核算，则无论部门或仓库，相同存货按相同计价方式核算成本。即按在存货档案中设置的计价方式进行核算。

一般来说，同种存货不论其所属仓库、所属部门，核算口径应是一致的，因此很多企业采用按存货核算的方式。

② 暂估方式

月初回冲：月初回冲是指月初时系统自动生成红字回冲单，报销处理时，系统自动根据报销金额生成采购报销入库单。

单到回冲：单到回冲是指报销处理时，系统自动生成红字回冲单，并生成采购报销入库单。

单到补差：单到补差是指报销处理时，系统自动生成一笔调整单，调整金额为实际金额与暂估金额的差额，来处理暂估业务。

【存货选项设置】

① 在库存管理系统中，执行"初始设置/销售选项"，打开"库存选项设置"窗口。

② 设置完成后，单击"确定"按钮。

(2) 存货期初数据录入与记账

存货期初数据录入模块用于录入使用系统前各存货的期初结存情况。期初余额和库存的期初余额分开录入。库存和存货的期初数据分别录入处理，库存和存货核算就可分别先后启用，即允许先启用存货再启用库存，或者先启用库存再启用存货。库存的期初数据与存货核算的期初数据不一致，系统提供两边互相取数和对账的功能。

当使用存货核算时,如果不需要输入期初差异,可直接输入期初余额、分期收款发出商品余额、委托代销商品余额后,进行期初记账;如果需要输入期初余额,则应保存期初余额并退出,进入差异录入界面,输入完差异后,再进入期初余额进行期初记账。期初记账后,可以进行日常业务核算。

【存货期初余额录入】

①在存货核算系统中,执行"初始设置/期初数据/期初余额",打开"期初余额"窗口,如图2-31所示。

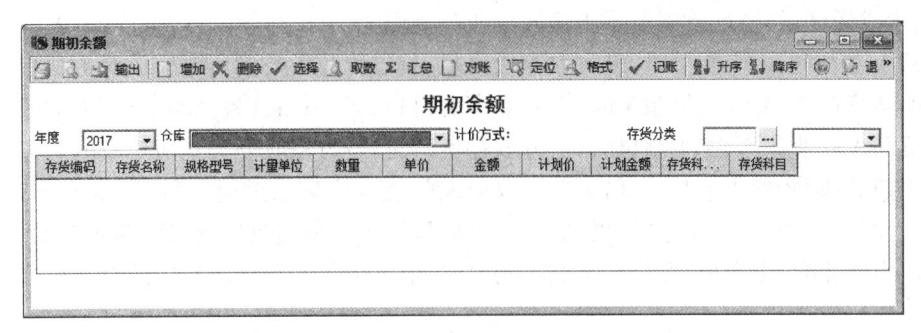

图 2-31 期初余额

②选择要输入期初余额的仓库/部门/存货,输入期初余额,可单击"选择"按钮,进行批量选择存货快速录入。

③可以通过单击"取数"按钮,从库存管理系统取期初数。

④系统自动取数并保存,如图2-32所示。保存后,可以单击"对账"按钮,将存货系统期初与库存管理系统期初进行对账。

图 2-32 期初余额(原材料仓)

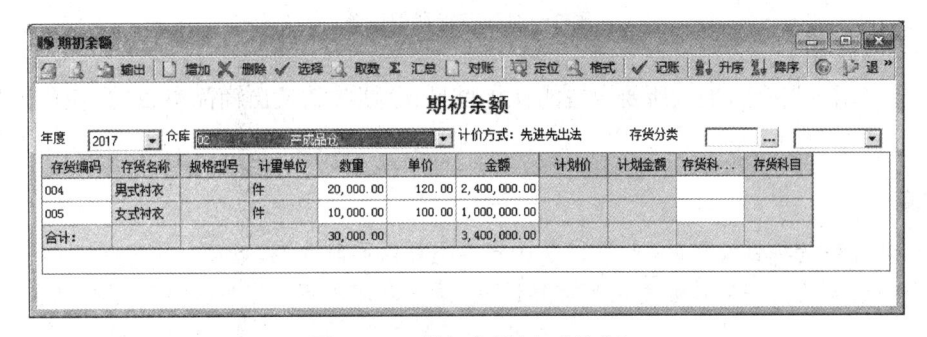

图 2-33 期初余额(产成品仓)

⑤期初余额输入完毕后,可单击"记账"按钮,记账后才允许进行日常处理。如果期初余额录入有错误,可以恢复记账。

(3)科目设置

科目设置用于设置存货核算系统中生成凭证所需要的各种存货科目、差异科目、分期收款发出商品科目、委托代销科目、运费科目、结算科目等,因此在制单之前应先在此模块中将存货科目设置正确、完整,否则无法生成科目完整的凭证。

设置科目后,在生成凭证时,系统能够根据各个业务类型将科目自动带出,如果未设置科目,则在生成凭证后,科目就需要手工输入。业务规则为:

采购入库业务:入库制单时,借方取存货科目,贷方取收发类别所对应的对方科目。

采购结算业务:采购结算制单时,借方取存货科目、运费科目、税金科目,贷方取应付科目。

产成品入库业务:入库单制单时,借方取存货科目,贷方取收发类别所对应的对方科目。

发出商品业务:发货单制时,借方科目取分期收款发出商品对应的科目,贷方取存货对应的科目。发票制单时,借方取收发类别对应的科目,贷方取分期收款发出商品对应的科目。

销售出库业务:出库单/发票结转成本制单时,借方取收发类别所对应的对方科目,贷方取存货科目。

材料出库业务:出库单结转成本制单时,借方取收发类别所对应的对方科目,贷方取存货科目。

调拨业务:调拨业务制单时,借方取存货科目,贷方取存货科目。

盘点业务:盘盈业务制单时,借方取存货科目,贷方取对方科目;盘亏业务制单时,借方取对方科目,贷方取存货科目。

出入库调整单:入库调整单制单时,借方取存货科目,贷方取对方科目;出库调整单制单时,借方取对方科目,贷方取存货科目。

【存货科目设置】

①在存货核算系统中,执行"初始设置/科目设置/存货科目"命令,打开"存货科目"窗口,如图2-34所示。

图2-34 存货科目设置

②单击"增加"按钮,输入所要设置的存货科目、分期收款发出商品科目、委托代销科目等并保存。

📖 注意

- 在进行存货科目设置时,仓库和存货分类不可以同时为空。
- 同一仓库的同一存货分类不可重复设置,同一仓库的不同存货分类不可有包含关系。

【对方科目设置】

对方科目设置模块用于设置收发类别所对应的会计科目,因此在制单之前,需要设置正确、完整,为存货核算系统中生成记账凭证准备好存货对方科目。

①在存货核算系统中,执行"初始设置/科目设置/对方科目"命令,打开"对方科目"窗口,如图 2-35 所示。

②单击"增加"按钮,选末级收发类别,输入对方科目、暂估科目,并保存。

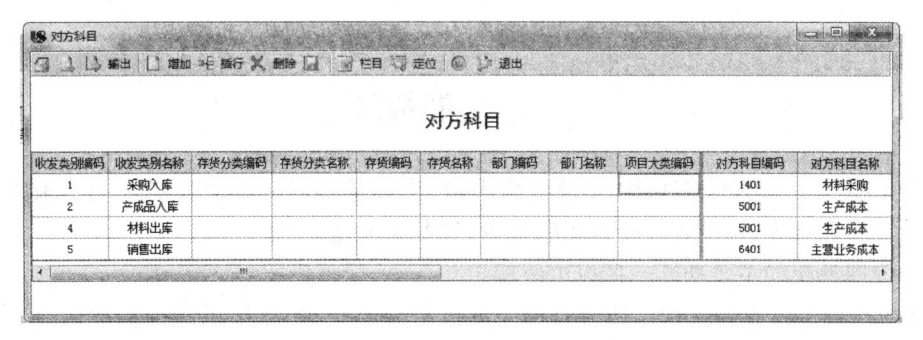

收发类别编码	收发类别名称	存货分类编码	存货分类名称	存货编码	存货名称	部门编码	部门名称	项目大类编码	对方科目编码	对方科目名称
1	采购入库								1401	材料采购
2	产成品入库								5001	生产成本
4	材料出库								5001	生产成本
5	销售出库								6401	主营业务成本

图 2-35 存货对方科目设置

📖 注意

● 对方科目不能为空,而且必须是末级科目,对方科目可根据收发类别、存货分类、部门、项目分类、项目和存货设置对方科目。

● 对方科目设置完整正确,系统才能自动生成科目完整的凭证。

第三章 采购管理系统

3.1 功能概述

用友 ERP-U8 采购管理系统,通过普通采购、直运采购等采购流程对不同的采购业务进行有效的控制和管理,帮助企业降低采购成本、提升企业竞争力。

采购管理系统的主要功能包括以下内容:

● 对供应商进行有效管理。通过对供应商进行分类管理,维护供应商档案信息和供应商存货对照表,便于企业与供应商建立长期稳定的采购渠道。同时,系统还可以对供应商的交货时间、货物质量、供应价格等进行分析评价,确定审查合格的供应商,并调整供应商档案。

● 严格管理采购价格。供应链管理系统可以对采购价格进行严格管理,为企业降低采购成本提供依据。

● 可以选择采购流程。企业可以根据采购计划、请购单、销售订单生成采购订单,也可以手工输入请购单、采购订单;采购业务可以从请购开始,也可以直接从采购开始;还可以在收到采购货物时直接输入采购到货单,或者根据采购订单拷贝采购到货单;质量检验部门对货物验收后,还要输入采购入库单,或者根据采购到货单生成采购入库单。

● 及时进行采购结算。接收供应商开具的采购发票后,直接将采购发票与采购入库单进行采购结算,并将结算单直接转给财务部门进行相应的账务处理,便于及时支付货款。

● 采购执行情况分析。可以对采购订单的执行情况进行分析,便于分清责任,及时发现、解决采购过程中出现的问题。以便及时组织采购,保证生产顺利进行,并能保持较低的库存,为降低成本提供保证。

采购管理系统既可以单独使用,又能与 ERP-U8 管理系统的库存管理、存货核算、销售管理、应付款管理等模块集成使用,提供完整全面的业务和财务流程处理。

采购管理系统可以参照销售管理系统的销售订单生成采购订单,在直运业务必有订单模式下,直运采购订单必须参照直运销售订单生成,直运采购发票必须参照直运采购订单生成;如果直运业务非必有订单,那么直运采购发票和直运销售发票可相互参照。

库存管理系统可以参照采购管理系统的采购订单、采购到货单生成采购入库单,并将入库情况反馈到采购管理系统。

采购发票在采购管理系统录入后,在应付款管理系统中审核登记应付明细账,进行制单生成凭证。应付款管理系统进行付款并核销相应的应付单据后回写付款核销信息。

直运采购发票在存货核算系统进行记账,登记存货明细表并制单生成凭证。采购结算单在存货核算系统进行制单生成凭证,存货核算系统为采购管理系统提供采购成本。

3.2 实验操作指导

实验3-1 普通采购业务

实验准备

已经完成实验2-2的操作,或者引入实验2-2账套备份数据,将系统日期修改为2017年1月31日,以001操作员(口令为001)的身份,以业务发生日期登录"666账套"的企业应用平台。

实验要求

- 录入或生成请购单、采购订单、采购到货单、采购入库单、运费发票等普通采购业务单据,并进行审核。
- 录入或生成采购发票
- 完成采购结算
- 采购成本核算并制单
- 确认应付账款并制单
- 备份账套

实验资料

业务一:普通采购业务(一)

(1)1月1日,采购部业务员王星提出采购申请,拟向双龙公司采购纽扣30盒,报价65元/盒,需求日期为1月5日。

(2)1月1日,双龙公司同意采购请求,但要求修改采购单价,本公司同意对方报价,采购纽扣30盒,单价60元/盒,并签订采购订货合同,要求本月5日到货。

(3)1月1日,从双龙公司购入30盒纽扣到达货税款未付。

(4)1月1日,从双龙公司购入30盒纽扣验收入材料库,入库单号RK002。

(5)1月2日,从双龙公司购入30盒纽扣,采购发票到达(号码F333444)。

(6)1月2日,对本笔采购业务进行采购结算处理。

(7)1月2日,对本笔采购业务进行采购成本核算并制单。

(8)1月2日,对本笔采购业务由财务部门确认应付账款处理并制单。

业务二:普通采购业务(二)

1月2日,收到双龙公司的专用发票,发票号码F001222,发票载明:纽扣100盒,单价80元,增值税率17%,立即支付货税款9 360元(转账支票ZZ9999),经查本公司已于2016年12月22日入库。

业务三:普通采购业务(三)

(1)1月3日,采购部业务员王星向杭州西湖公司订购纯棉面料200米,原币单价90元,要求1月4日到货。

(2)1月4日,收到3日从杭州西湖公司订购纯棉面料200米,原币单价90元,入库单号

RK003。

(3)1月4日,收到采购专用发票,票号 F09009,同时收到一张运费专用发票(票号 Y01001),原币金额100元(按11%进行抵扣增值税)订货合同中约定运费由本公司承担。

(4)1月4日,对本笔采购业务进行采购成本核算并制单。

(5)1月4日,对本笔采购由财务部门确认应付账款处理并制单。

实验操作指导

1. 业务一的处理

本笔业务属于普通采购业务,从录入请购单开始,需要依次录入并审核请购单、采购订单、采购到货单、采购入库单,录入采购专用发票,进行采购结算并制单,还需要审核采购发票并制单。

(1)填制并审核请购单

①在"业务工作"选项卡中,执行"供应链/采购管理"命令,打开采购管理系统。

②执行"请购/请购单"命令,打开"采购请购单"窗口。

③单击"增加"按钮,选择业务类型为"普通采购",修改采购日期为"2017-01-01",请购部门为"采购部",采购类型为"VIP采购",存货编码选择"003",系统自动带出存货名称"纽扣",在数量栏录入"30",在本币单价栏录入"65",需求日期选择"2017-01-05",供应商选择"04金华双龙公司",如图3—1所示。

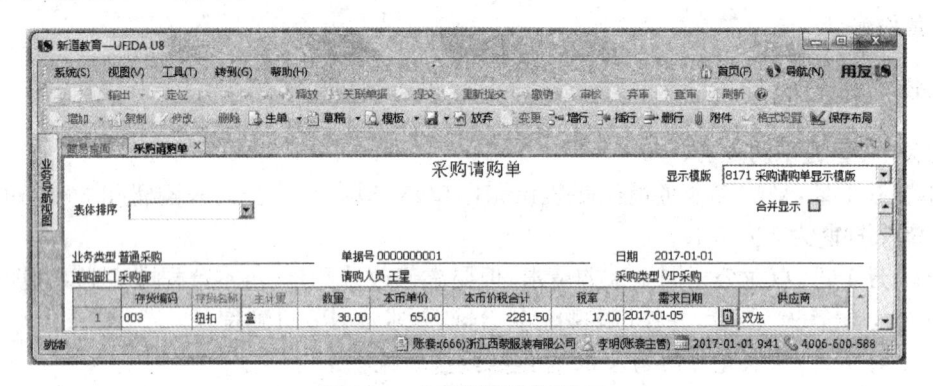

图3—1 "采购请购单"窗口

④单击"保存"按钮。

⑤单击"审核"按钮,再单击返回按钮,返回主菜单。

注意

● 请购单的制单人与审核人可以是同一人。

● 审核后的请购单不允许修改。

● 如要修改审核后的请购单,需要先单击"弃审"按钮,再"修改"按钮,修改后单击"保存"按钮。

● 没有审核的请购单可以直接删除;已经审核的请购单如果要删除,需要先单击"弃审"按钮,再"删除"按钮,才可以删除。

● 可以通过"请购单列表"进行采购请购单的查询,在请购单列表中,双击需要查询的单据，可以打开该请购单，也可以在请购单列表中，进行"弃审"、"删除"的操作。

● 只有审核过的请购单，才允许下游（后续）单据参照（即拷贝单据）。

（2）填制并审核采购订单

采购订单可以直接输入，也可以根据请购单自动生成，还可以采用"请购比价生单"的方式直接生成"采购订单"。

①在采购管理系统中，执行"采购订货/采购订单"命令，打开"采购订单"窗口。

②单击"增加"按钮，单击"生单"按钮，选择"请购单"，打开采购请购单列表过滤"对话框，修改请购日期等信息，如图3-2所示。

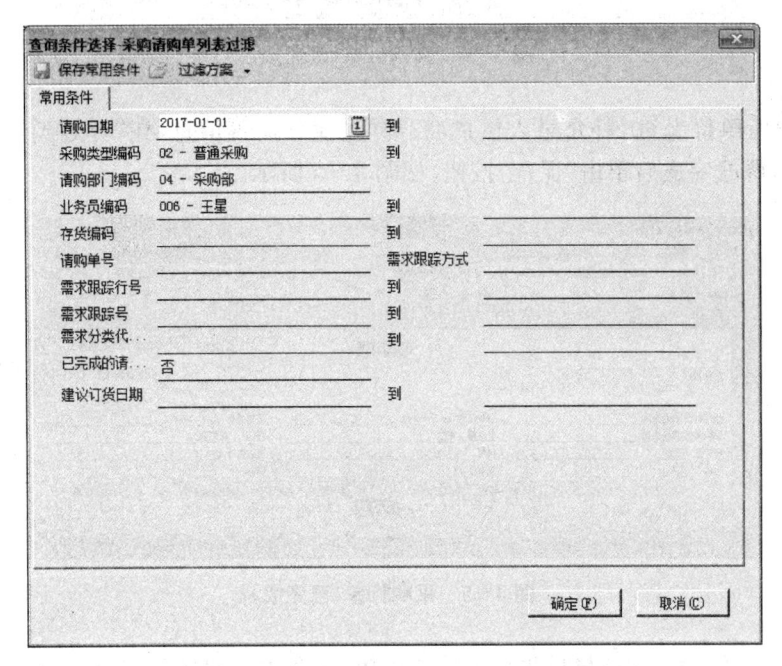

图3-2 "采购请购单列表过滤"对话框

③单击"确定"按钮，打开"拷贝并执行"窗口，在选择栏双击鼠标左键选中需要拷贝的请购单，即打上"Y"选中标志，如图3-3所示。

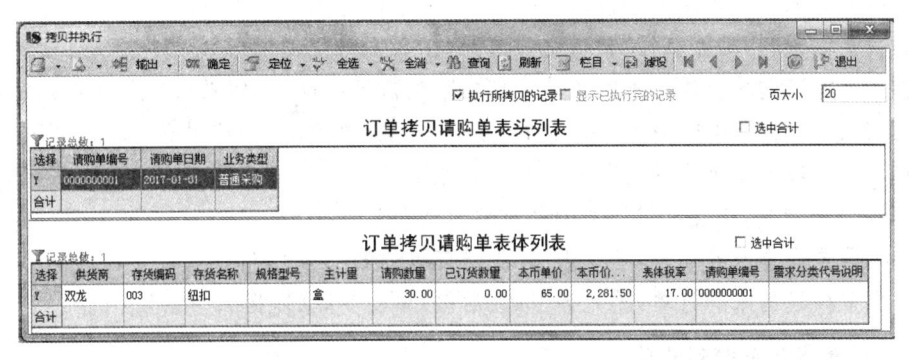

图3-3 "订单拷贝请购单表头列表"窗口

④单击"OK确定"按钮，选中的"请购单"资料自动传递到采购订单中，如图3-4所示。

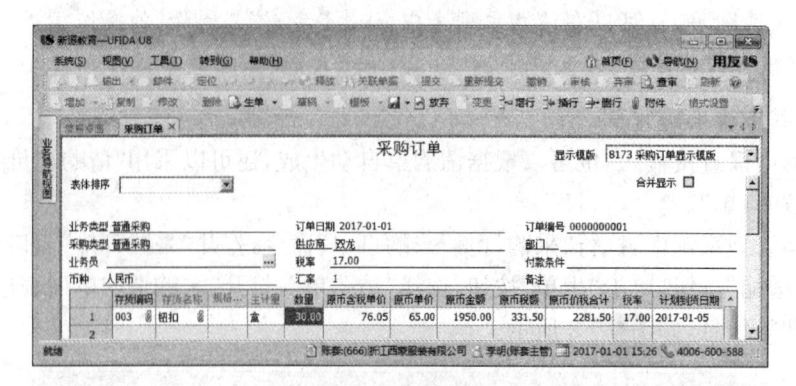

图 3-4 采购订单（未完成）

⑤修改原币单价为 60，补充录入供货商、部门、业务员等信息，在"计划到货日期"栏选择"2017-01-05"，修改完成后单击"保存"按钮，如图 3-5 所示。

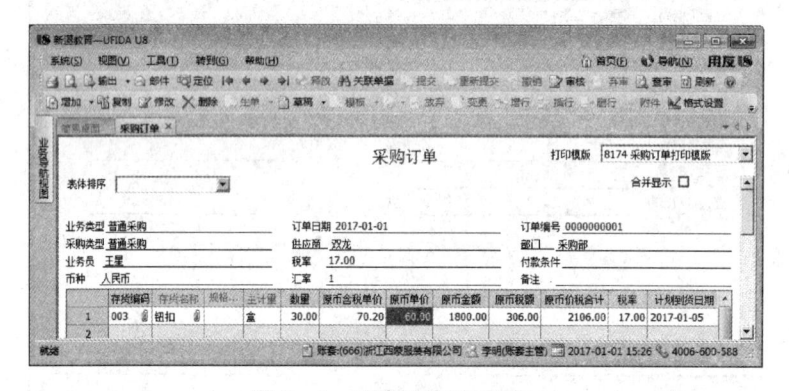

图 3-5 采购订单（已完成）

⑥单击"审核"按钮，确认拷贝生成的采购订单，再单击返回按钮，返回主菜单。

注意

- 采购订单制单人与审核人可以是同一人。
- 审核后的采购订单不允许修改。
- 如果要取消"拷贝并执行"窗口中的选择，在 Y 处双击鼠标即可。
- 拷贝采购请购单生成的采购订单信息在审核前可以修改，如果采购请购单已经审核，则不能直接修改、需要先单击"弃审"按钮，再"修改"按钮，修改后单击"保存"按钮。
- 拷贝采购请购单生成的采购订单如果已经生成到货单或采购入库单，也不能直接修改或删除采购订单信息，需要将其下游单据删除后才能进行修改。
- 如果需要查询采购订单，可以查看"采购订单列表"。
- 只有审核过的采购订单，才允许下游(后续)单据参照(即拷贝单据)。

(3)填制并审核采购到货单

采购到货单可以直接录入，也可以参照采购订单生成，审核采购到货单。

①在采购管理系统中，执行"采购到货/到货单"命令，打开"到货单"窗口。

②单击"增加"按钮，再单击"生单"按钮，选择"采购订单"。

③打开"采购订单列表过滤"对话框，如图3-6所示。

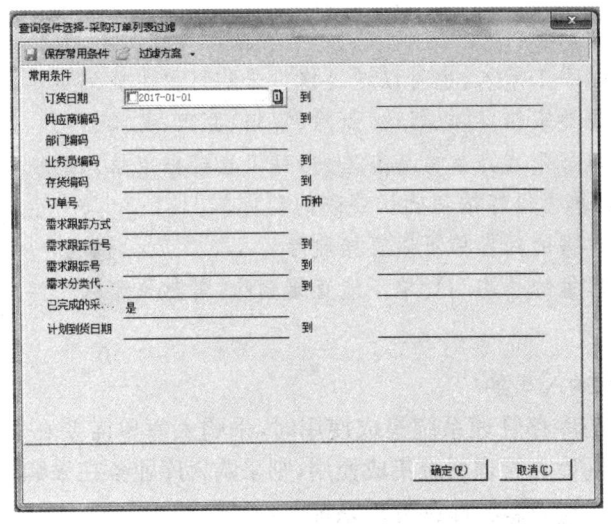

图3-6 "采购订单列表过滤"对话框

④单击"确定"按钮，打开"拷贝并执行"窗口，双击鼠标左键选中需要拷贝的采购订单，即打上"Y"选中标志，如图3-7所示。

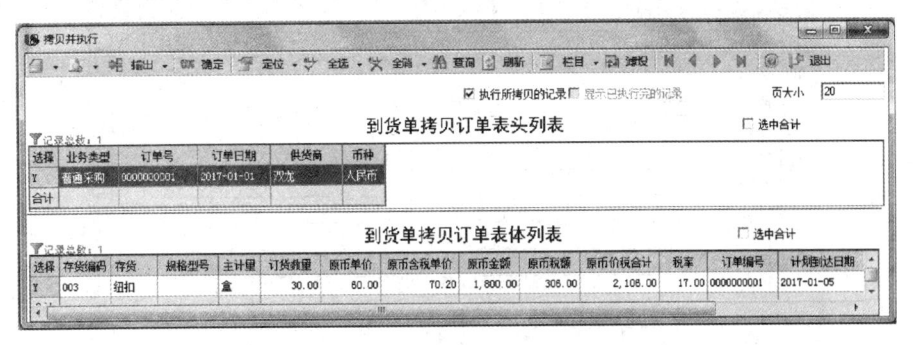

图3-7 "到货单拷贝订单表头列表"窗口

⑤单击"OK确定"按钮，系统将采购订单信息带入到货单中，如图3-8所示。

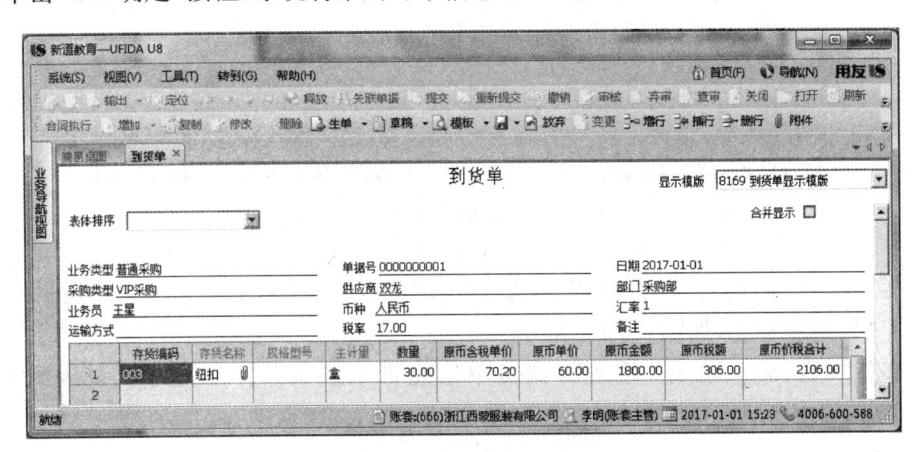

图3-8 到货单（已生成）

⑥确认无误后，单击"保存"按钮，再单击"审核"按钮。

注意

- 采购到货单可以手工录入，也可以通过拷贝采购订单生成到货单。
- 采购到货单不需要审核，可以修改、删除、审核、弃审、关闭、打开、变更。
- 如果采购到货单与采购订单信息有差别，可以直接据以录入到货单信息，或者直接修改生成的到货单信息，再单击保存按钮确认修改的到货单。
- 没有生成下游单据的到货单可以直接删除。
- 已经生成下游单据的采购到货单不能直接删除，需要先删除下游单据后，才能删除采购到货单。

（4）填制并审核采购入库单

当采购管理系统与库存管理系统集成使用时，采购入库单需要在库存管理系统中录入。如果采购管理系统不与库存管理系统集成使用，则采购入库业务在采购管理系统中进行处理。

①在企业应用平台中，启动"库存管理系统"。

②在库存管理系统中，执行"入库业务/采购入库单"命令，打开"采购入库单"窗口。

③单击"生单"按钮，选择"采购到货单（蓝字）"，打开"查询条件选择——采购到货单列表"窗口，选择到货单号0000000001，如图3－9所示。

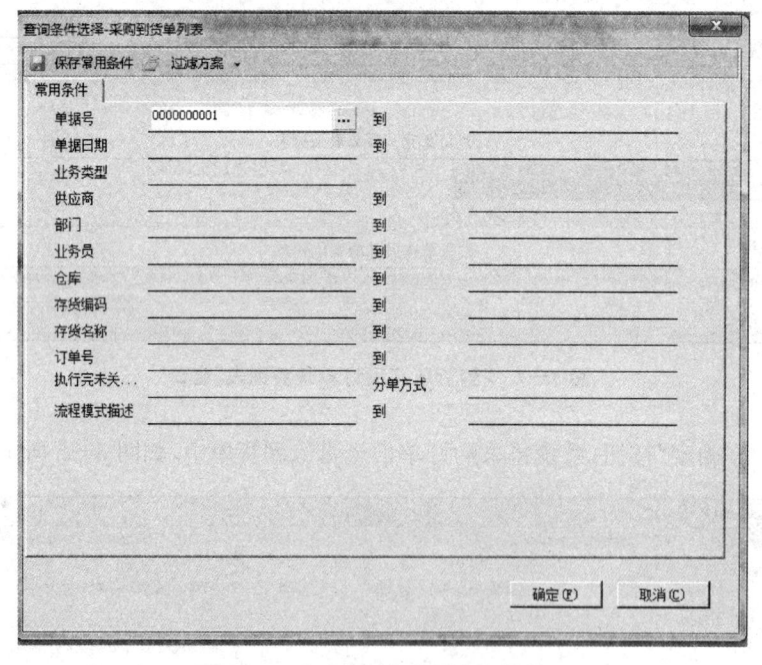

图3－9 "采购到货单列表"对话框

④单击"确定"按钮，打开"到货单生单列表"窗口，双击鼠标左键选中需要拷贝的采购订单，即打上"Y"选中标志，如图3－10所示。

⑤单击"OK 确定"按钮，系统将到货单信息带入采购入库单之中。录入入库单号：RK002，"仓库"栏参照选择"原材料仓"，如图3－11所示。

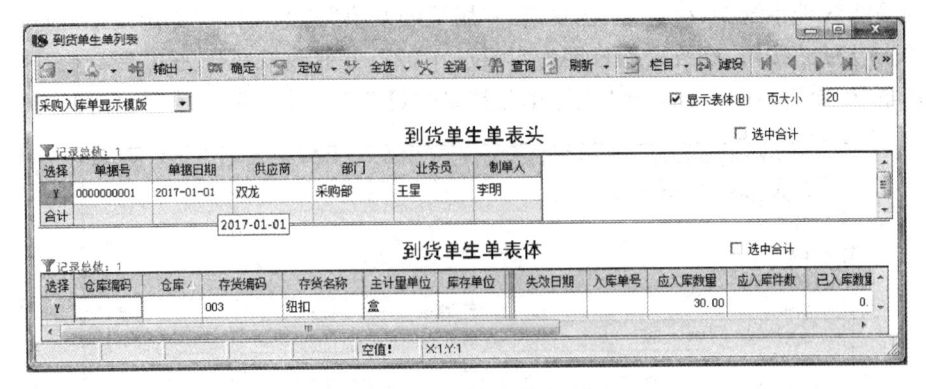

图 3-10 "到货单生单表头"窗口

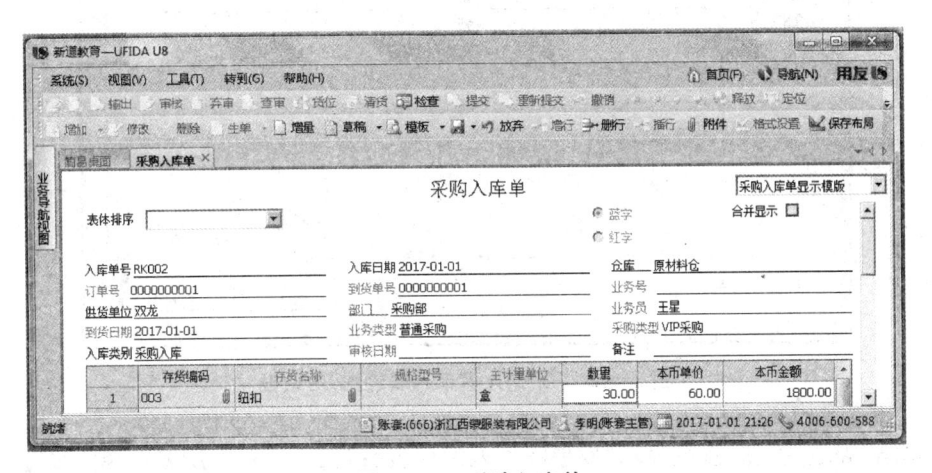

图 3-11 采购入库单

⑥单击"保存"按钮,再单击"审核"按钮,系统提示"该单据审核成功"。

📖 注意

● 采购入库单必须在库存管理系统中录入或生成。

● 在库存管理系统中录入或生成的采购入库单,可以在采购管理系统中查看,但不能修改或删除。

● 如果需要手工录入采购入库单,则在库存管理系统中打开"采购入库单"窗口时,单击"增加"按钮,可以直接录入采购入库单信息。

● 如果在采购选项中设置了"普通业务必有订单",则采购入库单不能手工录入,只能参照生成,如果需要手工录入采购入库单,则需要先取消"普通业务必有订单"选项。

● 根据上游单据拷贝下游单据后,上游单据不能直接修改、弃审,删除下游单据后,其上游单据才能执行"弃审"操作,弃审后才能修改。

● 要查询采购入库单,可以在采购系统中通过"采购入库单列表"进行查询。

(5)**填制并审核专用采购发票**

专用采购发票可以参照采购订单或采购入库单生成,需以 2017 年 1 月 2 日重新登录企业应用平台。

①在采购管理系统中，执行"采购发票/专用采购发票"命令，打开"专用发票"窗口。
②单击"增加"按钮，修改采购日期为"2017-01-02"，并修改发票号为 F333444。
③单击"生单"按钮，可以选择"入库单"或"采购订单"，本题选择入库单，如图 3-12 所示。

图 3-12 "采购入库单列表过滤"对话框

④单击"确定"按钮，系统显示"发票拷贝入库单表头列表"。双击所要选择的采购入库单，"选择"栏显示"Y"，如图 3-13 所示。

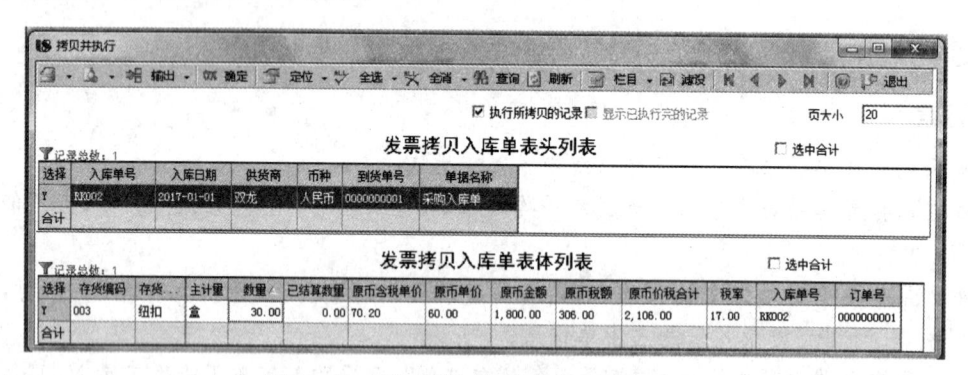

图 3-13 "发票拷贝入库单表头列表"窗口

⑤单击"OK 确定"按钮，系统将采购入库单自动传递过来，生成采购专用发票，如图 3-14 所示。
⑥所有信息输入、修改完成后，单击"保存"按钮，系统保存参照采购入库单生成的采购专用发票。

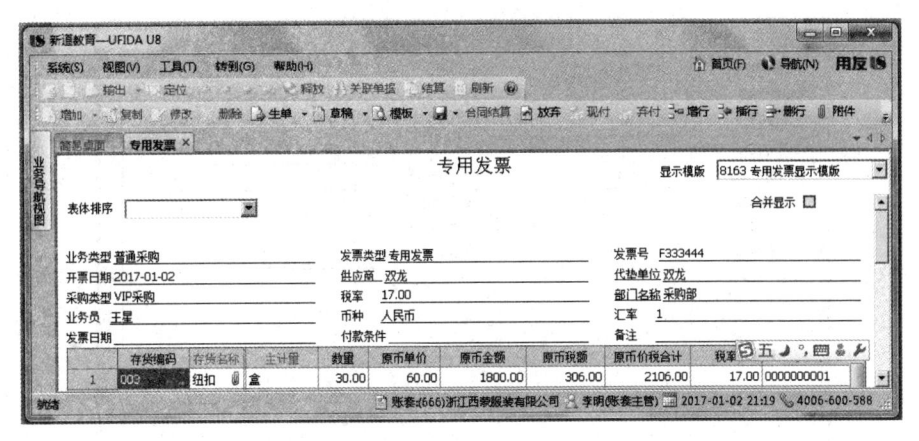

图 3—14 采购专用发票

📖 **注意**

● 采购发票包括采购专用发票、采购普通发票和采购运费发票和采购红字发票。
● 采购发票可以手工输入,也可以根据采购订单、采购入库单参照生成。
● 如果在采购选项中设置了"普通业务必有订单",则采购发票不能手工录入,只能参照生成,如果需要手工录入采购发票,则需要先取消"普通业务必有订单"选项。
● 如果要录入采购专用发票,需要先在基础档案中设置有关开户银行信息,否则,只能录入普通发票。
● 采购专用发票中的表头税率是根据专用发票默认税率自动带入的,可以修改。采购专用发票的单价为无税单价,金额为无税金额,税额等于无税金额与税率的乘积。
● 普通采购发票中的表头税率默认为 0,运费发票的税率默认 7%,可以进行修改,普通发票、运费发票的单价为含税单价,金额为价税合计。
● 如果收到供应商开具的发票但没有收到货物,可以对发票压单处理,待货物运达后,再输入采购入库单并进行采购结算;也可以先将发票输入系统,以便实时统计在途物资。
● 在采购管理系统中可以通过查看"采购发票列表"查询采购发票。
● 在采购管理系统录入的发票,在采购管理系统不能审核,进行采购结算以后,在应付系统审核采购发票后,系统会对采购发票进行自动回写审核。

(6) 采购结算处理(自动采购结算)

采购结算就是采购报账,是指采购人员根据采购入库单、采购发票核算采购材料入库成本。采购结算生成采购结算单,它是记载采购入库单记录与采购发票记录对应关系的结算对照表,采购结算分为自动结算和手工结算两种方式。

系统自动结算由系统自动将符合条件的采购入库单记录和采购发票记录进行结算。系统自动按照三种结算模式进行自动结算:入库单和发票结算、红蓝入库单结算、红蓝发票结算。

①在采购管理系统中,执行"采购结算/自动结算"命令,系统弹出"采购自动结算"对话框,根据需要输入结算过滤条件和结算模式、单据的起止日期,选择入库单和发票结算模式,如图 3—15 所示。

②单击"确定"按钮,系统自动进行结算。如果存在完全匹配的记录,则系统弹出信息提示对话框,如图 3—16 所示。如果不存在完全匹配的记录,则系统弹出"状态:没有符合条件的红

图 3—15 "采购自动结算"对话框

蓝入库单和发票"信息提示框。

图 3—16 成功结算信息

③执行"结算单列表"命令,系统打开"查询条件选择——采购结算单"对话框,业务类型选择"普通采购",如图 3—17 所示。

④单击"确定"按钮,系统打开"结算单列表"窗口,如图 3—18 所示。

⑤双击需要查询的结算单号,可以打开结算表,查询、打印本次自动结算结果,如图 3—19 所示。

图 3-17 "采购结算单"对话框

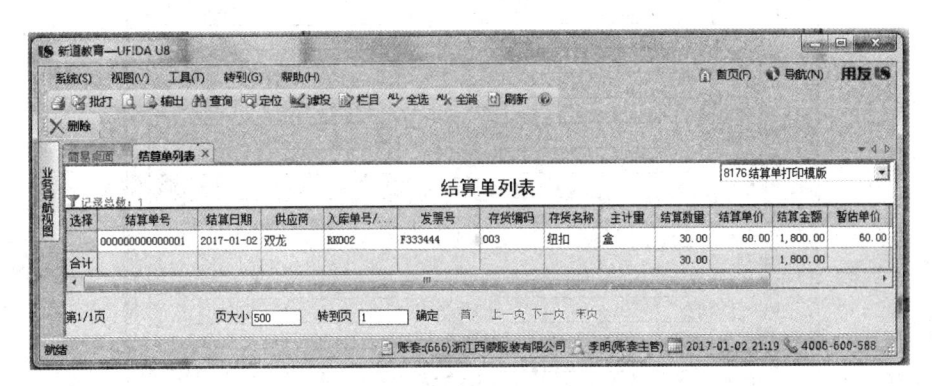

图 3-18 "结算单列表"窗口

图 3-19 查询"结算单"窗口

⑥单击"退出"按钮。

> **注意**
> ● 设置采购自动结算过滤条件时,存货分类与存货是互斥的,即同时只能选择一个条件进行过滤。
> ● 结算模式为复选,可以同时选择一种或多种结算模式。
> ● 执行采购结算后的单据不能进行修改、删除操作。
> ● 如果需要删除已经结算的发票或采购入库单,可以在"结算单列表"中打开该结算单并删除,这样才能对采购发票或采购入库单执行相关的修改、删除操作。

(7)采购成本核算并制单

采购成本核算在存货核算系统中进行,存货核算系统记账后,才能确认采购材料的采购成本。

【在存货核算系统中进行记账处理】

①在存货核算系统中,执行"业务核算/正常单据记账"命令,打开"查询条件选择"对话框。
②选择仓库中的"原材料仓",如图3-20所示。

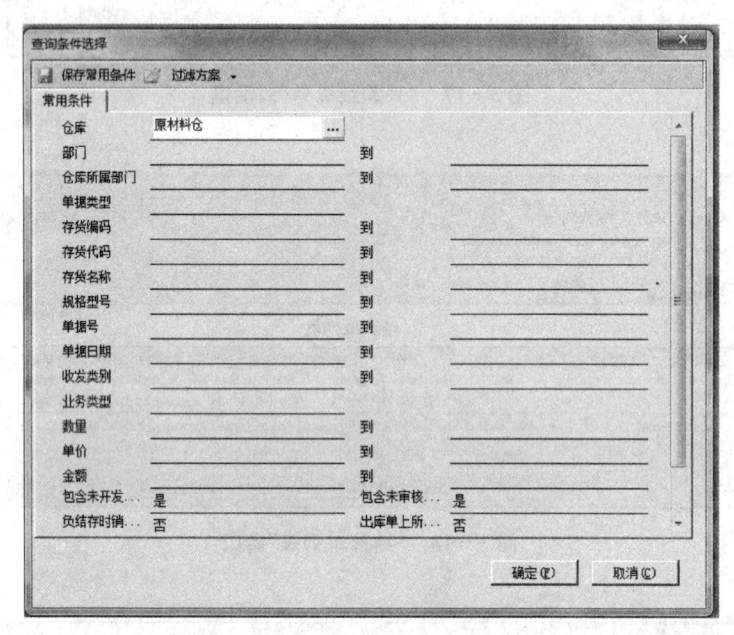

图3-20 "查询条件选择"对话框

③单击"确定"按钮,打开"正常单据记账列表"窗口,如图3-21所示。

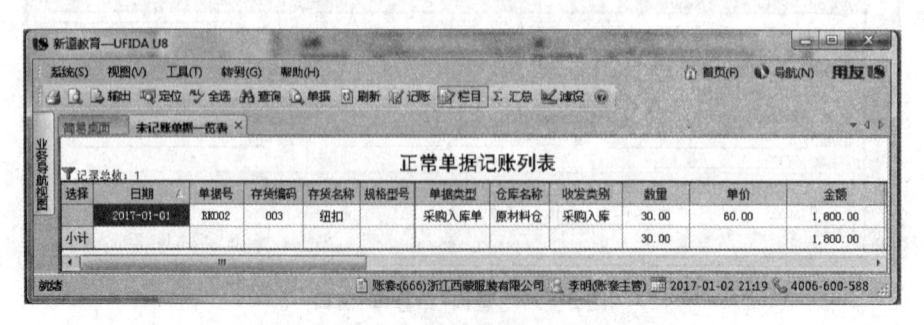

图3-21 "正常单据记账列表"窗口

④单击"全选"按钮。
⑤单击"记账"按钮,系统提示"记账成功",如图3—22所示,单击"确定"按钮。

图3—22 "记账成功"对话框

⑥单击"退出"按钮。
【在存货核算系统中进行制单处理】
①在存货核算系统中,执行"财务核算/生成凭证"命令,系统打开"生成凭证"窗口,如图3—23所示。

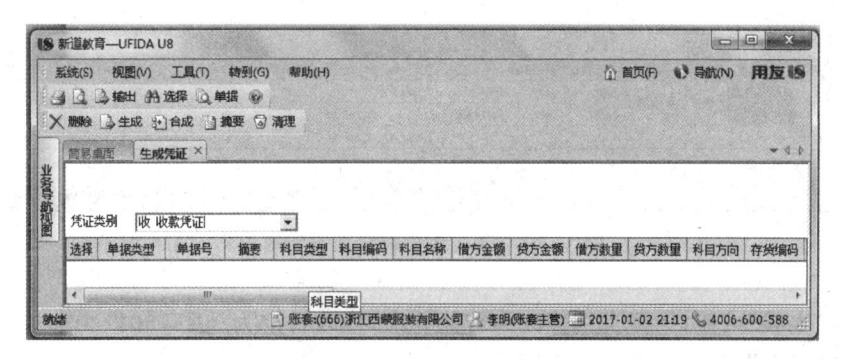

图3—23 "生成凭证"窗口

②单击"选择"按钮,打开"查询条件"对话框。
③选中"(01)采购入库单(报销记账)"复选框,如图3—24所示。

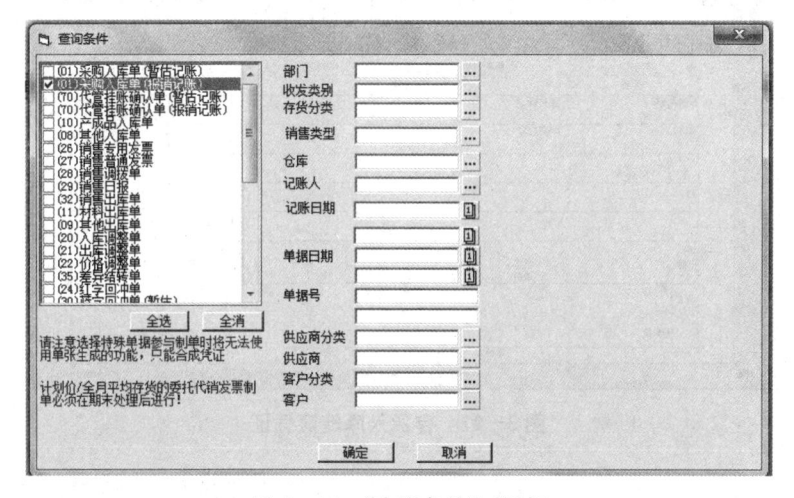

图3—24 "查询条件"对话框

④单击"确定"按钮,打开"未生成凭证单据一览表"窗口,选中单据类型:采购入库单,如图3—25 所示。

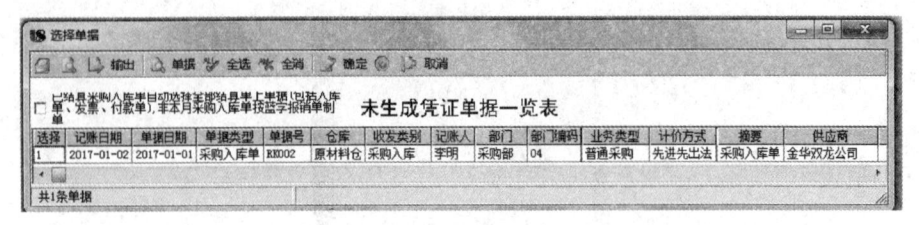

图3—25 "未生成凭证单据一览表"窗口

⑤单击"选择"栏或者单击"全选"按钮,选中待生成单据,单击"确定"按钮。
⑥分别录入或者选择"存货"科目编码1403,"对方"科目编码1401,如图3—26 所示。

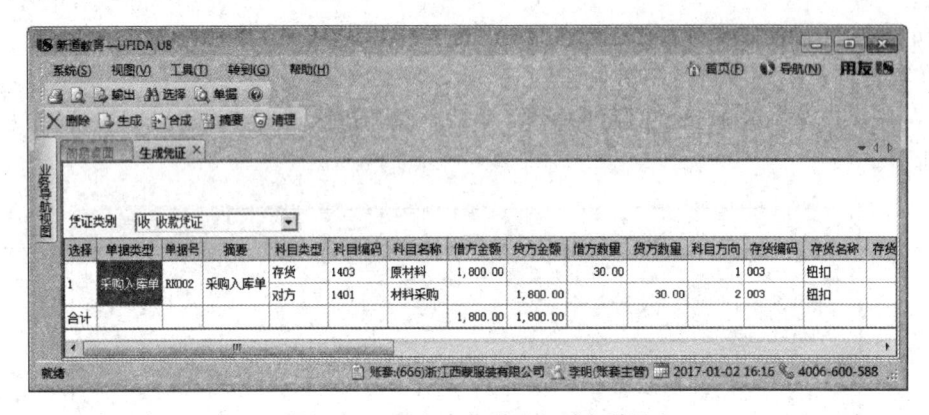

图3—26 录入存货科目和对方科目

⑦单击"生成"按钮,凭证类别修改为转账凭证,修改日期为2017—01—02。
⑧单击"保存"按钮,如图3—27 所示。

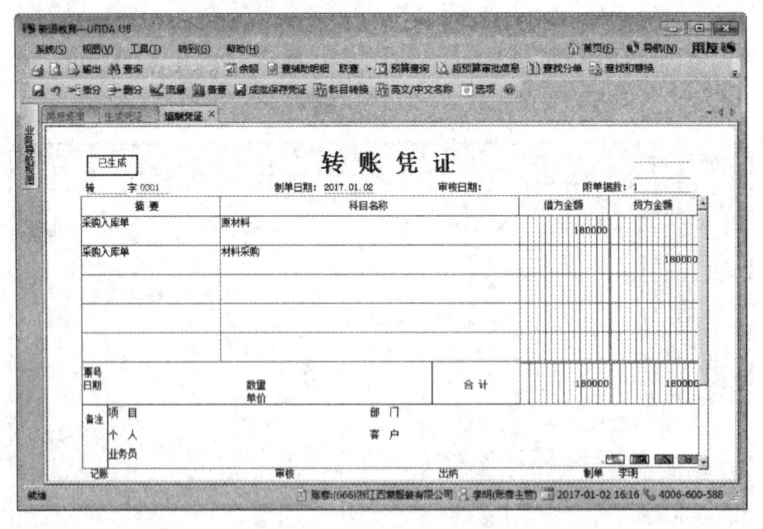

图3—27 存货入库转账凭证

⑨单击"退出"按钮,返回主菜单。

(8)应付单据审核和制单

只有在"采购管理系统"中进行采购结算后的采购发票,才能自动传递到"应付款管理系统"。须在"应付款管理"系统中进行审核后方可进行制单处理,形成应付账款并自动传递到"总账系统"中。

①在应付款管理系统中,执行"应付单据处理/应付单据审核"命令,打开"应付单查询条件"对话框,输入相关查询条件,如图3-28所示。

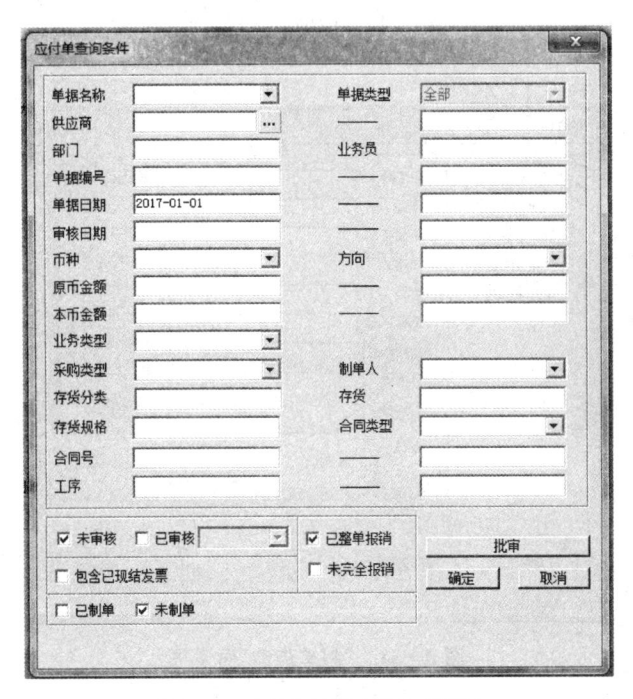

图3-28 "应付单查询"对话框

②单击"确定"按钮,系统弹出"应付单据列表"窗口。

③单击"选择"栏,或者单击"全选"按钮,如图3-29所示。

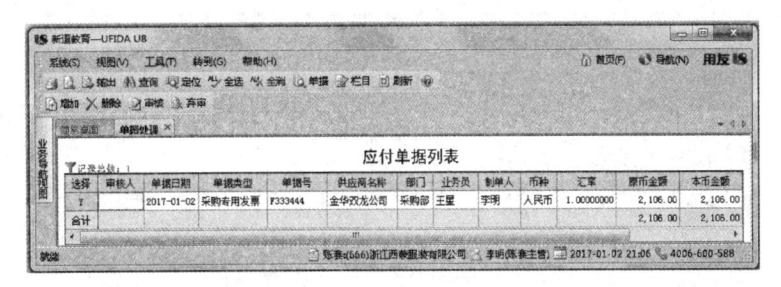

图3-29 "应付单据列表"窗口

④单击"审核"按钮,系统完成审核并给出审核报告,如图3-30所示。

⑤单击"确定"按钮,单击"退出"按钮。

⑥执行"制单处理"命令,系统打开"制单查询"对话框,如图3-31所示,选择"发票制单"复选框。

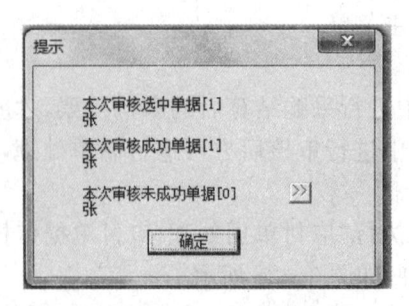

图 3—30 "应付单据审核报告"对话框

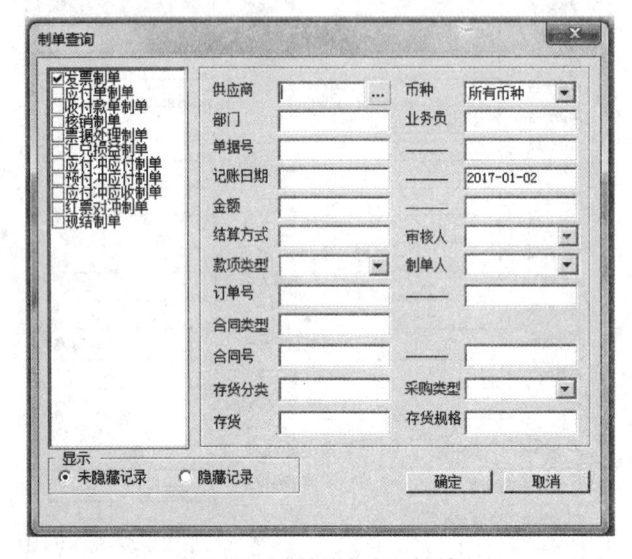

图 3—31 "制单查询"对话框

⑦单击"确定"按钮,系统打开"采购发票制单"窗口。

⑧选择的"转账凭证",修改日期为 2017—01—02,再单击"全选"按钮,选中要制单的"采购发票",如图 3—32 所示。

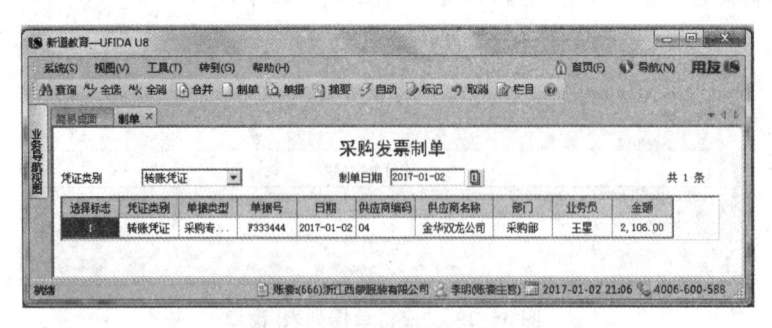

图 3—32 "采购发票制单"窗口

⑨单击"制单"按钮,生成一张转账凭证,如图 3—33 所示,再单击"保存"按钮。

⑩打开总账系统,执行"凭证/查询凭证"命令,选择"未记账凭证",打开所选凭证,可以查询在应付款管理系统中生成并传递到总账系统的记账凭证。

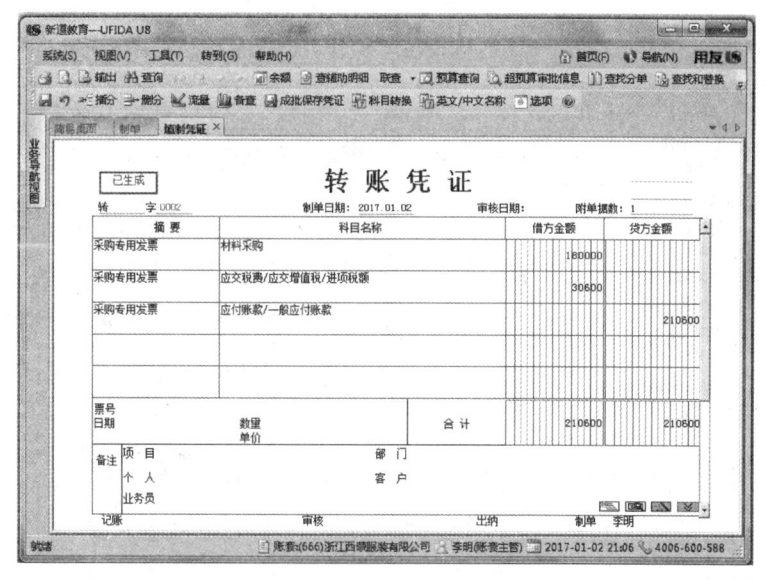

图 3—33　生成转账凭证(发票制单)

> 📖 **注意**
>
> ● 应付科目、采购科目和税金科目可以在应付款系统中的设置/初始设置中进行设置,如果未设置应付科目、采购科目或税金科目,在生成凭证时可以补充填入应付科目。
> ● 只有采购结算后的采购发票才能自动传递到应付款管理系统,需要在应付款管理系统中进行审核后,才能形成应付账款。
> ● 在应付款管理系统中,可以根据采购发票制单,也可以根据应付单或其他单据制单。
> ● 可以在采购结算后针对每笔业务立即制单,也可以月末一次制单。

2. 业务二的处理

本笔业务属于上月入库的暂估业务,需要在采购管理系统中录入采购专用发票,开票的同时,进行付款,属于现结业务;采购专用发票同采购入库单进行采购结算后,在应付款管理系统审核应收单据并制单;在存货核算系统中进行结算成本处理,并将系统自动生成的红字回冲单记账的同时,生成转账凭证;在存货核算系统中对蓝字回冲单进行记账并生成转账凭证。

(1)采购发票及采购结算

①在采购管理系统中,执行"采购发票/专用采购发票"命令,打开"专用发票"窗口。

②单击"增加"按钮,修改采购日期为"2017-01-02"。

③单击"生单"按钮,选择"入库单",打开"查询条件选择——采购订单列表过滤"窗口,日期选择"2016-12-22",如图 3—34 所示。

④单击"确定"按钮,系统显示"发票拷贝入库单表头列表"。双击所要选择的采购入库单,"选择"栏显示"Y",如图 3—35 所示。

⑤单击"OK 确定"按钮,系统将采购入库单自动传递过来,修改发票号 F001222,生成采购专用发票,如图 3—36 所示。

⑥单击"保存"按钮,保存专用发票。

⑦单击"现付"按钮,打开现付窗口。选择结算方式为转账支票,原币金额录入 9 360 元,

图 3—34 "采购订单列表过滤"对话框

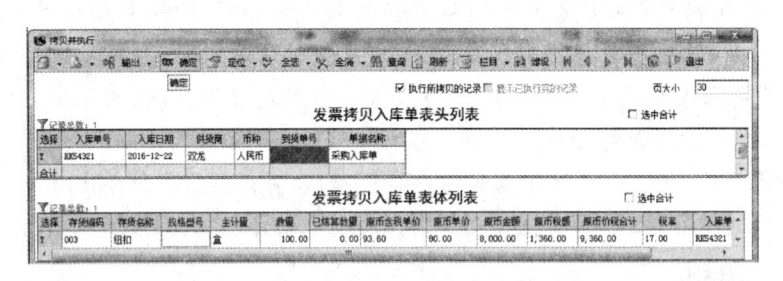

图 3—35 "发票拷贝入库单表头列表"窗口

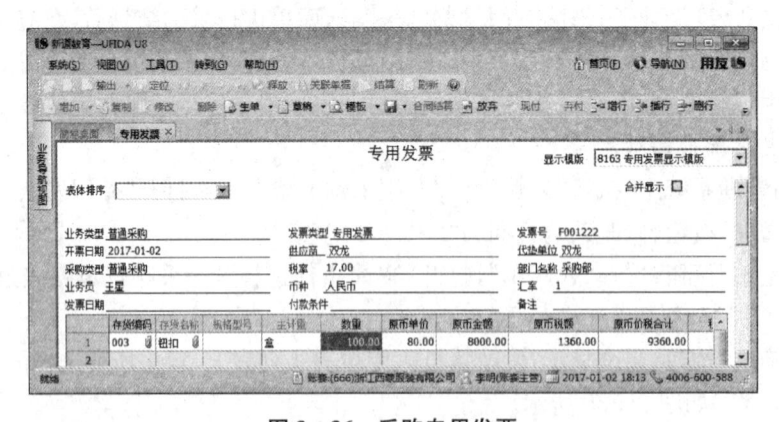

图 3—36 采购专用发票

票据号"ZZ9999",银行账号录入"987654321000",如图 3—37 所示。

⑧单击"确定"按钮,系统盖上已现付的标记。

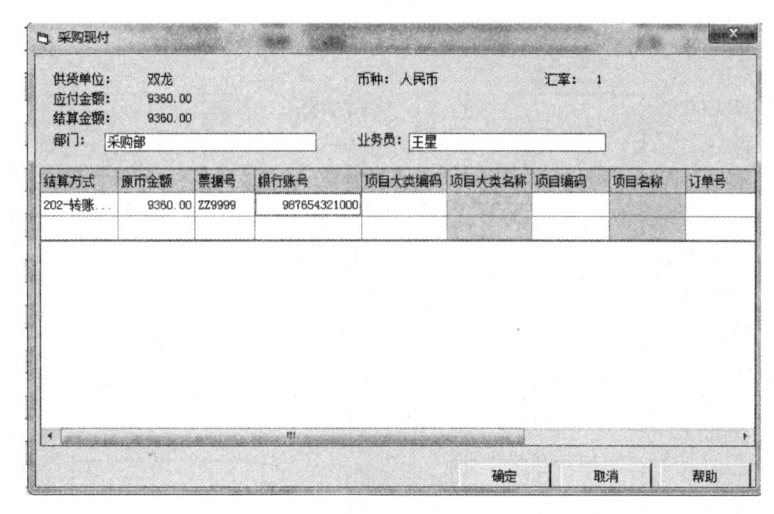

图 3—37 "采购现付"对话框

⑨单击"结算"按钮,即可进行采购发票与采购入库单的自动结算工作,发票上显示已结算已现付,如图 3—38 所示。

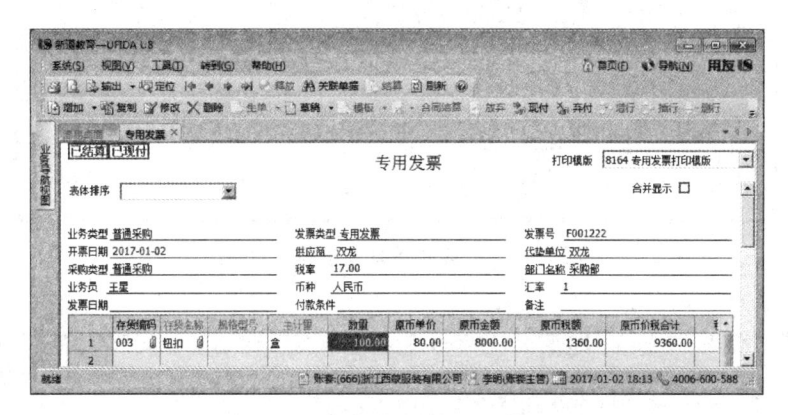

图 3—38 采购专用发票(已结算已现付)

📖 **注意**

● 上月末的暂估业务,执行采购结算后,还需要在存货核算系统中进行暂估处理,以便根据采购发票价格改写账簿资料,确认采购成本。

(2)现付单据审核与制单

①在应付款管理系统中,执行"应付单据处理/应付单据审核"命令,打开"应付单查询条件"对话框,输入相关查询条件,选择"包含已现结发票"复选框,如图 3—39 所示。

②单击"确定"按钮,系统弹出"应付单据列表"窗口。

③双击"选择"栏,或者单击"全选"按钮,选中已现付单据,单击"审核"按钮,完成对现付发票的审核,如图 3—40 所示。

④单击"退出"按钮。

⑤执行"制单处理"命令,弹出"制单查询"对话框,选择"现结制单"复选框,如图 3—41 所示。

图 3—39 "应付单查询条件"对话框

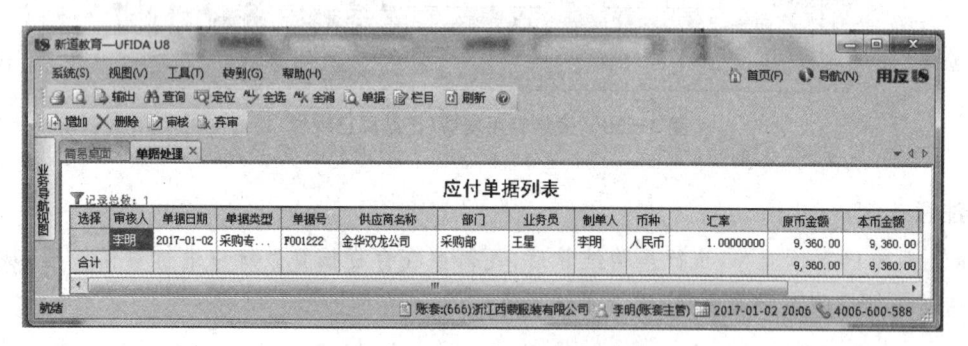

图 3—40 "应付单据列表"窗口

⑥单击"确定"按钮，打开"现结制单"窗口。

⑦单击"全选"按钮，选择凭证类别为"付款凭证"，如图 3—42 所示。

⑧单击"制单"按钮，生成一张付款凭证，并自动传递到总账系统，如图 3—43 所示。在总账系统中可以查询、审核付款凭证。

图 3—41 "制单查询"对话框

图 3—42 "现结制单"窗口

图 3—43 生成付款凭证

(3)暂估处理

①在存货核算系统中,执行"业务核算/结算成本处理"命令,打开"暂估处理查询"对话框。

②选择仓库中的"原材料仓",如图3—44所示。

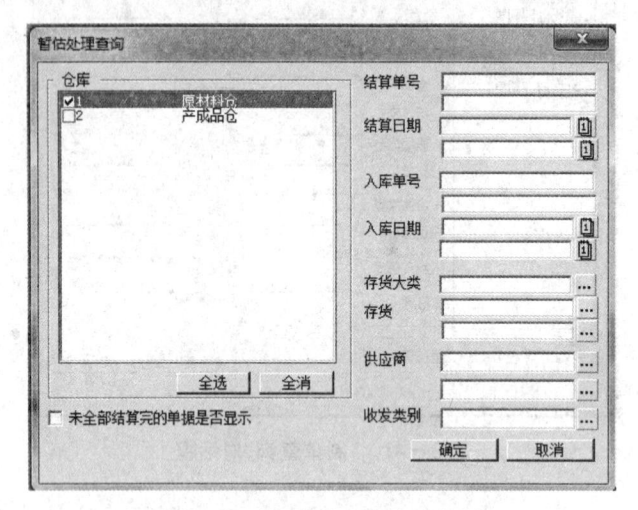

图3—44 "暂估处理查询"对话框

③单击"确定"按钮,打开"结算成本处理"窗口。

④单击"选择"栏,选中暂估结算的结算单,如图3—45所示。

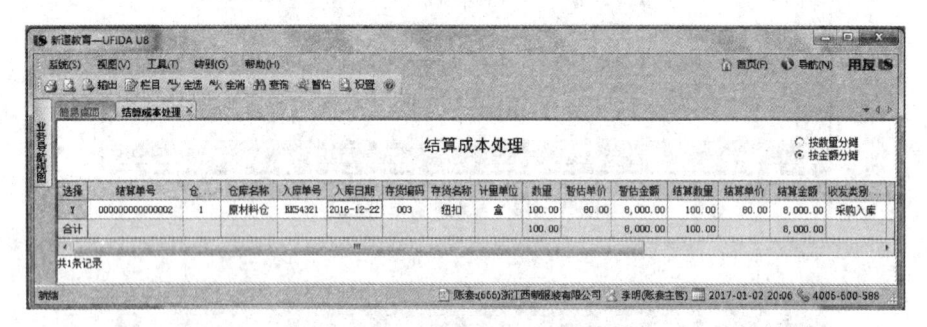

图3—45 "结算成本处理"窗口

⑤单击"暂估"按钮,系统提示"暂估处理完成",单击"确定"按钮,再单击"退出"按钮。

(4)生成红字回冲单凭证

①在存货核算系统中,执行"财务核算/生成凭证"命令,打开"生成凭证"窗口。

②单击"选择"按钮,打开"查询条件"对话框。

③只选中"(24)红字回冲单"复选框,如图3—46所示。

④单击"确定"按钮,打开"未生成凭证单据一览表"窗口。

⑤单击"选择"栏,如图3—47所示。

⑥单击"确定"按钮,打开"生成凭证"窗口。

⑦选择中的"转账凭证",分别录入或者选择"存货"科目编码1403,"对方"科目编码220202。

⑧单击"生成"按钮,生成一张转账凭证,修改日期为2017-01-02。

⑨单击"保存"按钮,如图3—48所示。

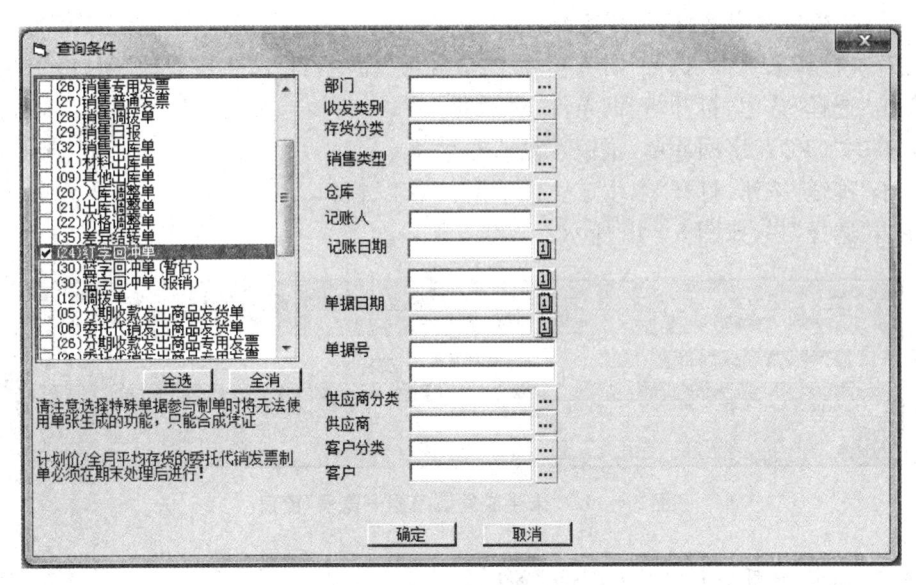

图 3-46 "查询条件"对话框

图 3-47 "未生成凭证单据一览表"窗口

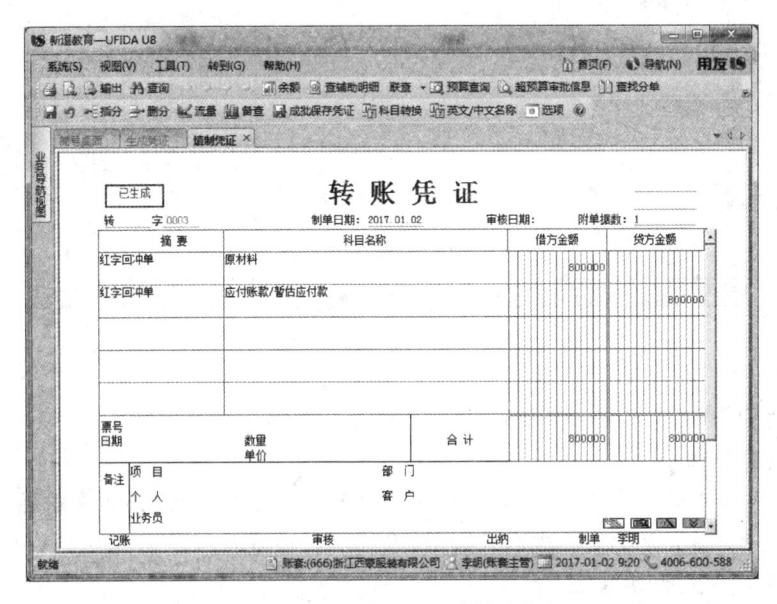

图 3-48 生成红字回冲转账凭证

(5) 生成"蓝字回冲单(报销)"凭证
①在存货核算系统中,执行"财务核算/生成凭证"命令,打开"生成凭证"窗口。
②单击"选择"按钮,打开"查询条件"对话框。
③只选中"(30)蓝字回冲单(报销)"复选框。
④单击"确定"按钮,打开"未生成凭证单据一览表"窗口。
⑤单击"选择"栏,如图3-49所示。

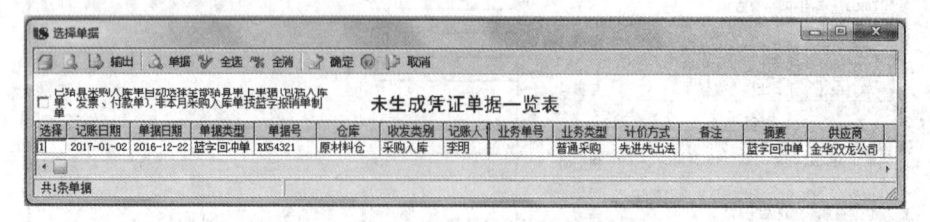

图3-49 "未生成凭证单据一览表"窗口

⑥单击"确定"按钮,打开"生成凭证"窗口。
⑦选择中的"转账凭证",分别录入或者选择"存货"科目编码1403,"对方"科目编码1401。
⑧单击"生成"按钮,生成一张转账凭证,修改日期为2017-01-02。
⑨单击"保存"按钮,如图3-50所示。

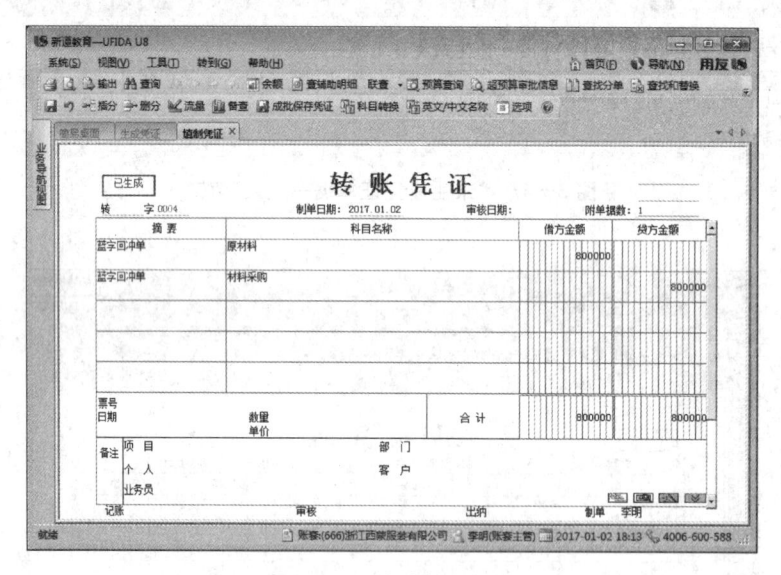

图3-50 生成转账凭证

⑩单击"保存"按钮。

3. 业务三的处理

本笔业务只需要录入并审核采购订单,生成采购入库单并审核;录入采购发票和运费发票后,进行采购结算;确定存货采购成本并制单;确认应付账款并制单。

(1) 录入并审核采购订单

采购订单可以直接输入,也可以根据请购单自动生成,还可以采用"请购比价生单"的方式直接生成"采购订单"。

①在采购管理系统中，执行"采购订货/采购订单"命令，打开"采购订单"窗口。

②单击"增加"按钮，修改订单日期为"2017-01-03"，供应商选择"西湖公司"，部门选择"采购部"，业务员选择"王星"，表体部分选择存货编码"001 纯棉面料"，数量录入"200"，原币单价录入"90"，计划到货日期"2017-01-04"。

③单击"保存"按钮，再单击"审核"按钮，如图 3－51 所示。

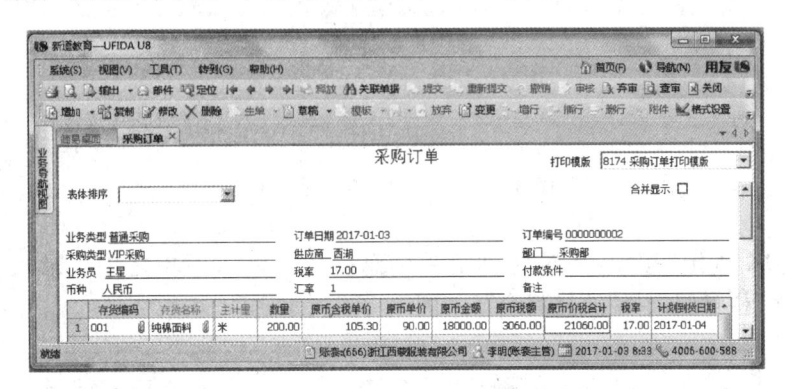

图 3－51　采购订单

（2）录入并审核采购入库单

①在库存管理系统中，执行"入库业务/采购入库单"命令，打开"采购入库单"窗口。

②单击"生单"按钮，选择"采购订单（蓝字）"，打开"查询条件选择——采购订单列表"窗口，选择采购订单号 0000000002，如图 3－52 所示。

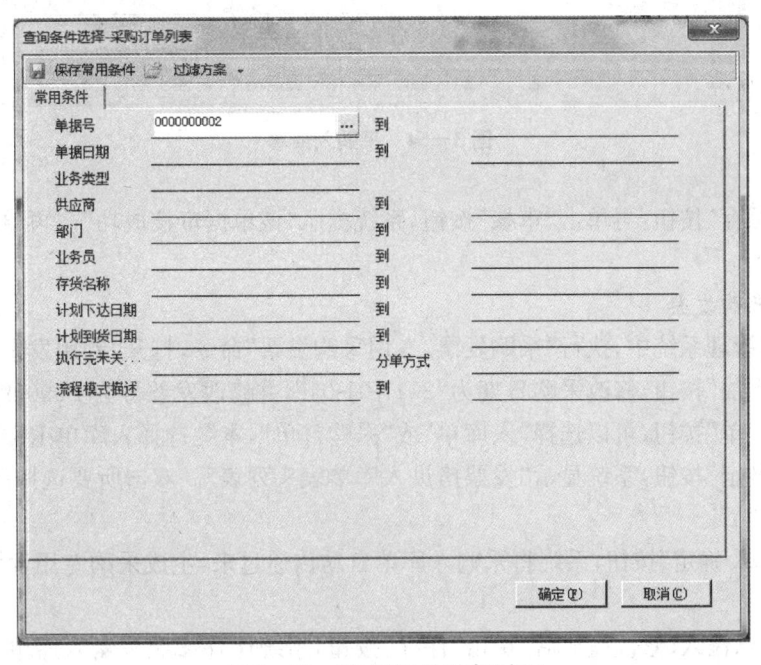

图 3－52　"采购订单列表"窗口

③单击"确定"按钮，打开"订单生单列表"窗口，双击鼠标左键选中需要拷贝的采购订单，即打上"Y"选中标志，如图 3－53 所示。

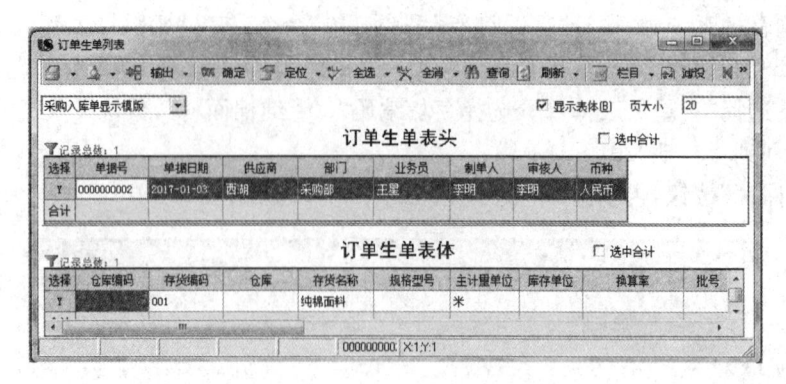

图3—53 "订单生单列表"窗口

④单击"OK 确定"按钮,系统将到货单信息带入采购入库单之中。录入入库单单号:RK003,"仓库"栏参照选择"原材料仓",如图3—54所示。

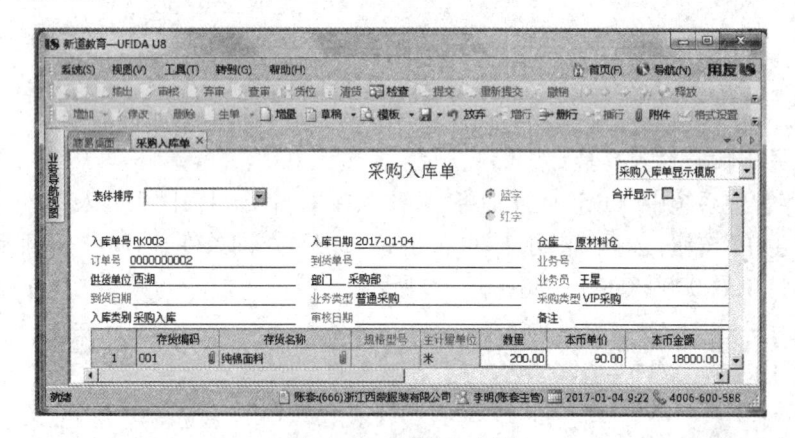

图3—54 采购入库单

⑤单击"保存"按钮,再单击"审核"按钮,系统提示"该单据审核成功"。再单击"返回"按钮回到主菜单。

(3) 录入采购发票

①在采购管理系统中,执行"采购发票/专用采购发票"命令,打开"专用发票"窗口。

②单击"增加"按钮,修改采购日期为"2017-01-04",并修改发票号为 F09009。

③单击"生单"按钮,可以选择"入库单"或"采购订单",本题选择入库单 RK003。

④单击"确定"按钮,系统显示"发票拷贝入库单表头列表"。双击所要选择的采购入库单,"选择"栏显示"Y"。

⑤单击"OK 确定"按钮,系统将采购入库单自动传递过来,生成采购专用发票,如图3—55所示。

⑥所有信息输入、修改完成后,单击"保存"按钮,系统保存参照采购入库单生成的采购专用发票。

(4) 录入运费发票录入

在"采购发票/运费发票"不能处理运费专用发票的情况下,运费专用发票通过"采购发票/专用采购发票"命令填制。

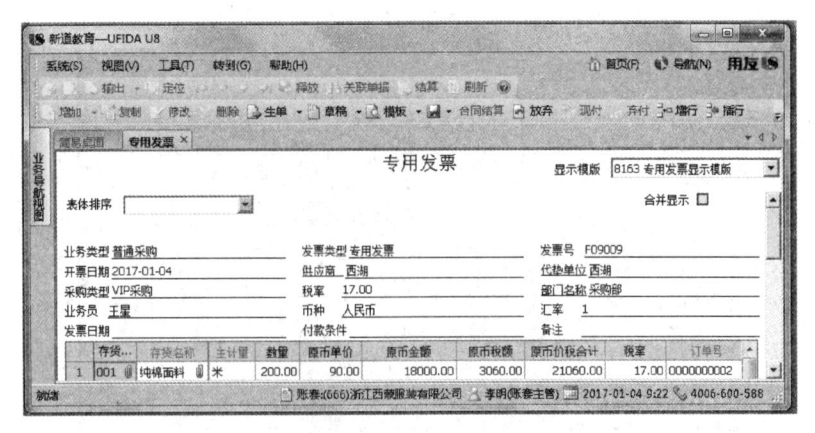

图 3-55　采购专用发票

①在采购管理系统中，执行"采购发票/专用采购发票"命令，打开"专用发票"窗口。

②单击"增加"按钮，修改开票日期为"2017-01-04"，并输入发票号为 Y01001，供应商选择"西湖公司"，税率改为"11"。

③表体中的存货编码录入"006 运输费"，原币金额栏录入"100"。

④单击"保存"按钮，系统保存运费专用发票，如图 3-56 所示。

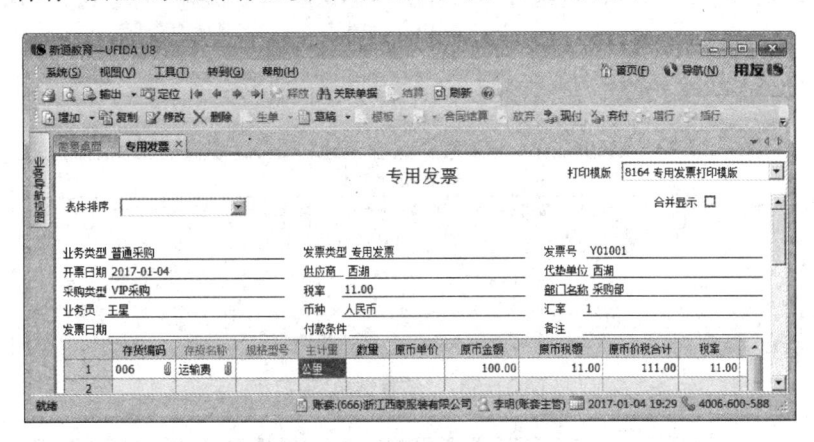

图 3-56　采购专用发票（运输费）

(5) 采购结算

①在采购管理系统中，执行"采购结算/手工结算"命令，打开"手工结算"窗口。

②单击"选单"按钮，再单击"查询"按钮，系统弹出"采购手工结算"对话框，根据需要输入有关查询条件，如图 3-57 所示。

③单击"确定"按钮，打开"结算选单"窗口，选择"结算选发票列表"中的材料发票和运费发票，选择"结算选入库单列表"中的采购入库单，如图 3-58 所示。

④单击"OK 确定"按钮，系统提示"所选单据扣税类别不同，是否继续"，选择"是"，如图 3-59所示。

图3-57 "采购手工结算"对话框

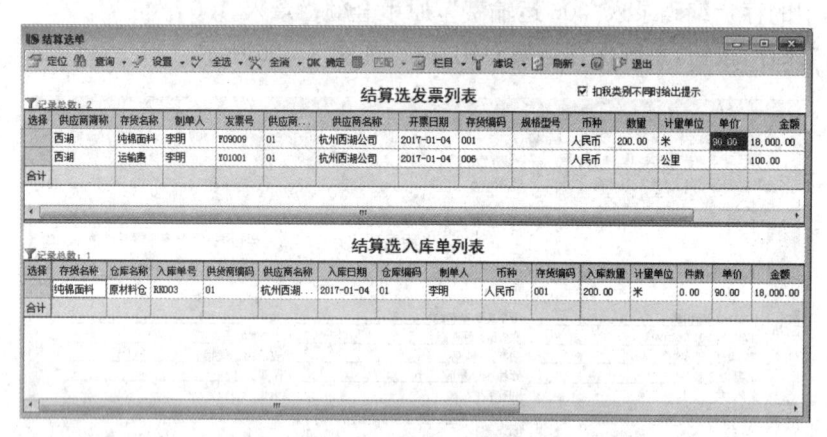

图3-58 "结算选单"窗口

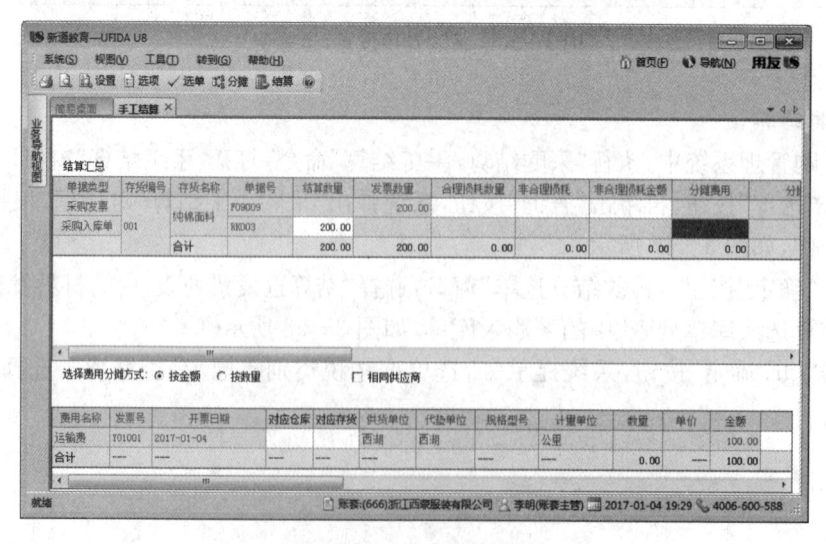

图3-59 手工结算选票

⑤选择费用分摊方式:选择"按金额"单选按钮,单击"分摊"按钮,系统提示"选择按金额分摊,是否开始计算",选择"是"按钮,系统提示"费用分摊(按金额)完毕,请检查",单击"确定"按钮,再单击"结算"按钮,系统弹出"完成结算"信息提示框。

⑥查询结算单列表,可以查询到纯棉面料结算单。执行"业务工作/采购结算/结算单列表"命令,打开"结算单列表"窗口,结算单价为"90.50元",暂估单价为"90元",即为分摊运费后的材料单价,如图3-60所示。

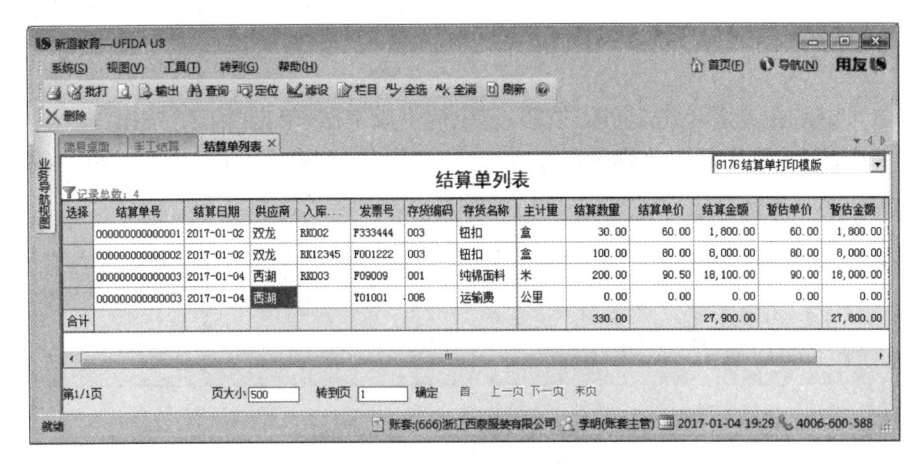

图3-60 "结算单列表"窗口

> **注意**
>
> ● 采购运费发票只能手工录入,并将运费视为一项"存货"。
> ● 如果取得的是运费专用发票,可按11%作为增值税进项税额进行抵扣;取得运费普通发票不再允许抵扣增值税进项税额,全额计入采购材料的成本。
> ● 在"采购发票/运费发票"可以处理运费专用发票的情况下,所有运费发票均可以通过"采购发票/运费发票"命令填制。
> ● 采购订单、运费发票与采购发票之间只能通过手工结算完成采购结算。
> ● 采购运费可以按数量进行分摊,也可以按金额进行分摊。
> ● 采购结算后,系统自动计算入库存货的实际采购成本。

(6)确定存货成本

①在存货核算系统中,执行"业务核算/正常单据记账"命令,打开"查询条件选择"对话框。

②选择仓库中的"原材料仓"。

③单击"确定"按钮,打开"正常单据记账列表"窗口。

④单击"全选"按钮。

⑤单击"记账"按钮,系统提示"记账成功"。

⑥单击"退出"按钮。

⑦执行"财务核算/生成凭证"命令,系统打开弹出"生成凭证"窗口。

⑧单击"选择"按钮。打开"查询条件"对话框。

⑨选中"(01)采购入库单(报销记账)"复选框。

⑩单击"确定"按钮,打开"未生成凭证单据一览表"窗口,选中单据类型:采购入库单,如图

3—61所示。

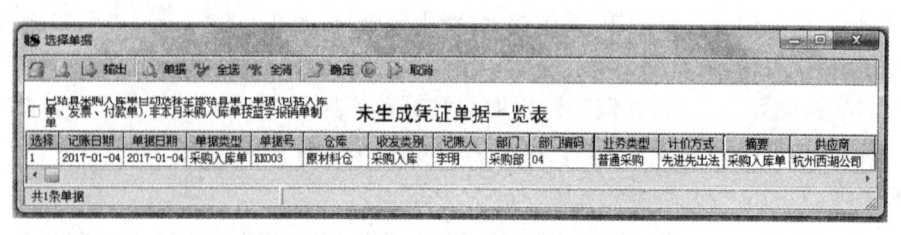

图3—61 "未生成凭证单据一览表"窗口

⑪单击"选择"栏或者单击"全选"按钮，选中待生成单据，单击"确定"按钮。

⑫选择中的"转账凭证"，分别录入或者选择"存货"科目编码1403，"对方"科目编码1401，如图3—62所示。

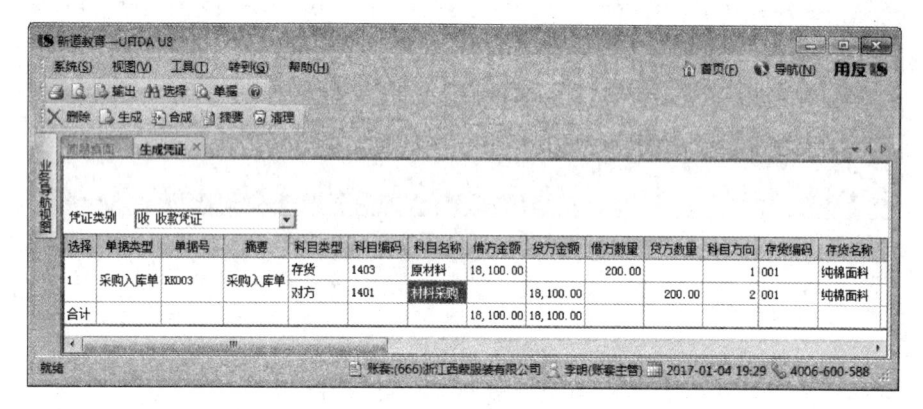

图3—62 录入存货科目和对方科目

⑬单击"生成"按钮，生成一张转账凭证，修改日期为2017-01-04。

⑭单击"保存"按钮，如图3—63所示。

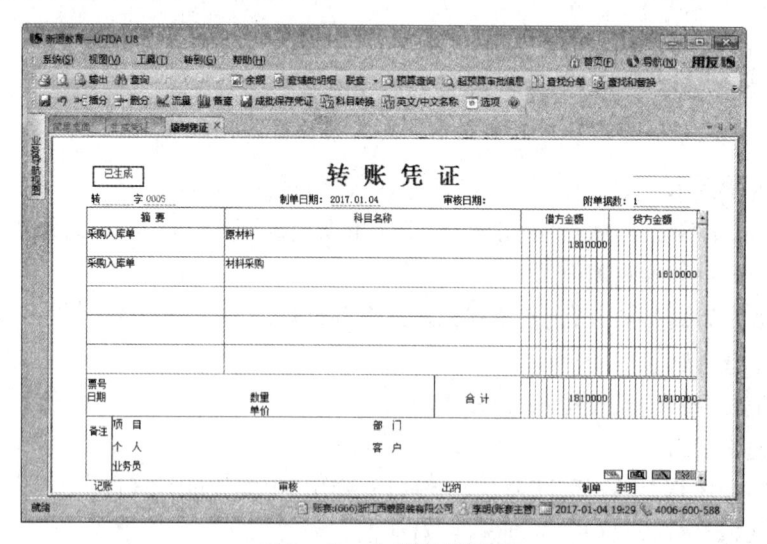

图3—63 生成转账凭证

(7)确认应付账款

①在应付款管理系统中,执行"应付单据处理/应付单据审核"命令,打开"应付单据查询选择"对话框。

②单击"确定"按钮,系统弹出"应付单据列表"窗口。

③单击"全选"按钮,如图 3-64 所示。

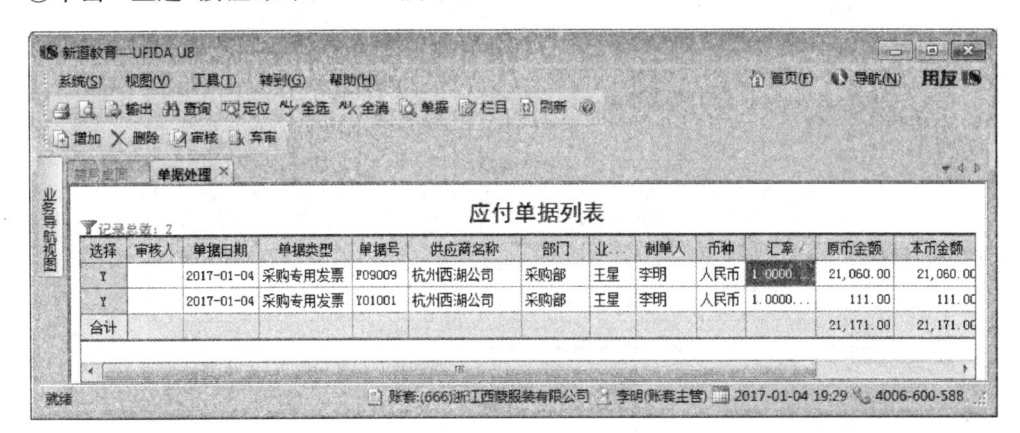

图 3-64 "应付单据列表"窗口

④单击"审核"按钮,系统完成审核并给出审核报告。

⑤单击"确定"按钮,单击"退出"按钮。

⑥执行"制单处理"命令,系统打开"制单查询"对话框,选择"发票制单"复选框。

⑦单击"确定"按钮,系统打开"采购发票制单"窗口。

⑧凭证类别选择的"转账凭证",修改日期为 2017-01-04,再单击"全选"按钮,选中要制单的"采购专用发票",如图 3-65 所示。

图 3-65 "采购发票制单"窗口

⑨单击"制单"按钮,生成两张转账凭证,如图 3-66 和图 3-67 所示,单击"保存"按钮。

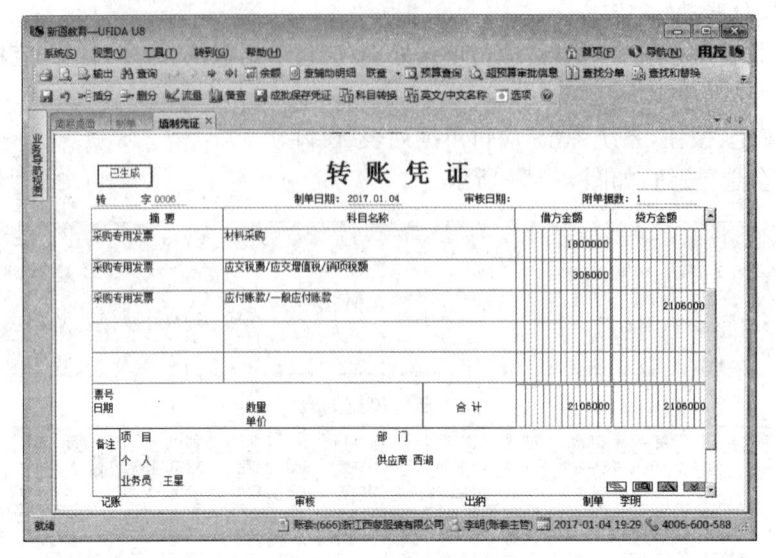

图 3-66 生成转账凭证

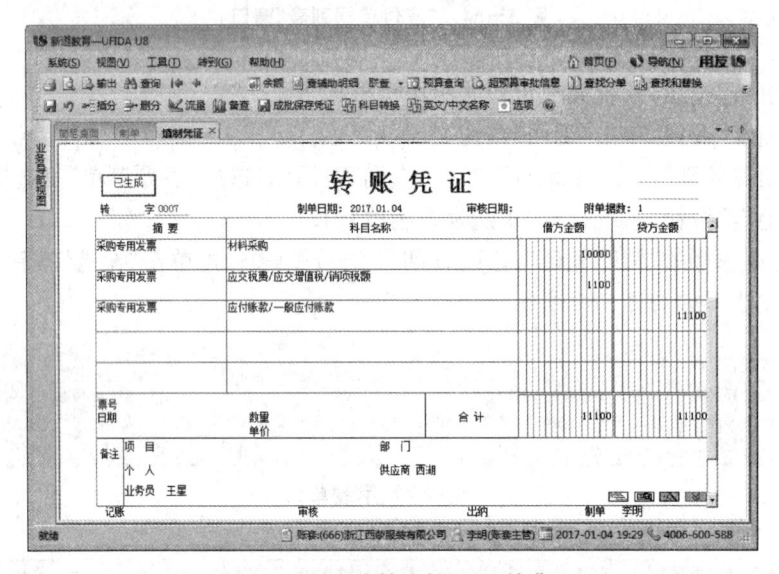

图 3-67 生成转账凭证(运输费)

⑩在"采购发票制单"窗口,双击"全选"按钮,单击"合并"按钮,再单击"制单"按钮,可以将采购专用发票和运费发票合并生成一张记账凭证。

实验 3-2 特殊采购业务

实验准备

已经完成实验 3-1 的操作,或引入实验 3-1 账套备份数据,将系统日期修改为 2017 年 1 月 31 日,以"001 操作员"(口令为 001)的身份,以业务发生日期登录"666 账套"的企业应用平台。

实验要求

● 录入或生成请购单、采购订单、采购到货单、采购入库单、运费发票等普通采购业务单据，并进行审核
● 录入或生成采购发票
● 录入或生成红字到货单和红字采购入库单，并审核
● 完成采购结算
● 确认应付账款并制单
● 备份账套

实验资料

业务一：结算前退货

(1) 1月5日，采购部王星向南湖公司订购混纺面料2 000米，单价50元，要求本月10日到货。

(2) 1月5日，收到南湖公司发来的混纺面料2 000米，单价50元。

(3) 1月6日，验收入库，入库单单号：RK004。

(4) 1月7日，发现上日入库的混纺面料中有100米存在质量问题，要求退货，对方同意退货，经查该批材料未办理采购结算，红字入库单单号RK005。

(5) 1月7日，当日收到南湖公司开具的专用发票，票号F02002，发票中记载数量为1 900米，增值税率17%。

业务二：结算后退货

(1) 1月7日，发现从双龙公司购入本月1日已入库的纽扣有质量问题，从原材料库退回2盒给供应商，单价60元/盒，红字入库单号RK006。

(2) 1月8日，收到红字采购专用发票一张，发票编号F03003。

业务三：货到短缺业务

1月8日，2016年12月28日从西湖公司购入的混纺面料400米，单价50元/米到货，发现短少20米，经查系运输部门责任，按380米办理验收入库手续，入库单号RK007。

业务四：货到单未到

1月8日，采购部王星向武汉东湖公司订购纯棉面料500米，原币单价90元（采购类型为普通采购）。

1月9日，向武汉东湖公司订购纯棉面料500米，到货。

1月9日，向武汉东湖公司订购纯棉面料500米，验收入库（入库单号RK008）。

实验指导

1. 业务一的处理

本笔业务属于结算前退货，已经录入采购订单、开具到货单和采购入库单；退货时输入红字到货单和红字采购入库单，并按合格品的实际数量输入采购专用发票。

(1) 录入并审核采购订单

①在采购管理系统中，执行"采购订货/采购订单"命令，打开"采购订单"窗口。

②单击"增加"按钮，日期录入"2017-01-05"，"供应商"选择或录入"南湖公司"，"存货"选

择"002 混纺面料","数量"栏录入 2 000,修改"原币单价"为 50,在"计划到货日期"栏选择"2017-01-10"。

③修改完成后单击"保存"按钮,再击"审核"按钮,如图 3-68 所示。

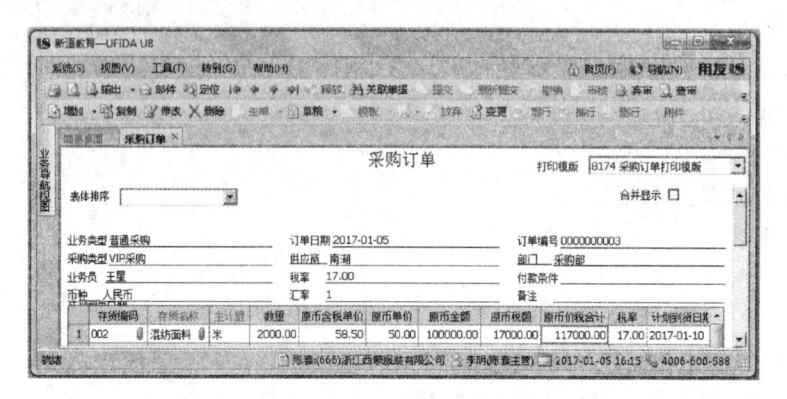

图 3-68 采购订单

(2)录入并审核采购到货单

①在采购管理系统中,执行"采购到货/到货单"命令,打开"到货单"窗口。

②单击"增加"按钮,再单击"生单"按钮,选择"采购订单"。

③打开采购订单列表过滤对话框,订货日期选择"2017-01-05"。

④单击"确定"按钮,打开"拷贝并执行"窗口,双击鼠标左键选中需要拷贝的采购订单,即打上"Y"选中标志。

⑤单击"OK 确定"按钮,系统将订单信息带入到货单中,如图 3-69 所示。

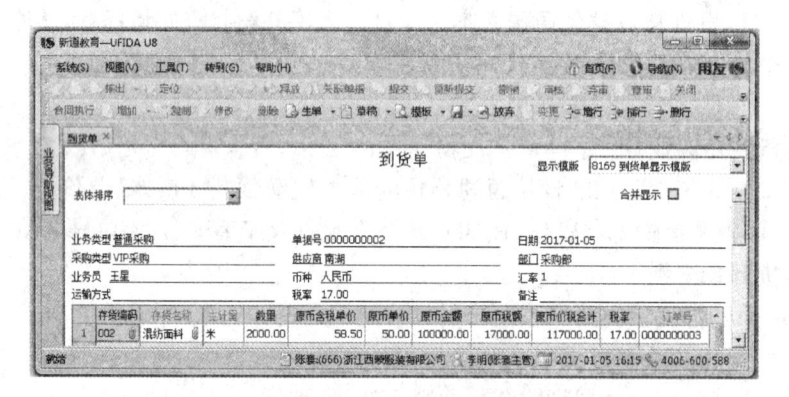

图 3-69 到货单

⑥单击"保存"按钮,再单击"审核"按钮。

(3)录入并审核采购入库单

①在企业应用平台中,启动"库存管理系统"。

②在库存管理系统中,执行"入库业务/采购入库单"命令,打开"采购入库单"窗口。

③单击"生单"按钮,选择"采购到货单(蓝字)",打开"查询条件选择——采购到货单生单列表"窗口,选择到货单号 0000000002。

④单击"确定"按钮,打开"到货单生单列表"窗口,双击鼠标左键选中需要拷贝的采购订单,即打上"Y"选中标志。

⑤单击"确定"按钮,系统将到货单信息带入采购入库单之中。录入入库单号:RK004,"仓库"栏参照选择"原材料仓",如图3-70所示。

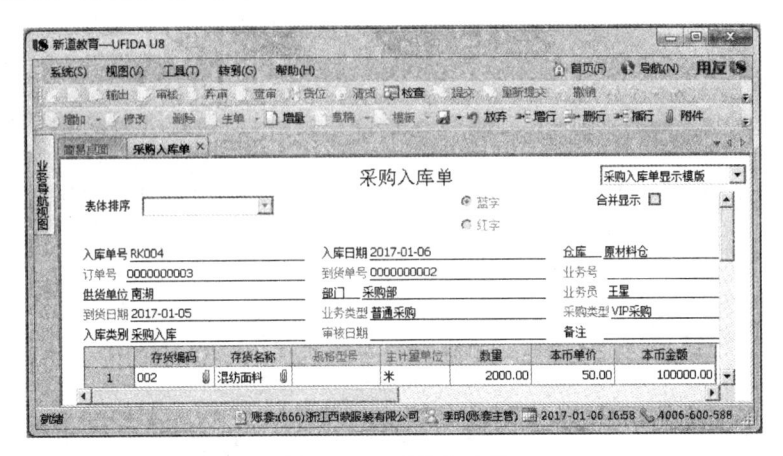

图3-70 采购入库单

⑥单击"保存"按钮,单击"审核"按钮,系统提示"该单据审核成功",再单击"返回"按钮回主菜单。

(4)录入采购退货单和红字采购入库单

【采购退货单的处理】

①在采购管理系统中,执行"采购到货/采购退货单"命令,打开"退货单"窗口。

②单击"增加"按钮,再单击"生单"按钮,选择"到货单"。

③打开"查询条件选择——采购退货单列表过滤"对话框,日期选择"2017-01-05",如图3-71所示。

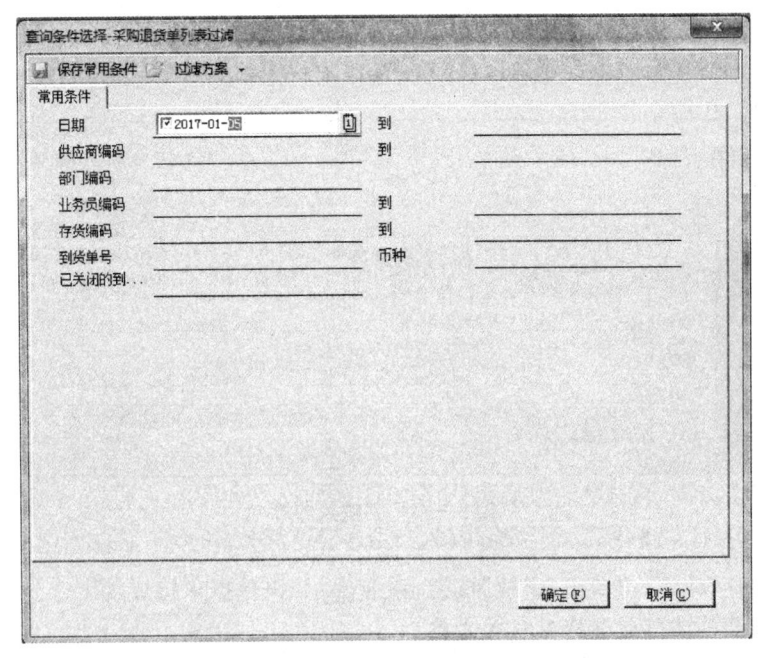

图3-71 "采购退货单列表过滤"对话框

④单击"确定"按钮,打开"拷贝并执行"窗口,双击鼠标左键选中需要拷贝的采购订单,即打上"Y"选中标志。

⑤单击"OK确定"按钮,系统将订单信息带入采购退货单中,数量修改为"-100",如图3-72所示。

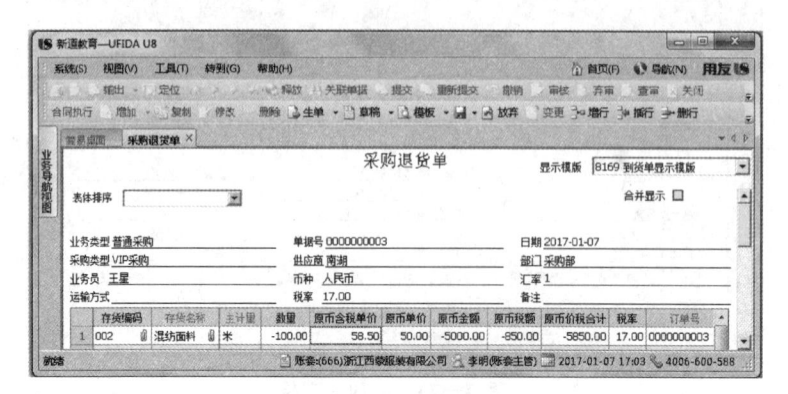

图3-72 采购退货单

⑥单击"保存"按钮,再单击"审核"按钮。

【红字采购入库单的处理】

①在企业应用平台中,启动"库存管理系统"。

②在库存管理系统中,执行"入库业务/采购入库单"命令,打开"采购入库单"窗口。

③单击"生单"按钮,选择"采购到货单(红字)",打开"查询条件选择——采购到货单生单列表"窗口,选择到货单号0000000003。

④单击"确定"按钮,打开"到货单生单列表"窗口,双击鼠标左键选中需要拷贝的采购订单,即打上"Y"选中标志。

⑤单击"确定"按钮,系统将到货单信息带入采购入库单之中。录入入库单单号:RK005,"仓库"栏参照选择"原材料仓",如图3-73所示。

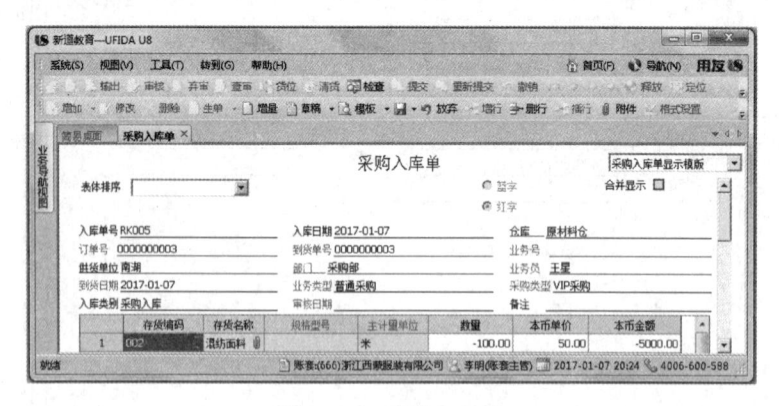

图3-73 采购入库单

⑥单击"保存"按钮,再单击"审核"按钮,系统提示"该单据审核成功"。

(5)按合格品的实际数量输入采购发票

①在采购管理系统中,执行"采购发票/专用采购发票"命令,打开"专用发票"窗口。

②单击"增加"按钮,修改采购日期为"2017-01-07",并修改发票号为F02002。

③单击"生单"按钮,选择"入库单",在本采购入库单列表过滤窗口,日期选择2017-01-06。

④单击"确定"按钮,系统显示"发票拷贝入库单表头列表"。双击所要选择的采购入库单(RK004),"选择"栏显示"Y"。

⑤单击"OK确定"按钮,系统将采购入库单自动传递过来,生成采购专用发票,将数量修改为"1 900",如图3-74所示。

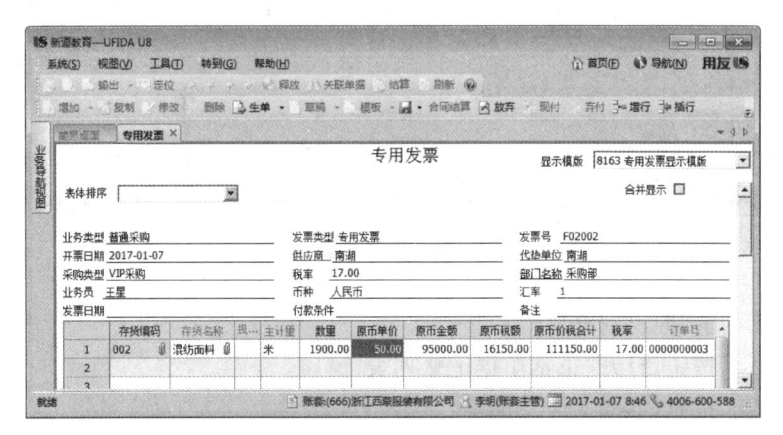

图3-74 采购专用发票

⑥单击"保存"按钮,系统保存参照采购入库单生成的采购专用发票。

(6) 进行采购结算

①在采购管理系统中,执行"采购结算/手工结算"命令,打开"手工结算"窗口。

②单击"选单"按钮,再单击"查询"按钮,系统弹出"采购手工结算"对话框,根据需要输入有关查询条件。

③单击"确定"按钮,打开"结算选单"窗口,选择"结算选发票列表"中的采购专用发票,选择"结算选入库单列表"中的采购入库单,如图3-75所示。

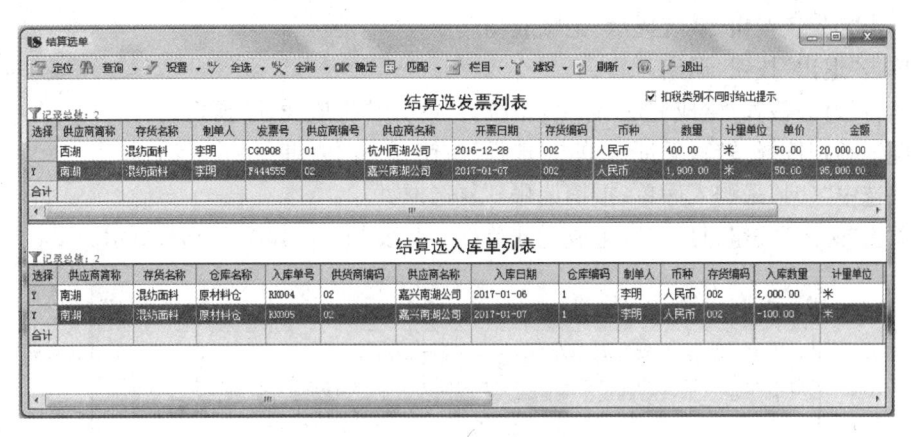

图3-75 "结算选单"窗口

④单击"确定"按钮,返回"手工结算"窗口,如图3-76所示。

⑤单击"结算"按钮,系统弹出"完成结算"信息提示框。

(7) 存货核算系统采购入库单记账并制单

①在存货核算系统中,执行"业务核算/正常单据记账"命令,打开"查询条件选择"对话框。

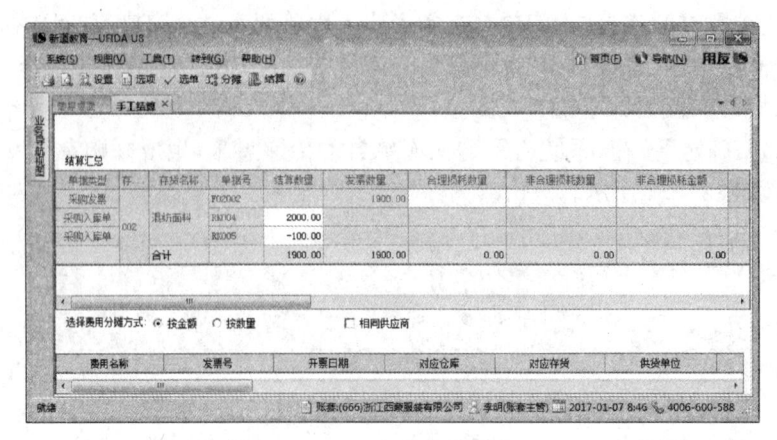

图 3-76 手工结算选票

②选择仓库中的"原材料仓"。
③单击"确定"按钮,打开"正常单据记账列表"窗口。
④单击"全选"按钮,如图 3-77 所示。

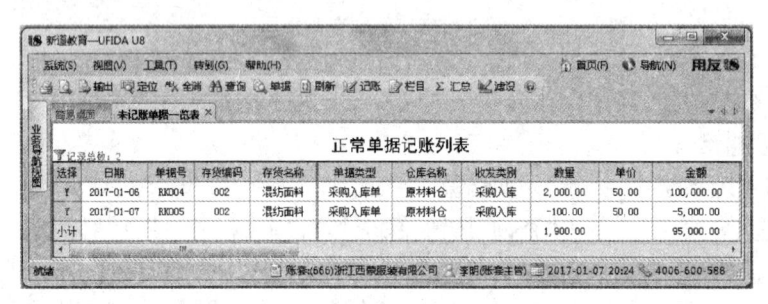

图 3-77 "正常单据记账列表"窗口

⑤单击"记账"按钮,系统提示"记账成功"。
⑥单击"退出"按钮,退出。
⑦执行"财务核算/生成凭证"命令,系统打开弹出"生成凭证"窗口。
⑧凭证类别选择"转账凭证",单击"选择"按钮,打开"查询条件"对话框。
⑨只选中"(01)采购入库单(报销记账)"复选框。
⑩单击"确定"按钮,打开"未生成凭证单据一览表"窗口,如图 3-78 所示。

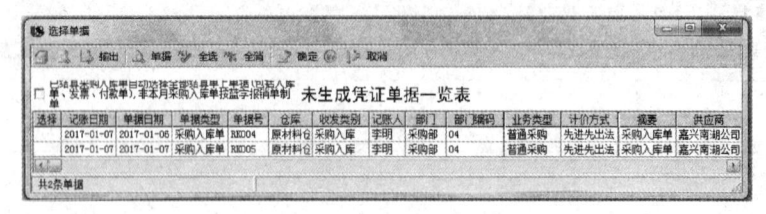

图 3-78 "未生成凭证单据一览表"窗口

⑪单击"选择"栏或者单击"全选"按钮,单击"确定"按钮。
⑫分别录入或者选择"存货"科目编码 1403,"对方"科目编码 1401,如图 3-79 所示。
⑬单击"生成"按钮,生成两张转账凭证,修改日期为 2017-01-07。

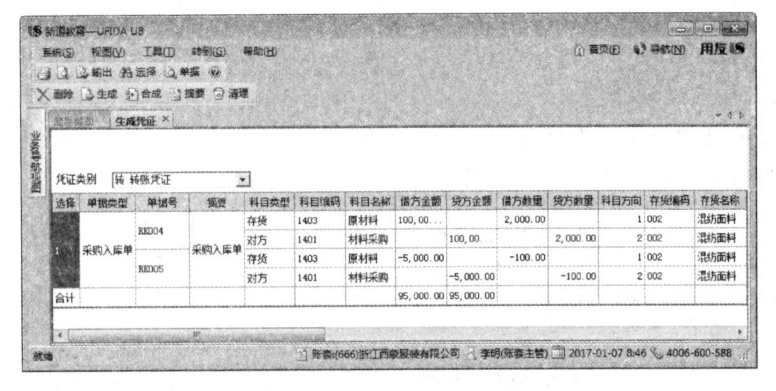

图 3—79　录入存货和对方科目

⑭单击"保存"按钮，如图 3—80、图 3—81 所示。

图 3—80　转账凭证

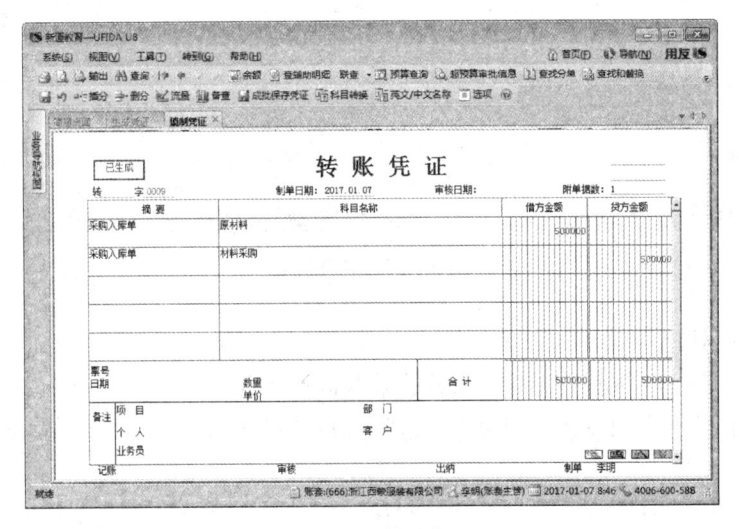

图 3—81　转账凭证

(8) 确定应付账款并制单

①在应付款管理系统中,执行"应付单据处理/应付单据审核"命令,打开"应付单据查询选择"对话框,输入相关查询条件。

②单击"确定"按钮,系统弹出"应付单据列表"窗口。

③单击"选择"栏,或者单击"全选"按钮,如图 3-82 所示。

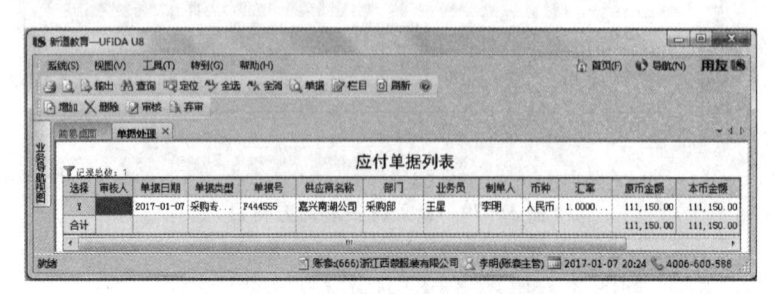

图 3-82 "应付单据列表"窗口

④单击"审核"按钮,系统完成审核并给出审核报告。

⑤单击"确定"按钮,单击"退出"按钮。

⑥执行"制单处理"命令,系统打开"制单查询"对话框,选择"发票制单"复选框。

⑦单击"确定"按钮,系统打开"采购发票制单"窗口。

⑧选择的"转账凭证",制单日期选择"2017-01-07"。

⑨单击"制单"按钮,生成一张转账凭证,如图 3-83 所示,再单击"保存"按钮。

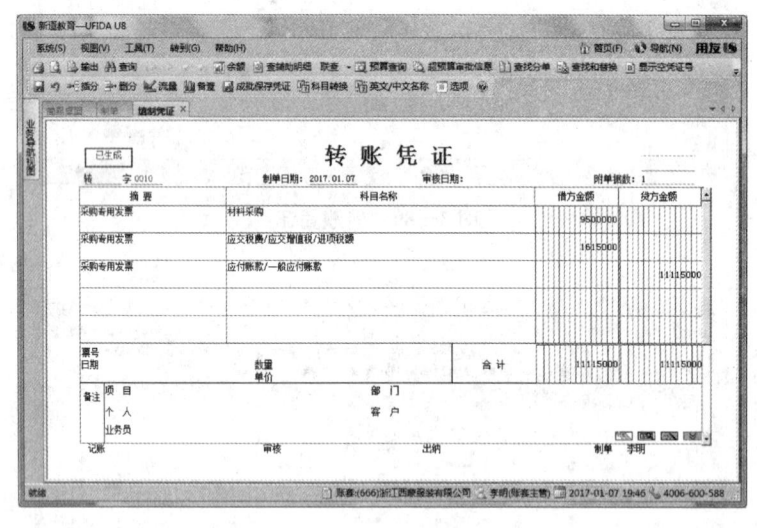

图 3-83 转账凭证

2. 业务二的处理

本笔业务属于已经办理采购结算业务的采购退货业务,需要输入并审核采购退货单,生成红字采购入库单交审核,生成红字采购发票并审核,然后进行手工采购结算,最后进行制单处理。

(1) 录入并审核采购退货单

①在采购管理系统中,执行"采购到货/采购退货单"命令,打开"退货单"窗口。

②单击"增加"按钮,再单击"生单"按钮,选择"到货单"。

③打开"查询条件选择——采购退货单列表过滤"对话框,日期选择"2017-01-01"到"2017-01-01"。

④单击"确定"按钮,打开"拷贝并执行"窗口,双击鼠标左键选中需要拷贝的采购订单,即打上"Y"选中标志。

⑤单击"OK 确定"按钮,系统将订单信息带入采购退货单中,数量修改为"-2",如图3-84所示。

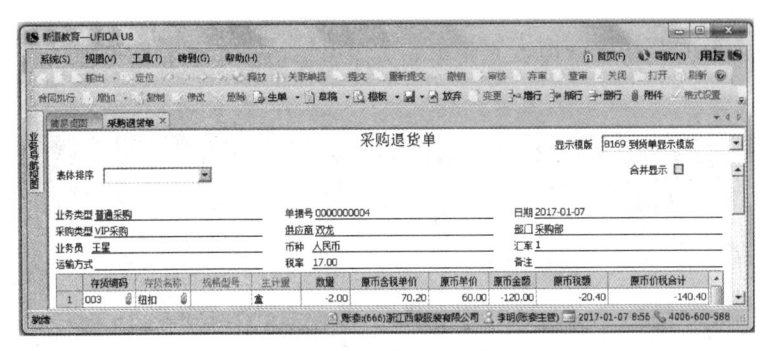

图3-84 采购退货单

⑥单击"保存"按钮,再单击"审核"按钮。

(2)录入并审核红字采购入库单

①在库存管理系统中,执行"入库业务/采购入库单"命令,打开"采购入库单"窗口。

②单击"生单"按钮,选择"采购到货单(红字)",打开"查询条件选择——采购到货单生单列表"窗口,选择到货单号 0000000004。

③单击"确定"按钮,打开"到货单生单列表"窗口,双击鼠标左键选中需要拷贝的采购订单,即打上"Y"选中标志。

④单击"OK 确定"按钮,系统将到货单信息带入采购入库单之中。录入入库单号:RK006,"仓库"栏参照选择"原材料仓",如图3-85所示。

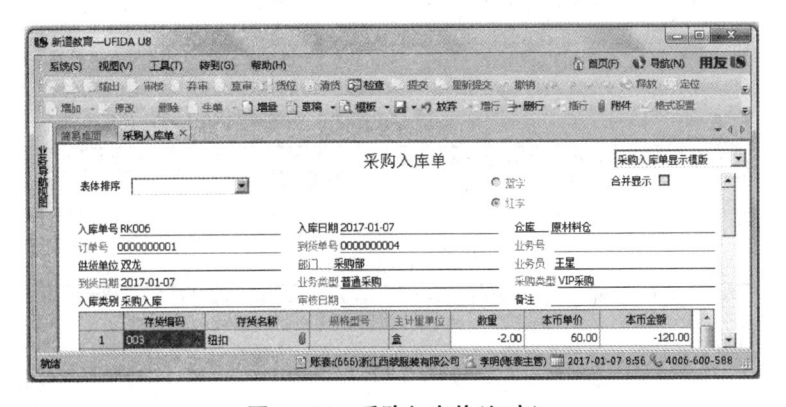

图3-85 采购入库单(红字)

⑤单击"保存"按钮,再单击"审核"按钮,系统提示"该单据审核成功"。再单击"返回"按钮回主菜单。

(3) 生成红字退货采购发票

① 在采购管理系统中，执行"采购发票/红字专用采购发票"命令，打开"专用发票"窗口。
② 单击"增加"按钮，修改采购日期为"2017-01-08"，并修改发票号为F03003。
③ 单击"生单"按钮，选择"入库单"，在本采购入库单列表过滤窗口，日期选择2017-01-07。
④ 单击"确定"按钮，系统显示"发票拷贝入库单表头列表"。双击所要选择的采购入库单（RK006），"选择"栏显示"Y"。
⑤ 单击"OK 确定"按钮，系统将采购入库单自动传递过来，生成采购专用发票，将数量修改为-2。
⑥ 单击"保存"按钮，按系统保存参照采购入库单生成的采购专用发票，如图3-86所示。

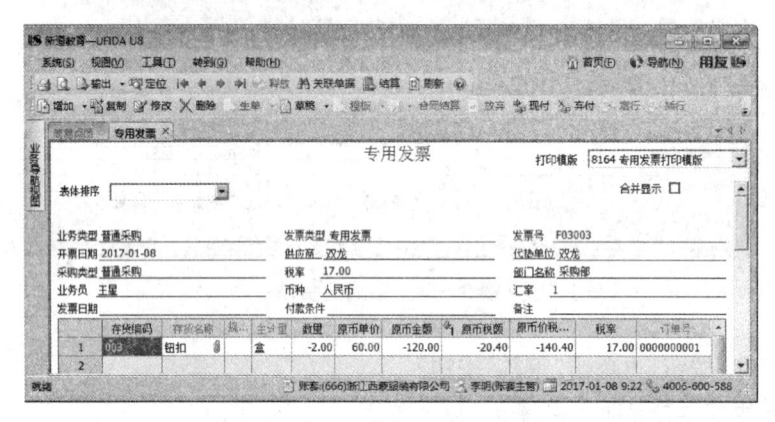

图3-86 采购专用发票（红字）

(4) 进行采购结算

① 在采购管理系统中，执行"采购结算/手工结算"命令，打开"手工结算"窗口。
② 单击"选单"按钮，再单击"查询"按钮，系统弹出"采购手工结算"对话框，根据需要输入有关查询条件。
③ 单击"确定"按钮，打开"结算选单"窗口，双击选择"结算选发票列表"中的发票，同时选择"结算选入库单列表"中的采购入库单，如图3-87所示。

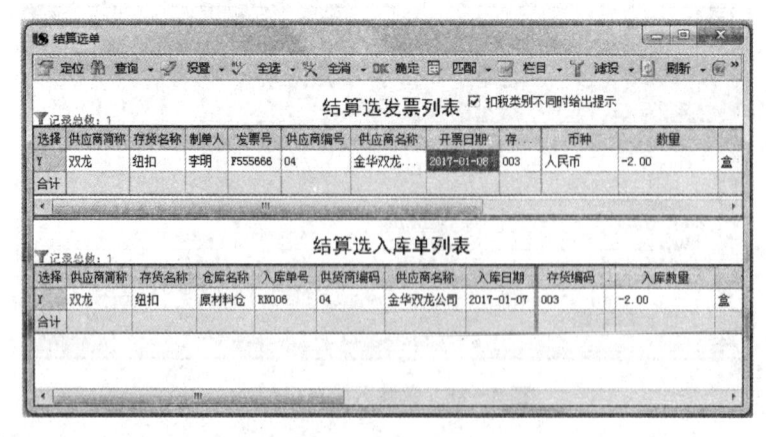

图3-87 "结算选单"窗口

④ 单击"OK 确定"按钮，再单击"结算"按钮，系统弹出"完成结算"信息提示框。

(5)存货核算系统制单和应付款管理系统制单

①在存货核算系统中,执行"业务核算/正常单据记账"命令,打开"查询条件选择"对话框。
②选择仓库中的"原材料仓"。
③单击"确定"按钮,打开"正常单据记账列表"窗口。
④单击"全选"按钮,如图3-88所示。

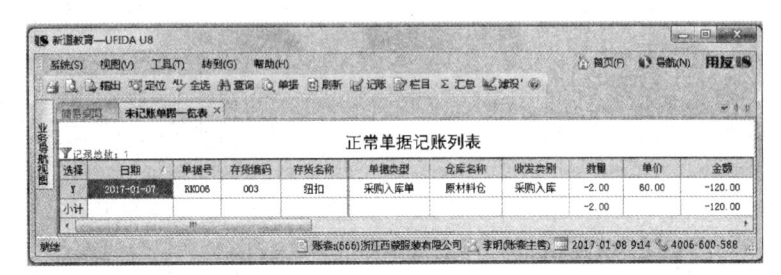

图3-88 "正常单据记账列表"窗口

⑤单击"记账"按钮,系统提示"记账成功"。
⑥单击"退出"按钮。
⑦执行"财务核算/生成凭证"命令,系统弹出"生成凭证"窗口。
⑧凭证类别选择"转账凭证",单击"选择"按钮,打开"查询条件"对话框。
⑨只选中"(01)采购入库单(报销记账)"复选框。
⑩单击"确定"按钮,打开"未生成凭证单据一览表"窗口。
⑪单击"选择"栏或者单击"全选"按钮,如图3-89所示,单击"确定"按钮。

图3-89 "未生成凭证单据一览表"窗口

⑫凭证类别选择"转账凭证",分别录入或者选择"存货"科目编码1403,"对方"科目编码1401,如图3-90所示。

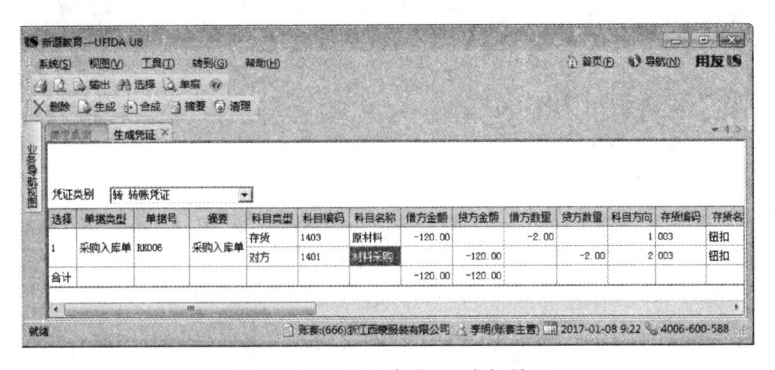

图3-90 录入存货和对方科目

⑬单击"生成"按钮,生成一张转账凭证,修改日期为 2017-01-07。
⑭单击"保存"按钮,如图 3－91 所示。

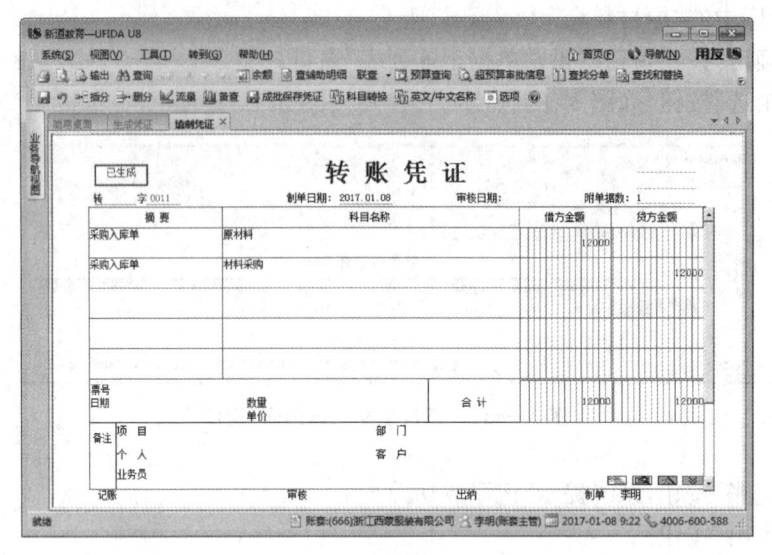

图 3－91 转账凭证(红字)

(6)冲销应付账款

①在应付款管理系统中,执行"应付单据处理/应付单据审核"命令,打开"应付单据查询选择"对话框,输入相关查询条件。

②单击"确定"按钮,系统弹出"应付单据列表"窗口。

③单击"选择"栏,或者单击"全选"按钮,如图 3－92 所示。

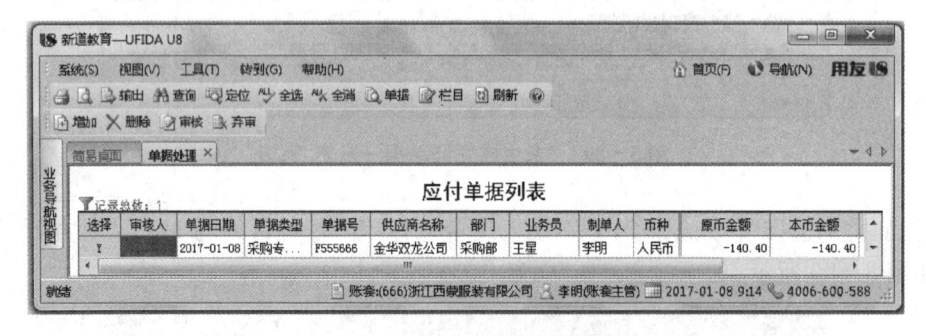

图 3－92 "应付单据列表"窗口

④单击"审核"按钮,系统完成审核并给出审核报告。
⑤单击"确定"按钮,单击"退出"按钮。
⑥执行"制单处理"命令,系统打开"制单查询"对话框,选择"发票制单"复选框。
⑦单击"确定"按钮,系统打开"采购发票制单"窗口。
⑧选择的"转账凭证",制单日期选择"2017-01-08"。
⑨单击"制单"按钮,生成一张转账凭证,如图 3－93 所示,再单击"保存"按钮。

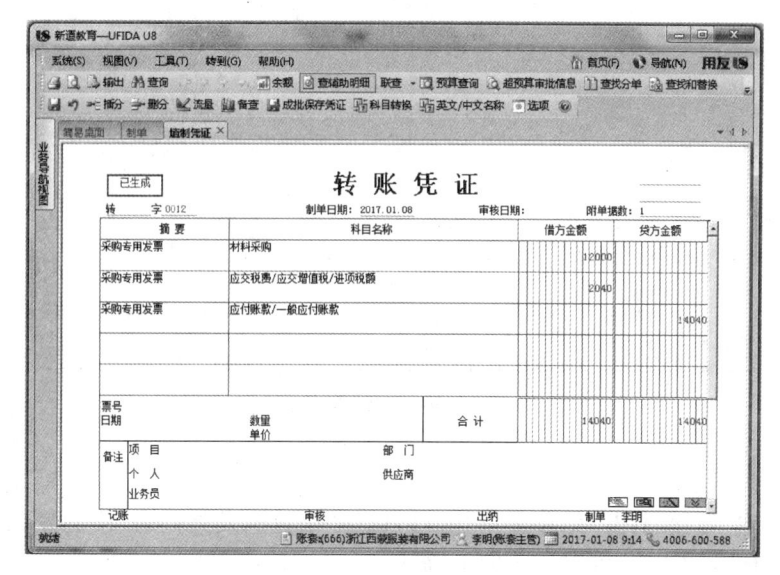

图3—93　转账凭证（红字）

3. 业务三的处理

本笔业务属于材料入库短缺业务，发票已于上月收到，按实际收到材料数量填制采购入库单，并和采购发票进行采购结算，确定采购存货成本后完成制单。

(1) 按实际收到数量填制采购入库单和进行采购结算

①在基础设置选项卡中，执行"基础档案/业务/非合理损耗类型"命令，增加非合理损耗类型编码01，类型为"运输部门责任"，单击"保存"按钮，如图3—94所示。

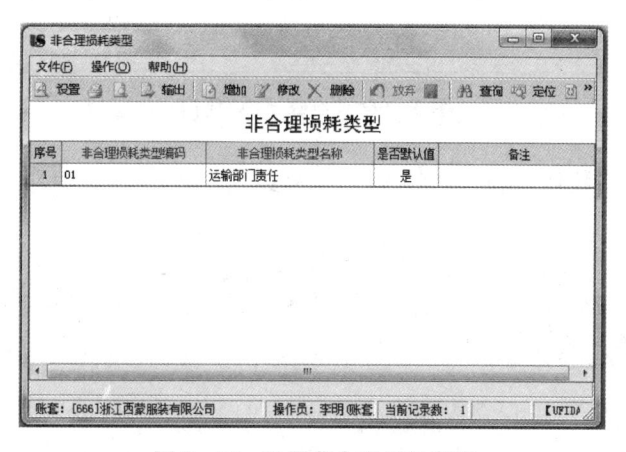

图3—94　设置非合理损耗类型

②在库存管理系统中，执行"入库业务/采购入库单"命令，打开"采购入库单"窗口。
③单击"增加"按钮，录入入库单号：RK007，仓库选择"原材料仓"，入库类别选择"采购入库"，存货编码选择"002 混纺面料"，数量录入380，单价录入50。
④单击"保存"按钮，再单击"审核"按钮，系统提示"该单据审核成功"，如图3—95所示。
⑤在采购管理系统中，执行"采购结算/手工结算"命令，打开"手工结算"窗口。
⑥单击"选单"按钮，再单击"查询"按钮，系统弹出"采购手工结算"对话框，根据需要输入

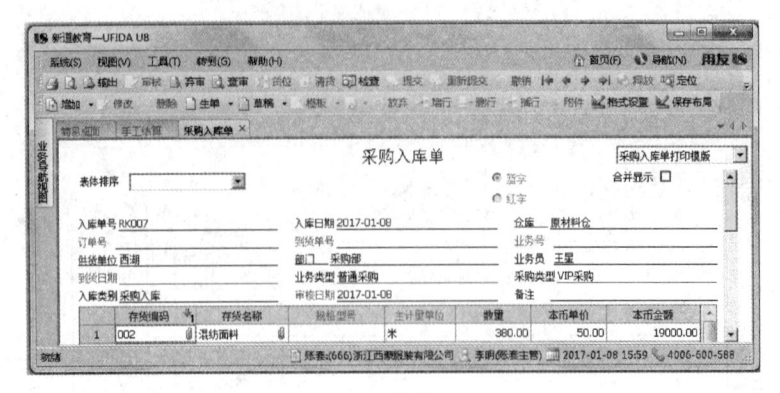

图 3-95 采购入库单

有关查询条件。

⑦单击"确定"按钮,打开"结算选单"窗口,选择"结算选发票列表"中的发票和运费发票,选择"结算选入库单列表"中的采购入库单,如图 3-96 所示。

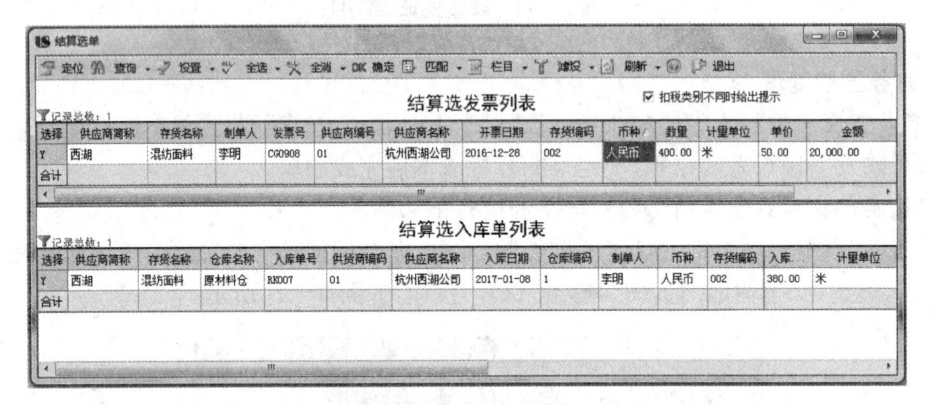

图 3-96 "结算选单"窗口

⑧单击"OK 确定"按钮,在非合理损耗数量栏录入"20",非合理损耗金额录入 1 000,如图 3-97 所示。

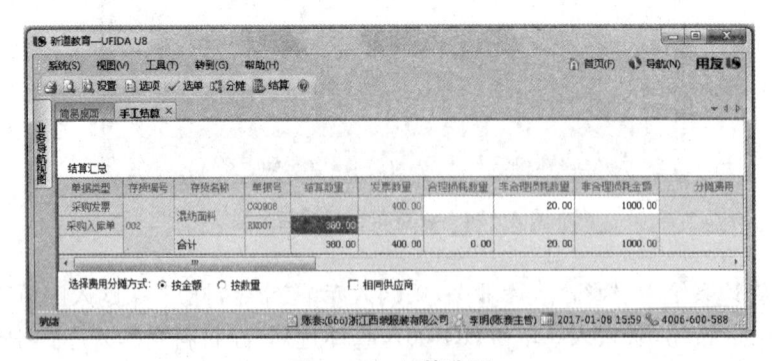

图 3-97 结算选票

⑨选择费用分摊方式:选择按金额单选按钮,单击"结算"按钮,系统弹出"完成结算"信息提示框。

(2)确定存货成本
①在存货核算系统中,执行"业务核算/正常单据记账"命令,打开"查询条件选择"对话框。
②选择仓库中的"原材料仓"。
③单击"确定"按钮,打开"正常单据记账列表"窗口,如图3—98所示。

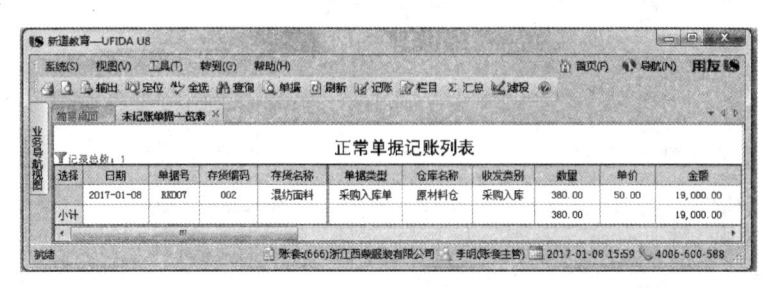

图3—98 "正常单据记账列表"窗口

④单击"全选"按钮。
⑤单击"记账"按钮,系统提示"记账成功"。
⑥单击"退出"按钮。
⑦执行"财务核算/生成凭证"命令,系统弹出"生成凭证"窗口。
⑧单击"选择"按钮。打开"查询条件"对话框。
⑨选中"(01)采购入库单(报销记账)"复选框。
⑩单击"确定"按钮,打开"未生成凭证单据一览表"窗口,选中单据类型:采购入库单。
⑪单击"选择"栏或者单击"全选"按钮,选中待生成单据,单击"确定"按钮。
⑫选择中的"转账凭证",分别录入或者选择"存货"科目编码1403,"对方"科目编码1401,如图3—99所示。

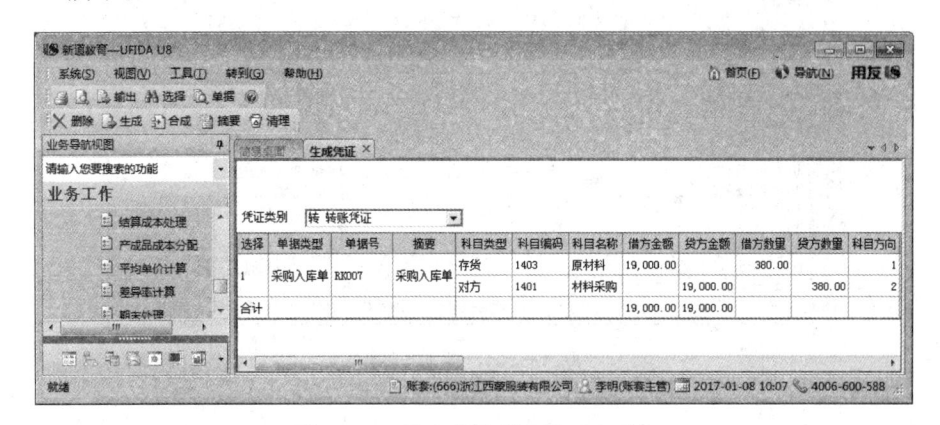

图3—99 录入存货科目和对方科目

⑬单击"生成"按钮,生成一张转账凭证,修改日期为2017-01-08,光标移至凭证体第二行,单击"插分"按钮,科目名称栏录入"待处理财产损溢",金额栏录入1 000,将第三行"材料采购"科目的金额修改为20 000。
⑭单击"保存"按钮,如图3—100所示。

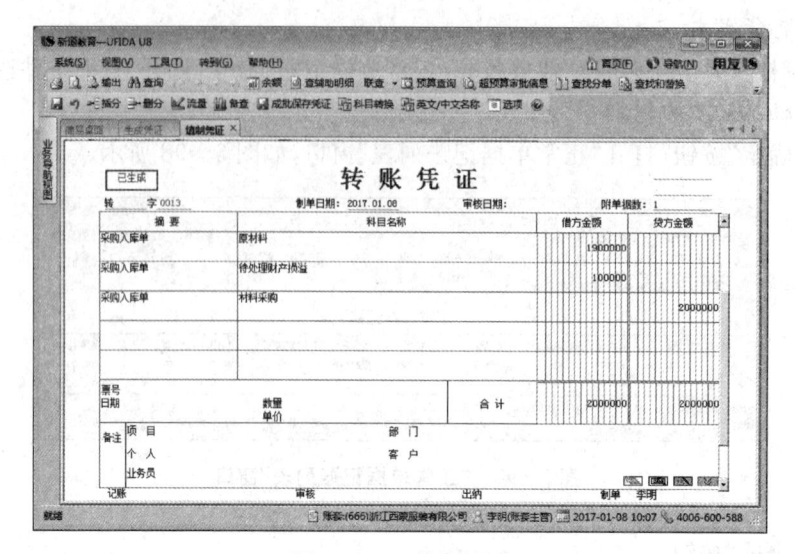

图 3—100 转账凭证

4. 业务四的处理

本笔业务属于货到票未到业务,需要输入采购订单、采购到货单,如果月末发票仍未到,应该进行暂估处理,在月末按暂估价格录入采购入库单。

(1)录入并审核采购订单

①在采购管理系统中,执行"采购订货/采购订单"命令,打开"采购订单"窗口。

②单击"增加"按钮,录入相关信息后,如图 3—101 所示。

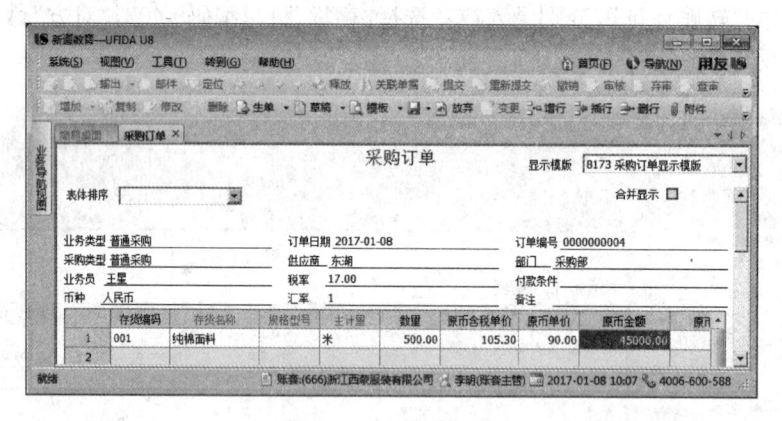

图 3—101 采购订单

③录入完成后,单击"保存"按钮,再单击"审核"按钮。

(2)录入并审核采购到货单

①在采购管理系统中,执行"采购到货/到货单"命令,打开"到货单"窗口。

②单击"增加"按钮,再单击"生单"按钮,选择"采购订单"。

③打开"采购订单列表过滤"对话框。

④单击"确定"按钮,打开"拷贝并执行"窗口,双击鼠标左键选中需要拷贝的采购订单,即打上"Y"选中标志。

⑤单击"OK 确定"按钮,系统将订单信息带入到货单中,如图 3—102 所示。

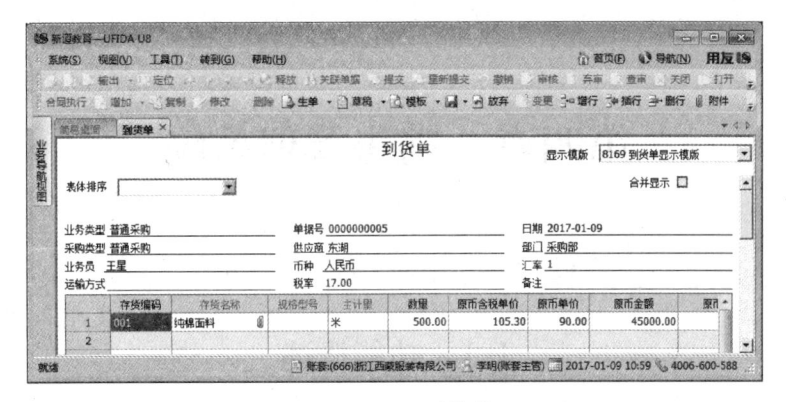

图 3—102 到货单

⑥单击"保存"按钮,再单击"审核"按钮。

(3)录入并审核采购入库单

①在库存管理系统中,执行"入库业务/采购入库单"命令,打开"采购入库单"窗口。

②单击"生单"按钮,选择"采购到货单(蓝字)",打开"查询条件选择——采购到货单生单列表"窗口,选择到货单号0000000005。

③单击"确定"按钮,打开"到货单生单列表"窗口,双击鼠标左键选中需要拷贝的采购订单,即打上"Y"选中标志。

④单击"确定"按钮,系统将到货单信息带入采购入库单之中。录入入单号:RK008,"仓库"栏参照选择"原材料仓",如图3—103所示。

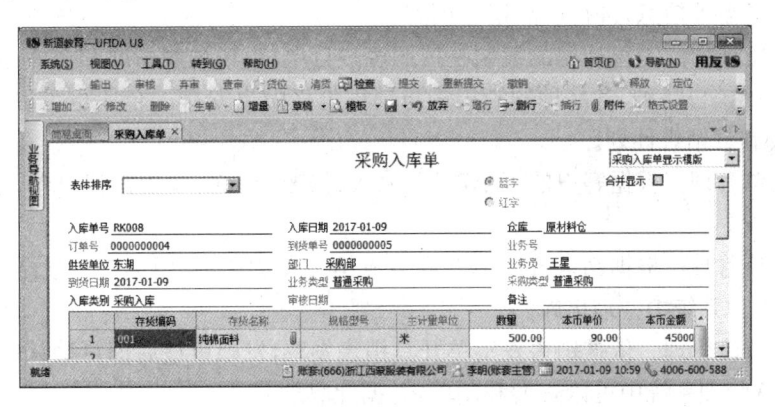

图 3—103 采购入库单

⑤单击"保存"按钮,再单击"审核"按钮,系统提示"该单据审核成功"。

注意

● 月末没有收到发票,选择月初回冲方式时在下月初自动生成红字回冲单;选择单到回冲方式时,在下月收到发票进行结算时自动生成红字回冲单和蓝字回冲单(报销);选择单到补差方式时,在下月收到发票进行结算时自动生成调整单。

● 执行采购结算,并在存货核算系统中执行暂估和处理,系统自动改写账簿记录。

第四章 销售管理系统

4.1 功能概述

销售是企业经营货物的中心,是企业生产经营的实现过程。销售部门在企业供应链中处于市场与企业接口的位置,其主要职能就是为客户提供产品及其服务,从而实现企业的资金周转并获取利润,为企业提供生存与发展的动力。

销售管理系统是用友 ERP-U8 供应链管理系统的一个子系统,主要提供对企业销售业务全流程的管理。销售管理系统支持以销售订单为核心的业务模式,支持普通批发销售、零售、委托代销业务、直运销售业务、分期收款销售和销售调拨等多种类型的销售业务,能满足不同用户的需求,用户可以根据实际情况构建自己的销售管理平台。

销售管理系统的主要功能包括以下内容:
- 有效管理客户。对客户进行分类管理,维护客户档案,制定针对客户的价格政策,建立长期稳定的销售渠道。
- 根据市场需求信息,进行产品销售预测。
- 编制销售计划。销售计划的编制是按照客户订单、市场预测情况和企业生产情况,对一定时期内企业的销售品种、各品种的销售量与销售价格做出安排。企业也可以根据某个部门或某个业务员制订销售计划。
- 销售订单管理。根据客户的订单数量,输入、修改、查询、审核销售订单,了解订单的执行或未执行情况。
- 销售物流管理。根据销售订单填制或生成销售发货单,并根据销售发货单生成销售出库单,在库存管理系统中办理出库。
- 销售资金流管理。依据销售发货单开具销售发票,发票审核后即可确认收入,形成应收账款,在应收款管理系统中可以查询和制单,并据此收款。
- 销售计划管理。以部门、业务员、存货、存货类及其组合为对象,考核销售的计划数与定额数的完成情况,并进行考核评估。
- 价格政策。系统能够提供历次售价、最新成本加成和按价格政策定价这三种价格依据;同时,按价格政策定价时,支持商品促销价,可以按客户定价,也可以按存货定价。按存货定价时,还支持按不同自由项定价。
- 信用管理。系统提供了针对信用期限和信用额度的两种管理制度,同时,既可以针对客户进行信用管理,又可以针对部门、业务员进行信用额度和信用期限的管理。如果超过信用额度,可以逐级向上审批。
- 远程应用。可以对销售订单、销售发票、发货单、现收款单等进行远程输入、查询。
- 批次与追踪管理。对于出库跟踪入库属性的存货,在销售开单时,可以手工选择明细的入库记录,并提供先进先出、后进先出两种自动跟踪的方法。

销售管理系统既可以单独使用,又能与ERP-U8管理系统的库存管理、存货核算、采购管理、应收款管理等模块集成使用,提供完整全面的业务和财务流程处理。

4.2 实验操作指导

实验4-1 普通销售业务(一)

实验准备

已经完成实验3-2的操作,或者引入实验3-2账套备份数据。将系统日期修改为2017年1月31日,以"001操作员"(口令为001)的身份,以业务发生日期登录"666账套"的企业应用平台。

实验要求

- 录入销售报价单,录入或生成销售订单、销售发货单
- 录入或生成销售发票
- 对销售发票进行复核,确认应收款项
- 确认、收取应收款项
- 根据销售专用发票确认销售成本(存货采用先进先出法核算)
- 备份账套

实验资料

业务一:先发货后开票业务

(1)1月15日,VIP客户宁波大海公司想购买1 000件男式衬衣,向销售部业务员冯梅了解价格。本公司报价(不含税)为200元/件。

(2)该客户了解情况后,决定订购1 000件,要求发货日期为1月16日。

(3)1月16日,公司从产成品仓向宁波大海公司发出其所订货物(发货单号FH0116),并据此开具销售专用发票一张,票号XS000116,款项尚未收到。

(4)销售部将销售发票交给财务部,财务部结转此业务的收入及成本。

业务二:商业折扣、现结

(1)1月16日,销售部向普通客户温州伟成公司出售2 000件女士衬衣,不含税报价为200元/件,成交价为报价的90%,货物从产成品仓库发出(发货单号FH0117)。

(2)1月16日,根据上述发货单开具专用发票一张,票号XS000117。同时收到客户以转账支票(ZZ001888)支付的货款。

(3)1月16日,销售部将销售发票交给财务部,财务部结转此业务的收入及成本。

实验指导

1. 业务一的处理

业务一是先发货后开票的销售业务,需要先处理报价单、销售订单、发货单等单据,发货单

审核后根据销售管理系统初始化设置,系统自动生成销售出库单或者参照发货单生成销售出库单。销售发票开具后,可能立即收到货款,需要根据发票做现结处理;也可能尚未收到款项,需要确认为应收账款。如果存货采用先进先出法、移动平均法、个别计价法等方法核算,还可以随时结转销售成本。

(1)填制并审核销售报价单

①在"业务工作"选项卡中,执行"供应链/销售管理"命令,打开销售管理系统。

②在销售管理系统中,执行"销售报价/销售报价单"命令,打开"销售报价单"窗口。

③单击"增加"按钮,输入表头信息。业务类型为"普通销售",销售类型为"VIP销售",日期修改为"2017-01-15",客户简称为"大海",税率为17%(填17)。表体中的存货为"男式衬衣",数量1 000件,无税单价200元/件(报价为含税报价,填234元),如图4-1所示。

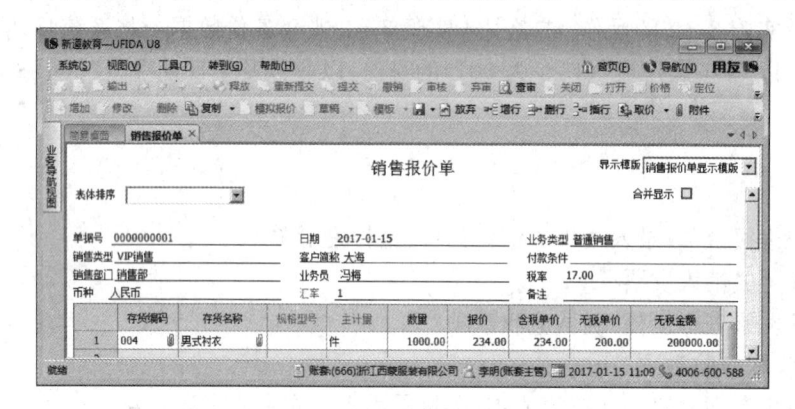

图4-1 "销售报价单"窗口

④单击"保存"按钮,再单击"审核"按钮,保存并审核销售报价单后退出。

注意

● 销售报价单只能手工输入。

● 销售报价单没有审核前,可以单击"修改"按钮进行修改;如果已经审核,则必须先取消审核,然后才能修改。

● 报价单被参照后与销售订单不建立关联,即使审核后也可以删除。

● 已经保存的报价单可以在报价单列表中查询,所选择报价单打开后,可以执行弃审、修改、删除等操作。

(2)填制并审核销售订单

①执行"销售订货/销售订单"命令,打开"销售订单"窗口。

②单击"增加"按钮,再单击"生单"按钮,选择"报价",打开"查询条件选择——订单参照报价单"对话框,如图4-2所示。可以输入相应的过滤条件,点"确定"按钮。

③系统显示符合条件的报价单,选择1月15日的宁波大海公司的报价单,选中标志为Y,同时选择下面的男式衬衣,选中标志为Y,如图4-3所示。单击"OK确定"按钮。

④系统根据报价单自动生成一张销售订单。如果订单信息与报价单不一致,则做相应的修改。预发货日期修改为"2017-01-16",如图4-4所示。

⑤信息确认后单击"保存"按钮,再单击"审核"按钮,保存并审核销售订单后退出。

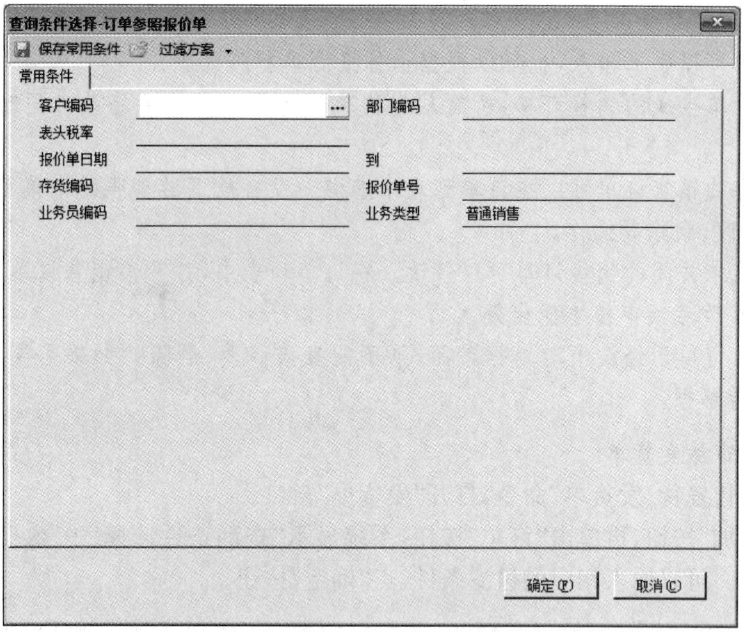

图 4—2 "查询条件选择——订单参照报价单"对话框

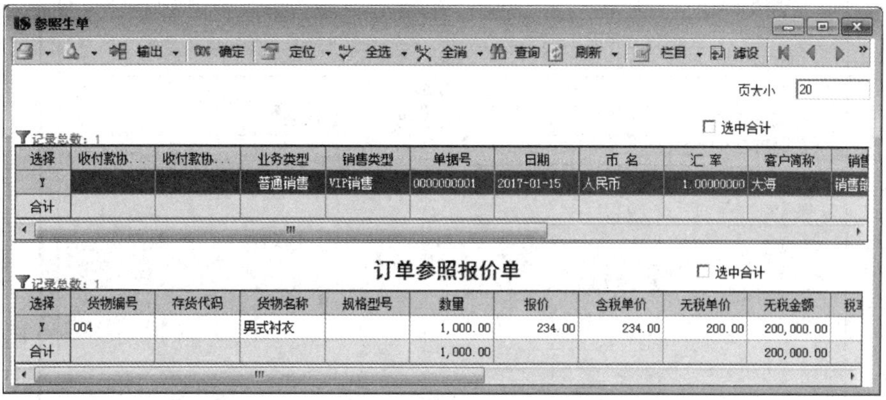

图 4—3 选择报价单

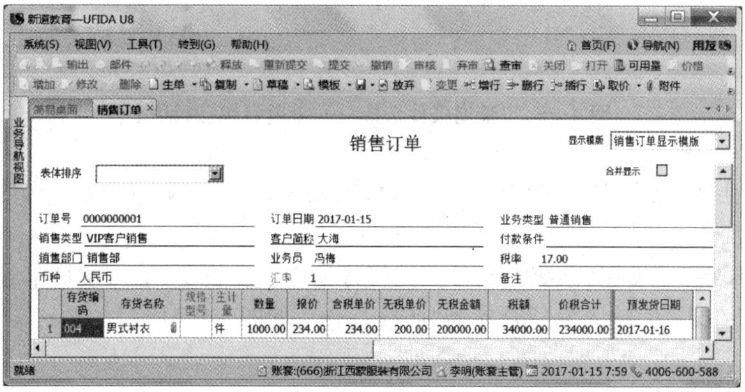

图 4—4 "销售订单"窗口

📖 **注意**

● 销售订单可以手工输入,也可以根据销售报价单参照生成。

● 参照报价单生成的销售订单,所有从报价单带入的信息均可修改。同时还可以在销售订单上增行、删行。

● 已经保存的销售订单可以在订单列表中查询。没有被下游参照的订单可以在打开单据后执行弃审、修改、删除等操作。

● 已经审核未关闭的销售订单可以修改。在订单列表中,打开该销售订单,单击"变更"按钮,可以修改,修改后须审核才能生效。

● 如果销售订单已经被下游单据参照,则不能直接修改、删除。如果需要修改或删除,则必须先删除下游单据。

(3) 填制并审核发货单

①执行"销售发货/发货单"命令,打开"发货单"窗口。

②单击"增加"按钮,再单击"订单"按钮,系统显示"查询条件选择——参照订单"对话框,如图4—5所示。可以输入相应的过滤条件,点"确定"按钮。

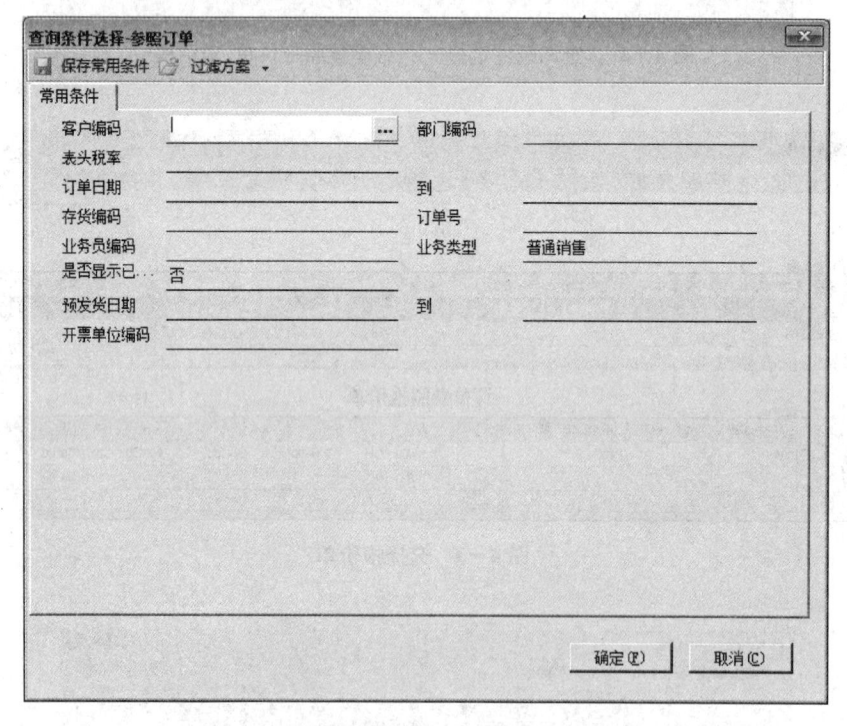

图4—5 "查询条件选择——参照订单"对话框

③在"参照生单"窗口中,系统显示符合条件的销售订单。双击出现 Y 选中销售订单和存货,如图4—6所示。

④单击"OK 确定"按钮,系统自动参照销售订单生成发货单,输入发货单号 FH0116,修改发货日期为 2017-01-16,输入发货仓库为"产成品仓",如图4—7所示。

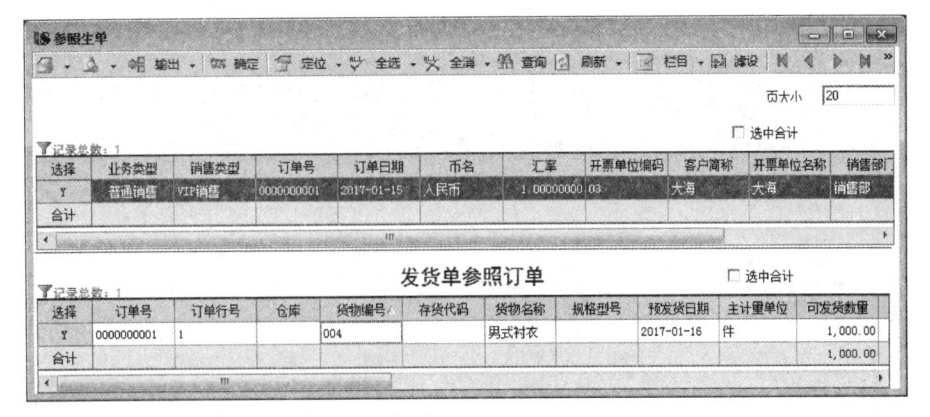

图 4—6　选择订单

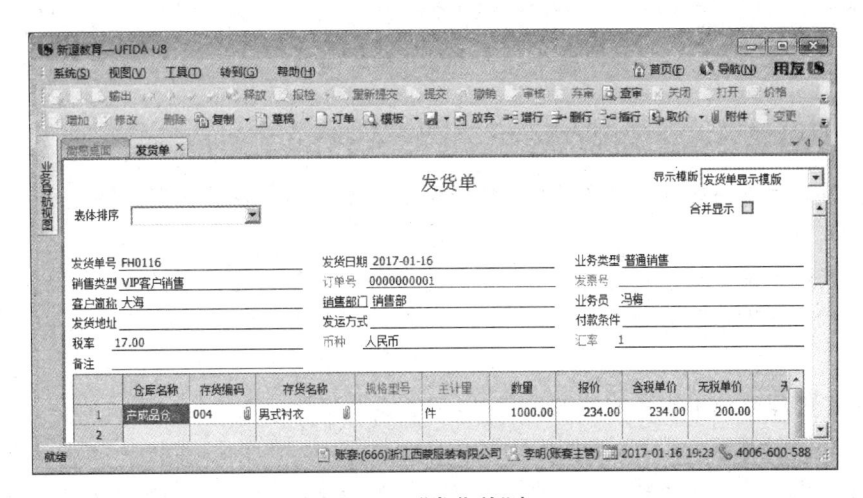

图 4—7　"发货单"窗口

⑤单击"保存"按钮，再单击"审核"按钮，保存并审核发货单后退出。

> **注意**
>
> ● 销售发货单可以手工输入，也可以参照销售订单生成。如果销售系统选项中设置了"普通销售必有订单"，则只能参照生成。
> ● 如果发货单已经被下游单据参照，则不能直接修改、删除。如果需要修改或删除，则必须先删除下游单据，然后取消审核，再修改或删除。

（4）**审核自动生成的销售出库单**

①在"业务工作"选项卡中，执行"供应链/库存管理"命令，打开库存管理系统。

②执行"出库业务/销售出库单"命令，系统根据销售发货单自动生成了销售出库单。单击"末张"按钮（快捷键 Alt＋PageDown）定位到该销售出库单，如图 4—8 所示。

③单击"审核"按钮，完成销售出库单的审核后退出。

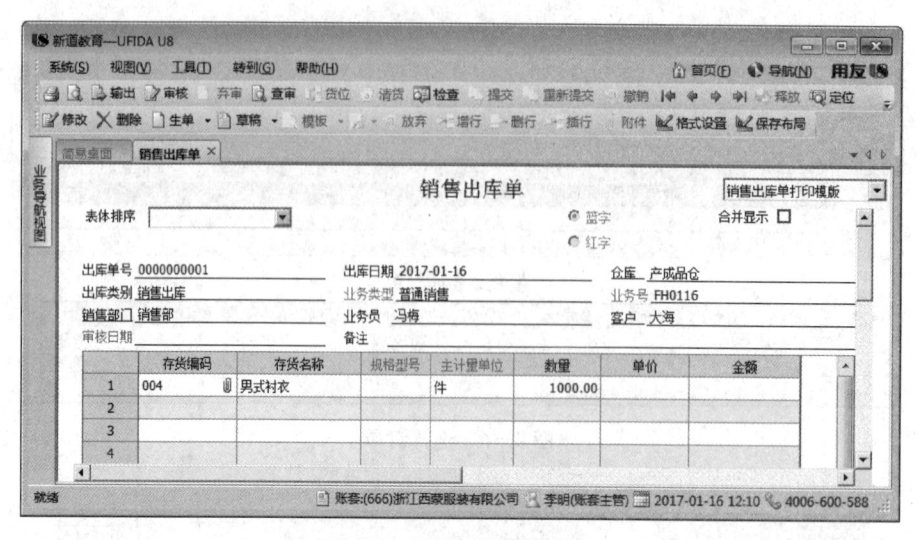

图 4-8 "销售出库单"窗口

📖 **注意**

● 在销售管理系统选项中设置了"销售生成出库单",则系统根据销售发货单自动生成出库单。

● 如果在销售管理选项中没有设置"销售生成出库单",则在库存管理系统的销售出库单窗口中,单击"生单"按钮,系统显示出库单查询窗口。用户自行选择过滤单据生成销售出库单。

● 在库存管理系统中生成的销售出库单,可以在销售管理系统的账表查询中,通过联查单据查询到该销售出库单。

● 在由库存管理生单向销售管理生单切换时,如果有已审核/复核的发货单、发票未在库存管理系统中生成销售出库单,将无法生成销售出库单。因此,应检查已审核/复核的销售单据是否已经全部生成销售出库单后再切换。

● 系统自动生成的销售出库单不能修改,可以直接审核。

(5)填制并复核销售专用发票

①在销售管理系统中,执行"销售开票/销售专用发票"命令,打开"销售专用发票"窗口。

②单击"增加"按钮,再单击"生单"按钮,选择"参照发货单",系统弹出"查询条件选择——发票参照发货单"对话框,如图 4-9 所示。默认业务类型为"普通销售",可以重新选择,也可以设置其他过滤条件,单击"确定"按钮,系统根据过滤条件显示符合条件的全部单据。

③在显示的发货单记录中选择客户为"宁波大海公司",或者选择日期为"2017 年 1 月 16 日"的发货单,在所选择单据前双击,出现 Y 表示选择成功。同时选择下面的男式衬衣,选中标志为 Y,如图 4-10 所示。单击"OK 确定"按钮。

④系统根据所选择的发货单和存货自动生成一张销售专用发票。输入发票号 XS000116,确认后单击"保存"按钮,确认并保存发票信息,如图 4-11 所示。

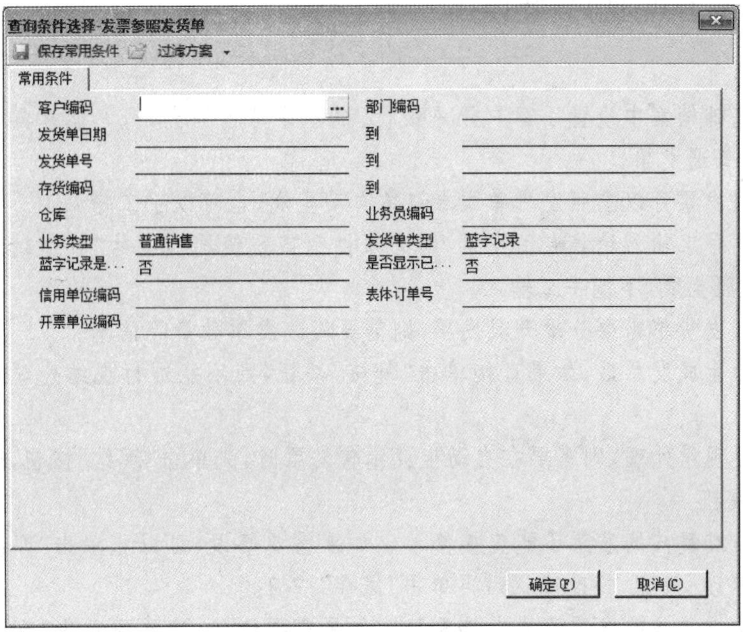

图4-9 "查询条件选择——发票参照发货单"对话框

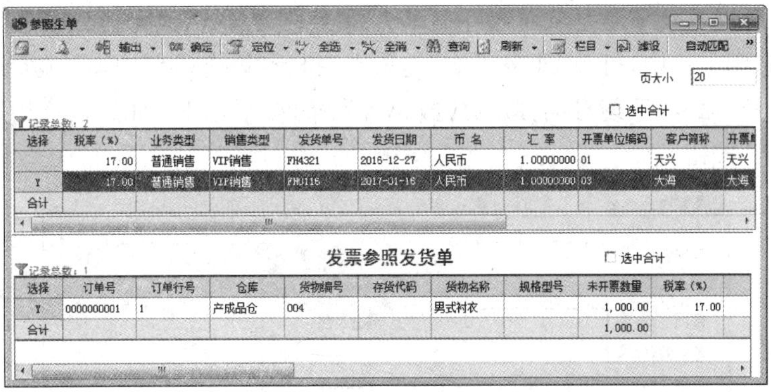

图4-10 选择发货单

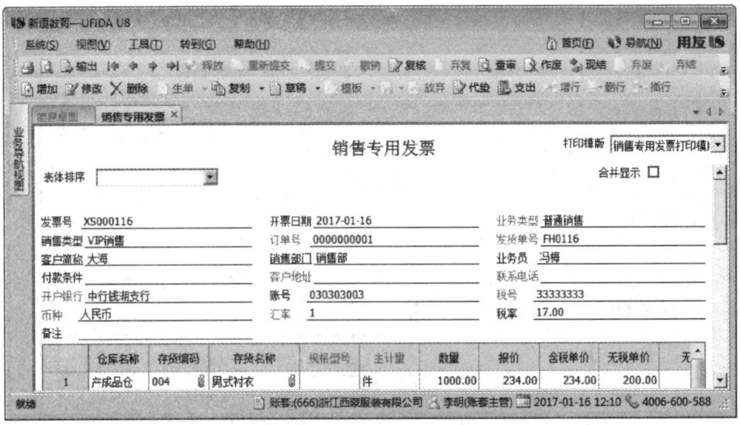

图4-11 "销售专用发票"窗口

⑤单击"复核"按钮,再单击退出按钮,返回主菜单。

📖 **注意**

● 只有在基础档案中设置了客户开户银行、税号等信息的客户,才能开具销售专用发票,否则,只能开具普通发票。

● 销售专用发票可以参照发货单或者订单自动生成,也可以手工输入。

● 如果需要手工输入销售专用发票,则必须将销售系统选项中的"普通销售必有订单"取消,否则只能参照生成,不能手工输入。

● 如果一张发货单需要分次开具发票,则需要修改发票数量等信息。

● 系统自动生成发票后,如果直接单击"复核"按钮,则不能进行现结处理,只能确认为应收账款。

● 如果需要现结处理,则需要在自动生成销售发票时,先单击"现结"按钮,进行现结处理,再单击"复核"按钮。

● 已经现结或复核的发票不能直接修改。如果需要修改,可以先单击"弃结"和"弃复"按钮,然后单击"修改"按钮,修改确认后再单击"保存"按钮。

● 已经现结或复核的发票不能直接删除。如果需要删除,需要先单击"弃结"和"弃复"按钮。

(6)应收款管理系统审核应收单据并制单

①在企业应用平台中,打开"业务工作"选项卡,执行"财务会计/应收款管理/应收单据处理/应收单据审核"命令,系统自动弹出"应收单查询条件"对话框,如图4—12所示。设置过滤条件,单击"确定"按钮。

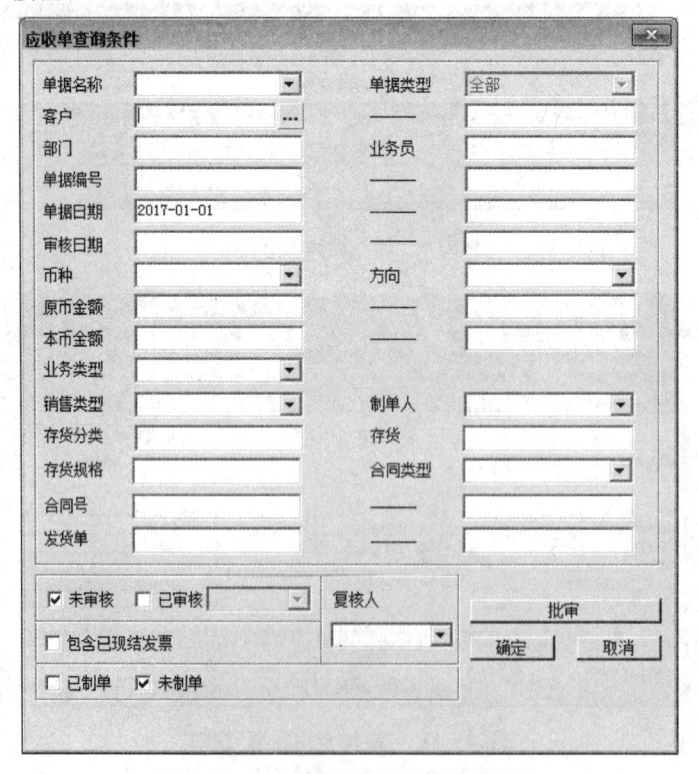

图4—12 "应收单查询条件"对话框

②系统筛选出符合条件的应收单据,选择需要审核的应收单据,在记录的"选择"栏处双击,出现 Y,表示选择成功,如图 4—13 所示。

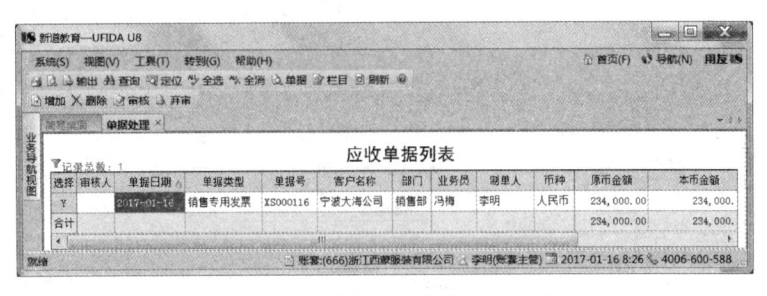

图 4—13 选择需要审核的应收单

③单击"审核"按钮,系统弹出"本次审核成功单据 1 张"信息提示对话框。单击"确定"按钮。

④执行"制单处理"命令,系统自动打开"制单查询"对话框。设置单据过滤条件,默认选择"发票制单",如图 4—14 所示。单击"确定"按钮。

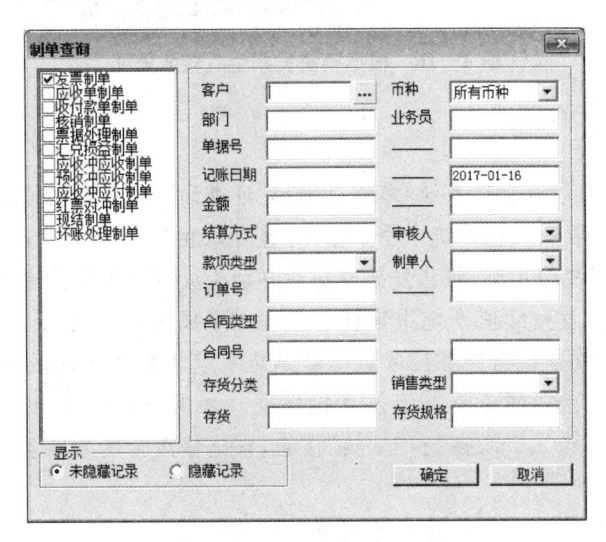

图 4—14 "制单查询"对话框

⑤选择凭证类别为"转账凭证",在需要制单的记录前的"选择标志"栏输入 1,系统显示 1,表示选择 1 的单据生成一张凭证(或者单击"全选"按钮),如图 4—15 所示。

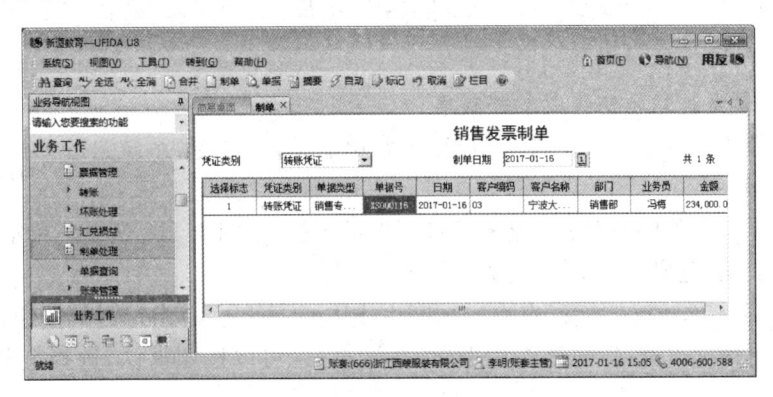

图 4—15 选择需要制单的销售发票

⑥单击"制单"按钮,系统根据所选择的应收单自动生成转账凭证。补充录入主营业务收入的项目辅助为"男式衬衣",单击"保存"按钮,系统显示"已生成"标志,如图4—16所示。

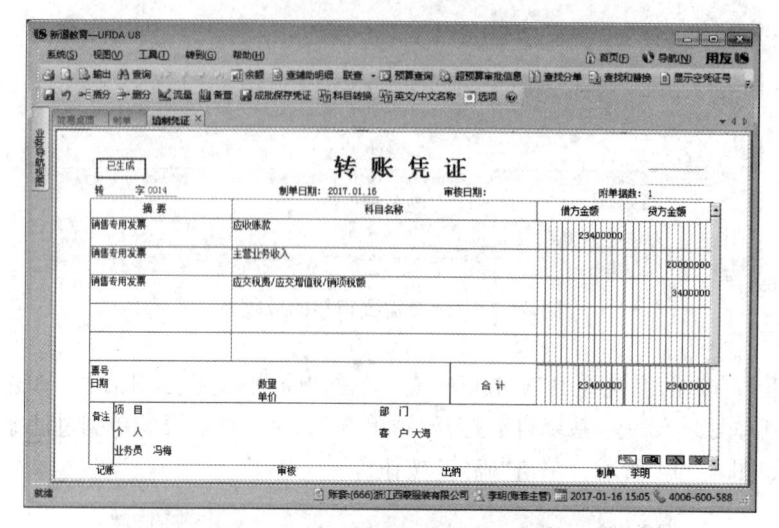

图4—16 根据销售发票生成转账凭证

📎 **注意**

● 可以通过执行"应收款管理系统/单据查询/凭证查询"命令,查询根据应收单生成的凭证。

● 应收单可以在应收款管理系统中手工录入,也可以由销售发票自动生成。当销售管理系统与应收款管理系统集成使用时,销售发票复核后自动生成应收单并传递至应收款管理系统。

● 应收单需要在应收款管理系统中审核确认才能形成应收款项。

● 如果是现结,应收单也必须在应收款管理系统中审核后才能确认收取的款项。

● 由销售发票自动生成的应收单不能直接修改。如果需要修改,则必须在销售系统中取消发票的复核,单击"修改"、"保存"和"复核"按钮,根据修改后的发票生成的应收单就是已经修改后的单据。

● 只有审核后的应收单或收款单才能制单。

● 可以根据每笔业务制单,也可以月末一次制单;如果采用月末处理,可以按业务分别制单,也可以合并制单。

● 已经制单的应收单或收款单不能直接删除。

● 如果需要删除已经生成凭证的单据或发票,必须先删除凭证,然后在"应收单据审核"窗口中取消审核操作,注意筛选条件的设置。

(7)存货核算系统结转销售成本并制单

①在存货核算系统中,执行"业务核算/正常单据记账"命令,系统自动弹出"查询条件选择"对话框,如图4—17所示。设置过滤条件,单击"确定"按钮。

②系统显示符合条件的单据。选择需要记账的单据,如图4—18所示。单击"记账"按钮。系统提示记账成功,退出"正常单据记账"功能。

③执行"财务核算/生成凭证"命令,打开"生成凭证"窗口。单击"选择"按钮,打开生成凭证"查询条件"对话框。选择"销售专用发票"复选框(也可以按照默认,选择全部单据),如图4—19所示。

图 4-17 "查询条件选择"对话框

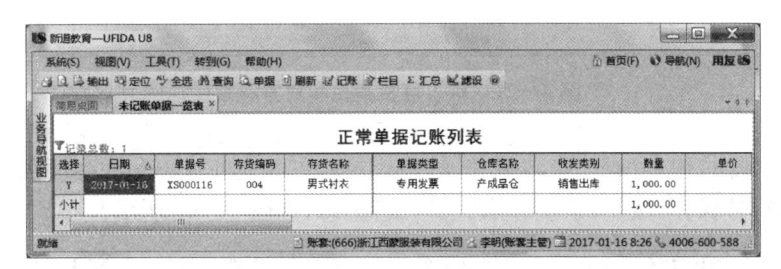

图 4-18 正常单据记账

图 4-19 "查询条件"对话框

④单击"确定"按钮,系统打开"未生成凭证单据一览表"窗口。选择需要生成凭证的单据,如图4—20所示。单击"确定"按钮。

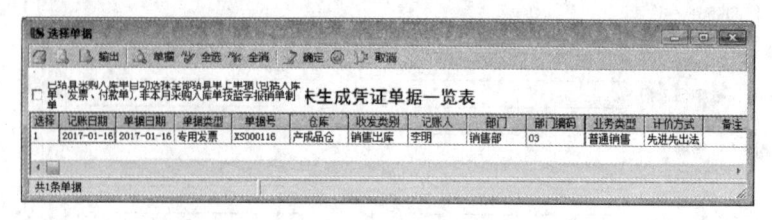

图4—20 "未生成凭证单据一览表"窗口

⑤选择凭证类别中的"转账凭证",分别录入或者选择"存货"科目编码1405,"对方"科目编码6401,如图4—21所示。

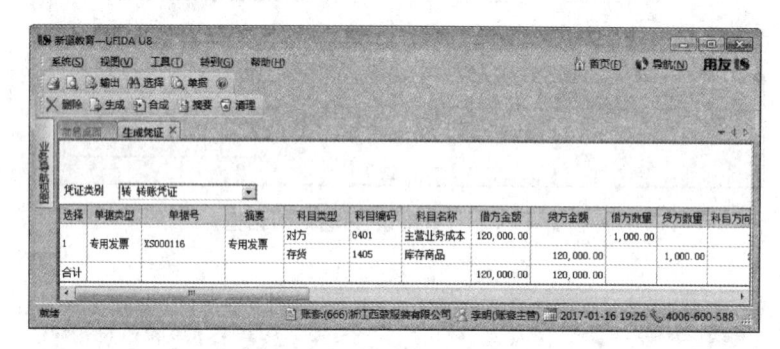

图4—21 录入存货科目和对方科目

⑥单击"生成"按钮,生成一张转账凭证,补充录入主营业务成本和库存商品的项目辅助为"男式衬衣",单击"保存"按钮,系统显示"已生成"标志,如图4—22所示。

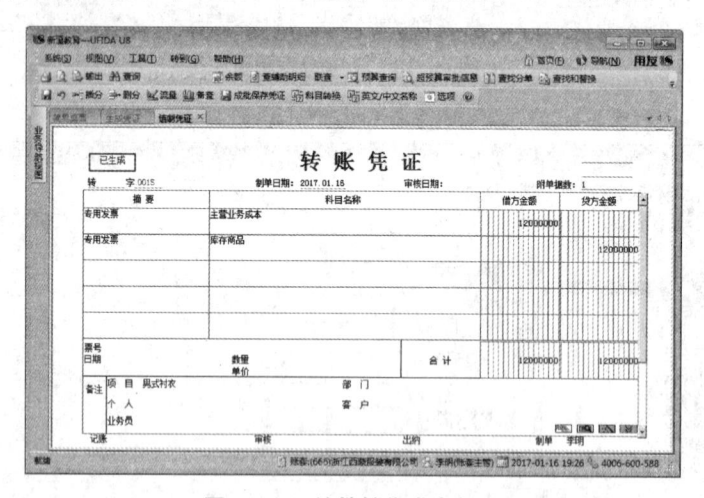

图4—22 结转销售成本凭证

注意

- 如果在存货核算系统初始化时已经设置过存货科目和对方科目,则此处可以不再设置。
- 存货核算系统必须执行正常单据记账后,才能确认销售出库的成本,并生成结转销售成本凭证。

● 正常单据记账后,可以执行取消记账操作,恢复到记账前状态。

● 可以根据每笔业务单据执行记账操作,也可以月末执行一次记账操作。生成凭证也可以每笔业务结转,或者月末集中结转。

● 存货采用先进先出法、后进先出法等方法核算,可以随时结转成本。如果存货采用全月加权平均法,则只能在月末计算存货单位成本和结转销售成本。

2. 业务二的处理

业务二是先发货后开票的销售业务,需要处理发货单、出库单、销售发票等单据,销售发票开具后,做现结处理,财务部门据此确认收入及结转销售成本。

(1)填制并审核发货单

①在销售管理系统中,执行"销售发货/发货单"命令,打开"发货单"窗口。

②单击"增加"按钮,输入发货单号 FH0117,发货日期为 2017 年 1 月 16 日,业务类型为"普通销售",销售类型为"普通客户销售",客户简称为"伟成",表体中的仓库名称为"产成品仓",存货为"女式衬衣",数量 2 000 件,报价 234 元/件,扣率(%)为 90%,如图 4-23 所示。

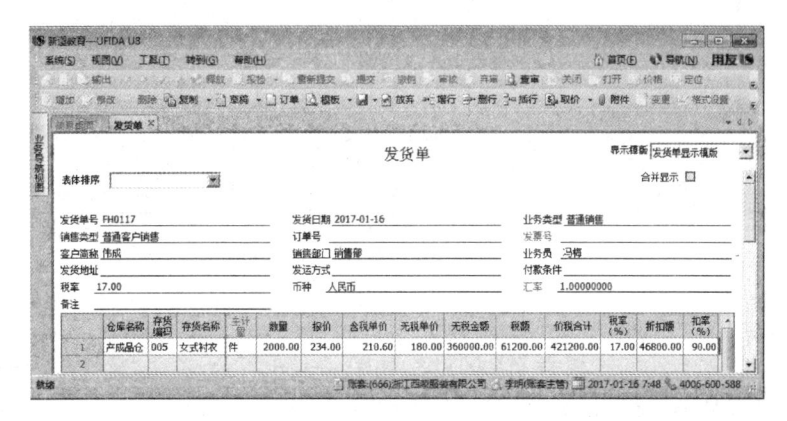

图 4-23 "发货单"窗口

③单击"保存"按钮,再单击"审核"按钮,保存并审核发货单后退出。

(2)审核自动生成的销售出库单

①在"业务工作"选项卡中,执行"供应链/库存管理"命令,打开库存管理系统。

②执行"出库业务/销售出库单"命令,系统根据销售发货单自动生成了销售出库单。单击"末张"按钮(快捷键 Alt+PageDown)定位到该销售出库单,如图 4-24 所示。

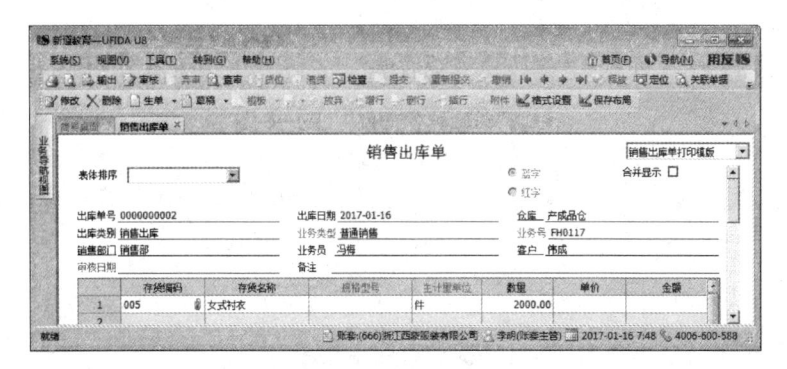

图 4-24 "销售出库单"窗口

③单击"审核"按钮,完成销售出库单的审核后退出。

(3)参照发货单生成并复核销售专用发票

①在销售管理系统中,执行"销售开票/销售专用发票"命令,打开"销售专用发票"窗口。

②单击"增加"按钮,再单击"生单"按钮,选择"参照发货单",系统弹出"查询条件选择——发票参照发货单"对话框,默认业务类型为"普通销售",可以重新选择,也可以设置其他过滤条件,单击"确定"按钮,系统根据过滤条件显示符合条件的全部单据。

③选择要参照的发货单(发货单号 FH0117)。单击"OK 确定"按钮。

④系统根据所选择的发货单和存货自动生成一张销售专用发票。输入发票号 XS000117,确认后单击"保存"按钮,确认并保存发票信息,如图 4—25 所示。

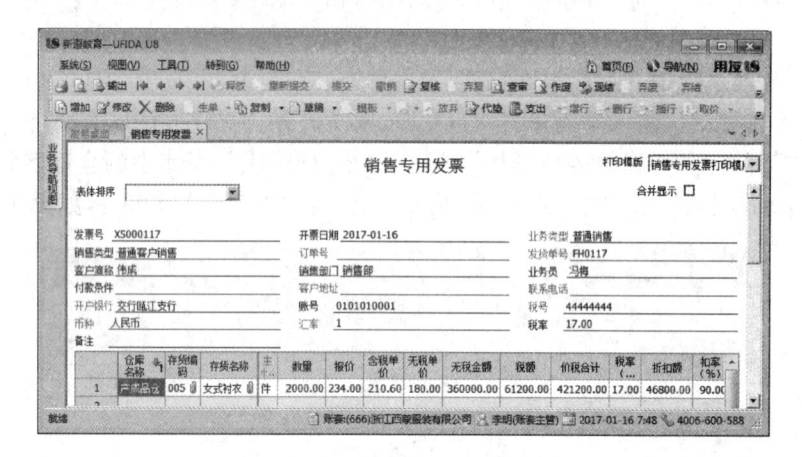

图 4—25 "销售专用发票"窗口

⑤在销售专用发票界面,单击"现结"按钮,打开"现结"对话框。选择结算方式为"转账支票",输入结算金额 421 200,支票号 ZZ001888,如图 4—26 所示,单击"确定"按钮返回,销售专用发票左上角显示"现结"标志。

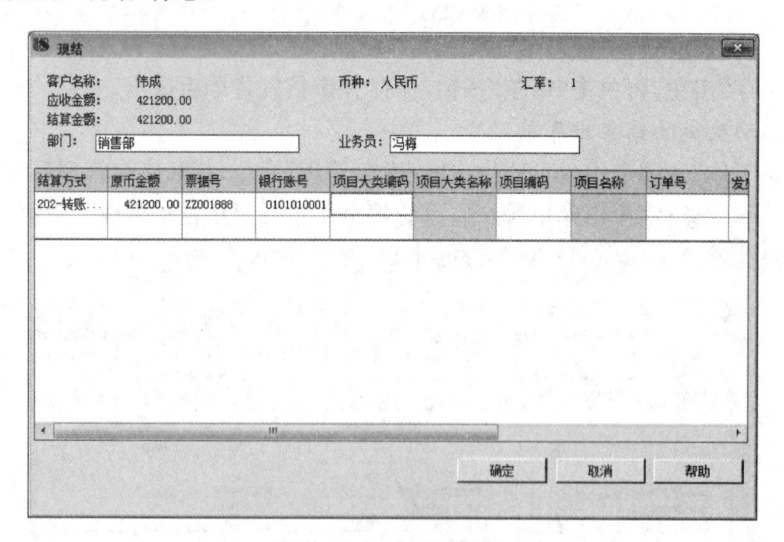

图 4—26 "现结"窗口

⑥单击"复核"按钮,再单击"退出"按钮,返回主菜单。

注意
- 应在销售发票复核前进行现结处理。
- 销售发票复核后才能在应收款管理系统中进行"现结"制单。

(4)应收款管理系统审核应收单据并制单

①在应收款管理系统中,执行"应收单据处理/应收单据审核"命令,打开"应收单查询条件"对话框,选中"包含已现结发票"复选框,如图 4—27 所示。单击"确定"按钮。

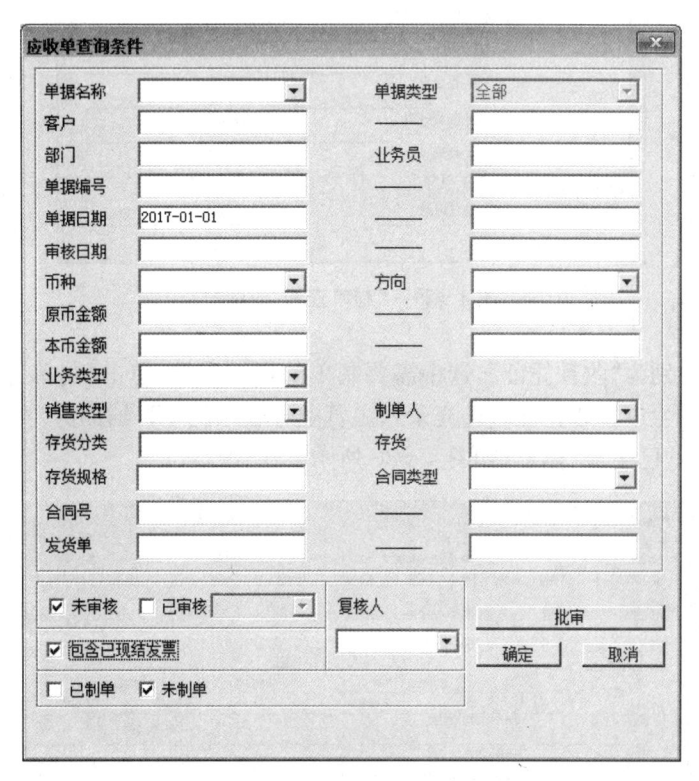

图 4—27 "应收单查询条件"对话框

②系统筛选出符合条件的应收单据,选择需要审核的应收单据,如图 4—28 所示。

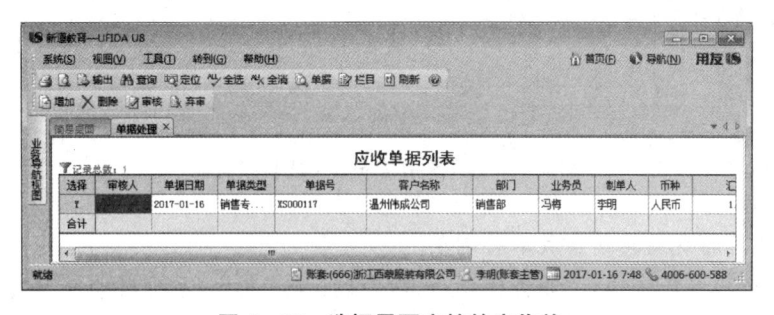

图 4—28 选择需要审核的应收单

③单击"审核"按钮,系统完成审核并给出审核报告。单击"确定"按钮。

④执行"制单处理"命令,系统自动打开"制单查询"对话框。选中"现结制单"复选框,如图 4—29 所示。单击"确定"按钮。

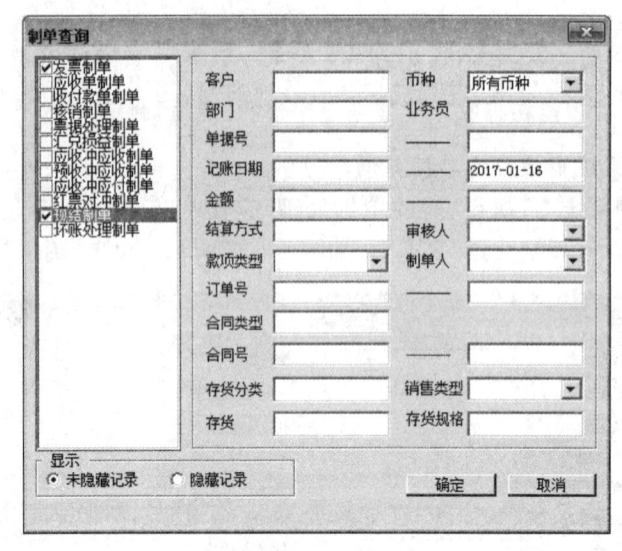

图4—29 "制单查询"对话框

⑤选择凭证类别为"收款凭证",选中需要制单的现结单据,单击"制单"按钮,系统根据所选择的应收单自动生成转账凭证。补充录入主营业务收入的项目辅助为"女式衬衣",单击"保存"按钮,系统显示"已生成"标志,如图4—30所示。

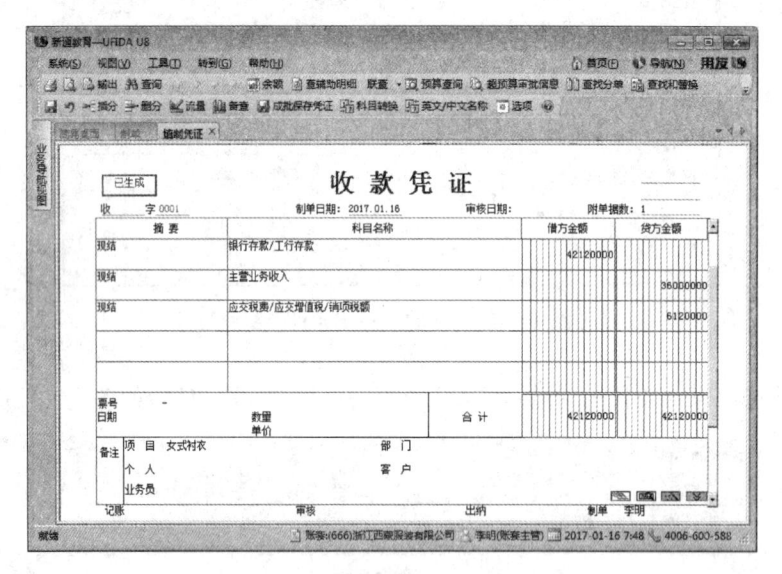

图4—30 根据销售发票生成转账凭证

(5)存货核算系统结转销售成本并制单

①在存货核算系统中执行"业务核算/正常单据记账"命令,系统自动弹出"查询条件选择"对话框,设置过滤条件,单击"确定"按钮。

②系统显示符合条件的单据。选择需要记账的单据,如图4—31所示。单击"记账"按钮。系统提示记账成功,退出"正常单据记账"功能。

③执行"财务核算/生成凭证"命令,打开"生成凭证"窗口。单击"选择"按钮,打开生成凭证"查询条件"对话框。选择"销售专用发票"复选框(也可以按照默认,选择全部单据)。

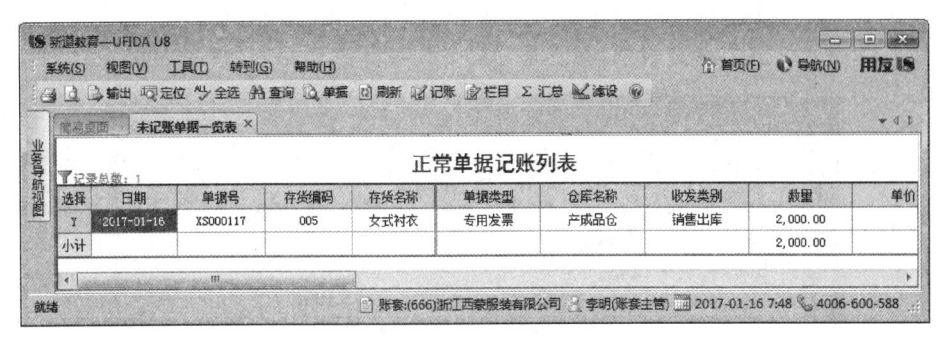

图 4—31　正常单据记账列表

④单击"确定"按钮,系统打开"未生成凭证单据一览表"窗口。选择需要生成凭证的单据,如图 4—32 所示。单击"确定"按钮。

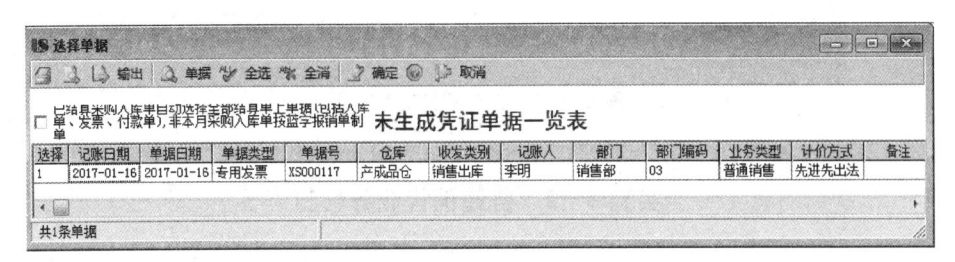

图 4—32　"未生成凭证单据一览表"窗口

⑤选择凭证类别中的"转账凭证",分别录入或者选择"存货"科目编码 1405,"对方"科目编码 6401,如图 4—33 所示。

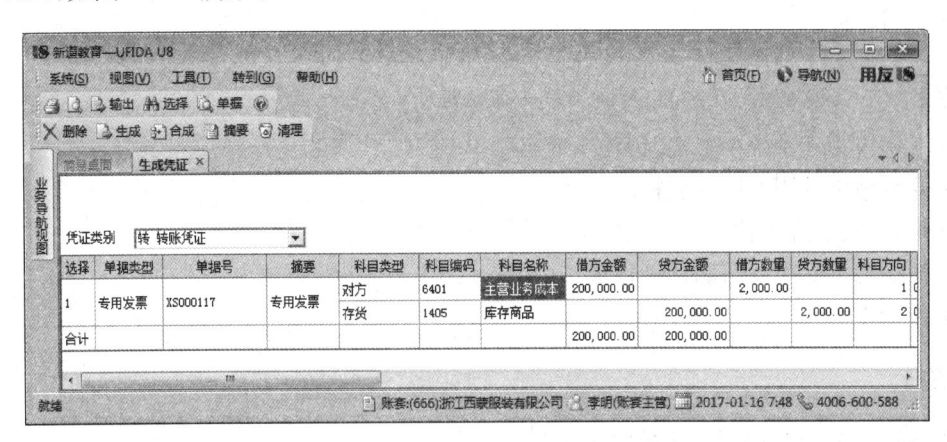

图 4—33　录入存货科目和对方科目

⑥单击"生成"按钮,生成一张转账凭证,补充录入主营业务成本和库存商品的项目辅助为"女式衬衣",单击"保存"按钮,系统显示"已生成"标志,如图 4—34 所示。

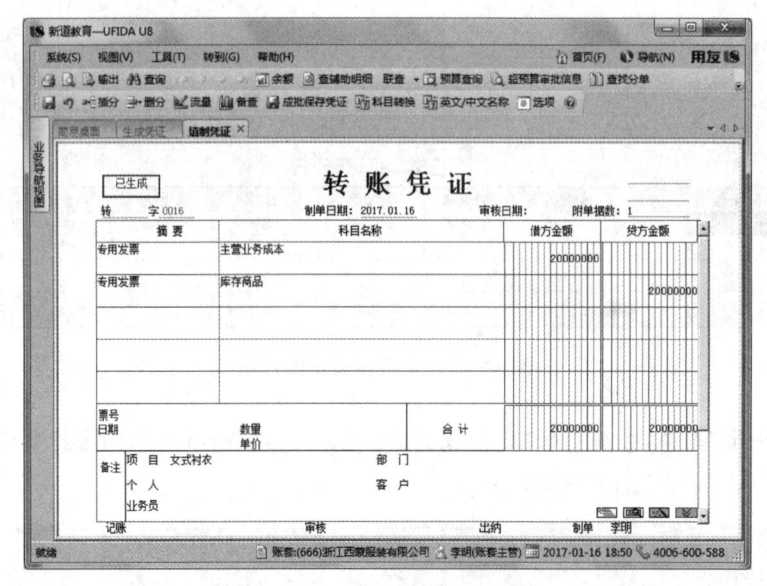

图 4—34 结转销售成本凭证

实验 4—2 普通销售业务（二）

实验准备

已经完成实验 4—1 的操作，或者引入实验 4—1 账套备份数据。将系统日期修改为 2017 年 1 月 31 日，以"001 操作员"（口令为 001）的身份，以业务发生日期登录"666 账套"的企业应用平台。

实验要求

- 在销售管理系统中取消"销售生成出库单"选项
- 开具销售专用发票并复核
- 确认、收取应收款项
- 根据销售专用发票确认销售成本（存货采用先进先出法核算）
- 备份账套

实验资料

业务一：开票直接发货、分批出库业务

（1）1 月 18 日，向 VIP 客户金华隆兴公司销售 2 000 件男式衬衣，不含税单价为 200 元/件，开具销售专用发票一张，票号 XS001118，对方要求分批提货。

（2）1 月 18 日，客户根据发货单从产成品仓库领出 1 000 件男式衬衣。

（3）1 月 19 日，客户根据发货单从产成品仓库领出 1 000 件男式衬衣。

（4）1 月 19 日，销售部将销售发票交给财务部，财务部结转此业务的收入及成本。

业务二：汇总开票、代垫费用

（1）1 月 19 日，向 VIP 客户金华天兴公司销售 500 件男式衬衣，不含税单价为 200 元/件，货物从产成品仓库发出(发货单号 FH0119)。

(2)1月19日,根据上述发货单以及2016年12月27日发货单(发货单号 FH4321)开具专用发票一张(XS002119)。在销售商品过程中发生了一笔代垫运费500元,以现金支付。

(3)1月19日,销售部将销售发票交给财务部,财务部结转此业务的收入及成本。

实验指导

1. 业务一的处理

业务一是开票直接发货的销售业务,开票直接发货或者先开票后发货的销售业务,可以直接开具发票,系统根据发票自动生成发货单,并根据发货单参照生成或者自动生成销售出库单。由于需要分批出库,在销售管理系统中取消"销售生成出库单"选项。

(1)在销售管理系统中设置相关选项

①在销售管理系统中,执行"设置/销售选项"命令,进入"选项"窗口。

②在"业务控制"选项卡中,取消"销售生成出库单"复选框中的"√"标志,如图4—35所示。单击"确定"按钮返回。

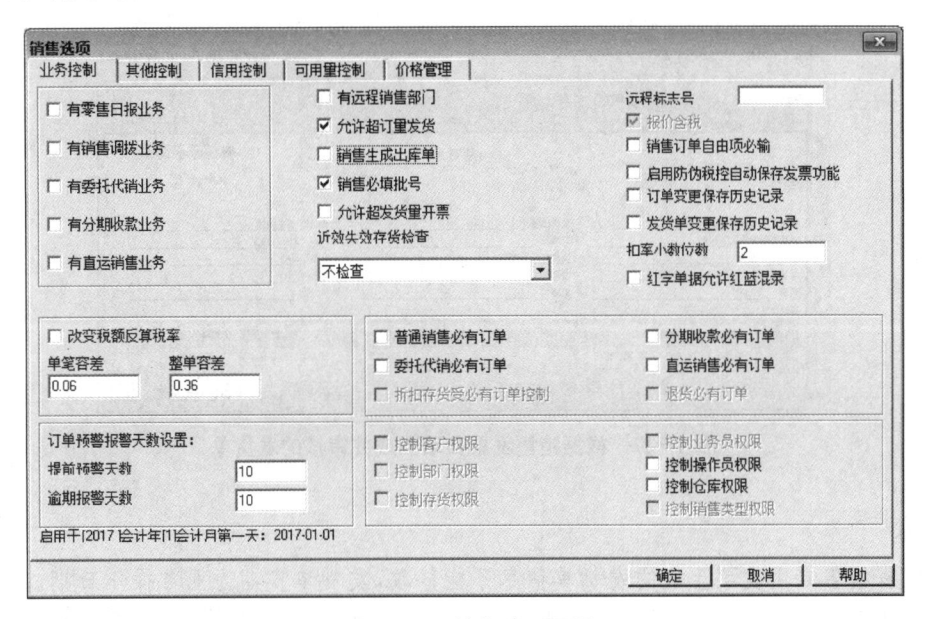

图4—35 销售选项设置

📒 **注意**

● 修改该选项的前提是原操作模式下的单据(发货单、发票)必须全部审核。

(2)填制并复核销售专用发票

①在销售管理系统中,执行"销售开票/销售专用发票"命令,打开"销售专用发票"窗口。

②单击"增加"按钮,按实验要求输入销售专用发票的内容,确认后单击"保存"按钮,确认并保存发票信息,如图4—36所示。

③单击"复核"按钮,再单击"退出"按钮,返回主菜单。

(3)查询销售发货单

①在销售管理系统中,执行"销售发货/发货单"命令,进入"发货单"窗口。

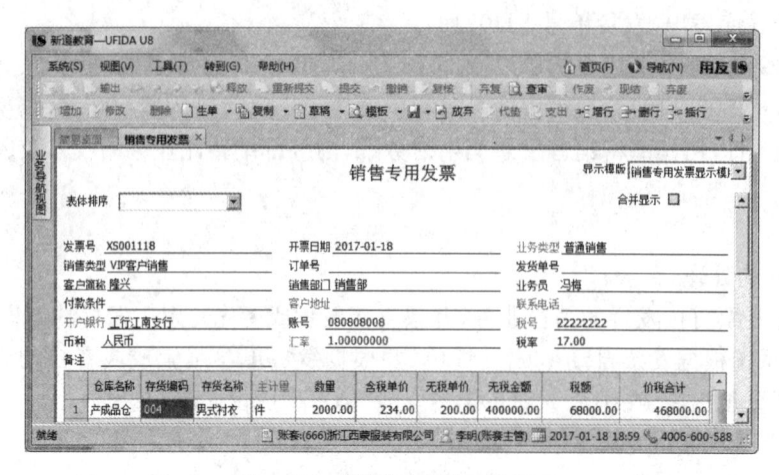

图4—36 "销售专用发票"窗口

②查看到根据销售专用发票自动生成并审核的发货单,如图4—37所示。

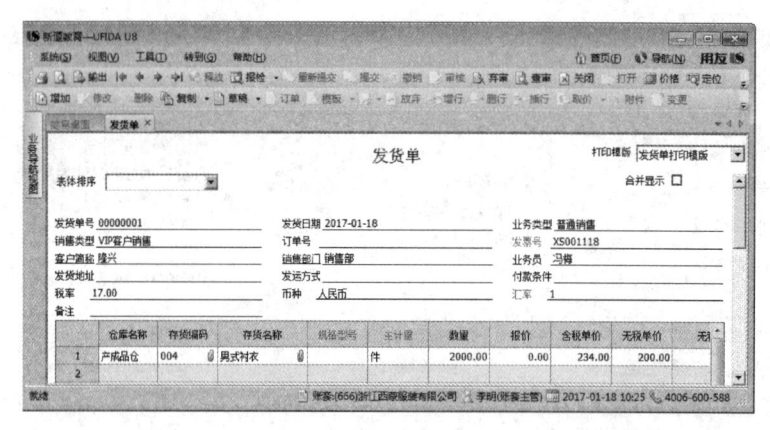

图4—37 根据销售发票自动生成并审核的发货单

📖 **注意**

- 根据销售专用发票生成的发货单信息不能修改,发货单日期为业务操作日期。
- 如果需要与发票日期相同,则注册进入企业应用平台的日期应该与发票日期相同。

(4)参照发货单生成销售出库单

①在库存管理系统中,执行"出库业务/销售出库单"命令,进入"销售出库单"窗口。

②单击"生单"按钮,选择"销售生单(批量)",打开"销售发货单列表"对话框。单击"确定"按钮,选择要参照的发货单,窗口下方显示发货单表体内容。移动水平滚动条,在记录行末修改"本次出库数量"1 000,如图4—38所示。

③单击"OK确定"按钮,系统弹出"生单成功"信息提示对话框,单击"是"按钮,生成销售出库单,如图4—39所示。

④单击"审核"按钮,系统提示"该单据审核成功!"信息提示对话框,单击"确定"按钮返回。

⑤同理,以2017年1月19日注册企业应用平台,在库存管理系统中,填制并审核1月19日第二张销售出库单,出库数量1 000,如图4—40所示。

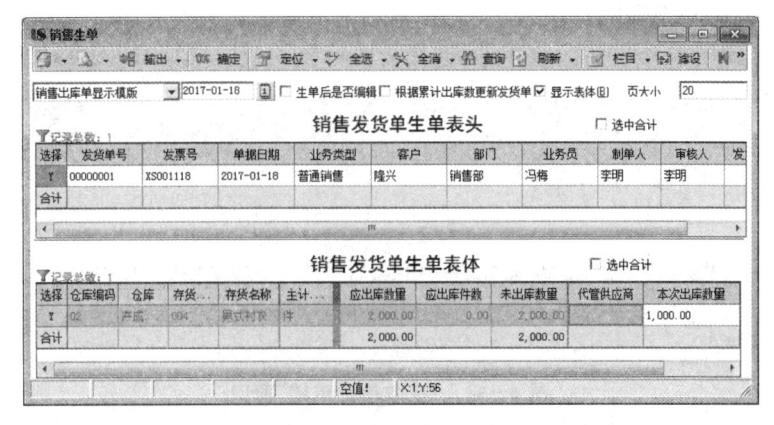

图4-38 参照发货单窗口

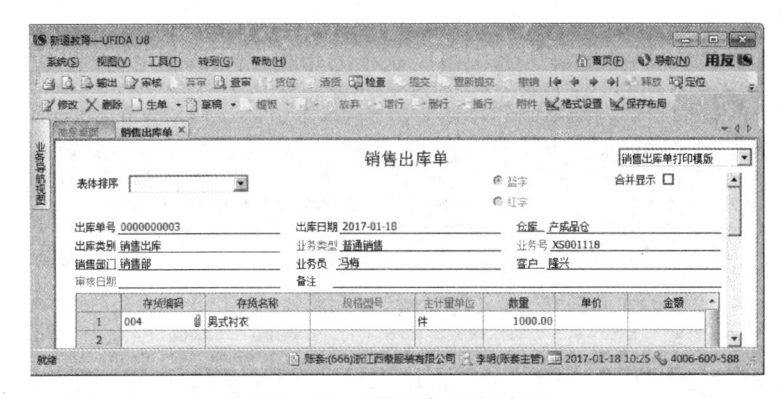

图4-39 "销售出库单"窗口

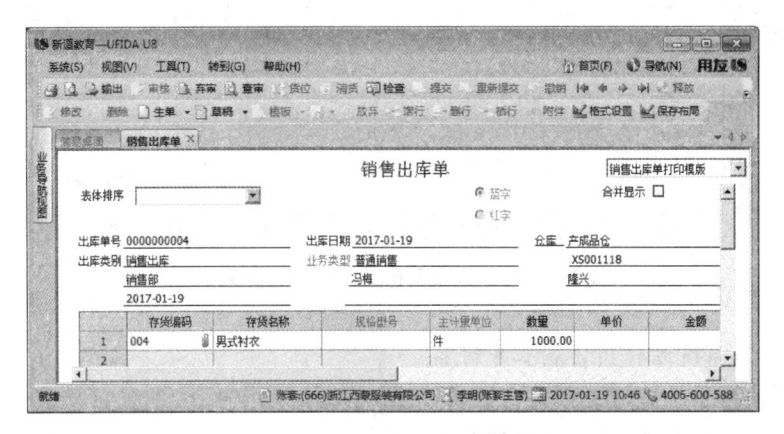

图4-40 生成的第二张销售出库单

注意

- 根据发货单生成销售出库单时,可以修改出库数量,即可以办理分批出库业务。

(5)应收款管理系统审核应收单据并制单

①在应收款管理系统中,执行"应收单据处理/应收单据审核"命令,打开"应收单查询条

件"对话框,单击"确定"按钮。

②系统筛选出符合条件的应收单据,选择需要审核的应收单据,如图4—41所示。

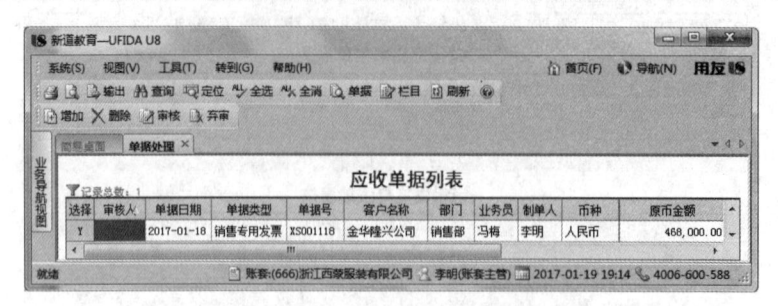

图4—41 "应收单据审核"窗口

③执行"制单处理"命令,系统自动打开"制单查询"对话框。选中"应收单制单"复选框,单击"确定"按钮。

④选择凭证类别为"转账凭证",选中需要制单的单据,单击"制单"按钮,系统根据所选择的应收单自动生成转账凭证,生成的凭证如图4—42所示。

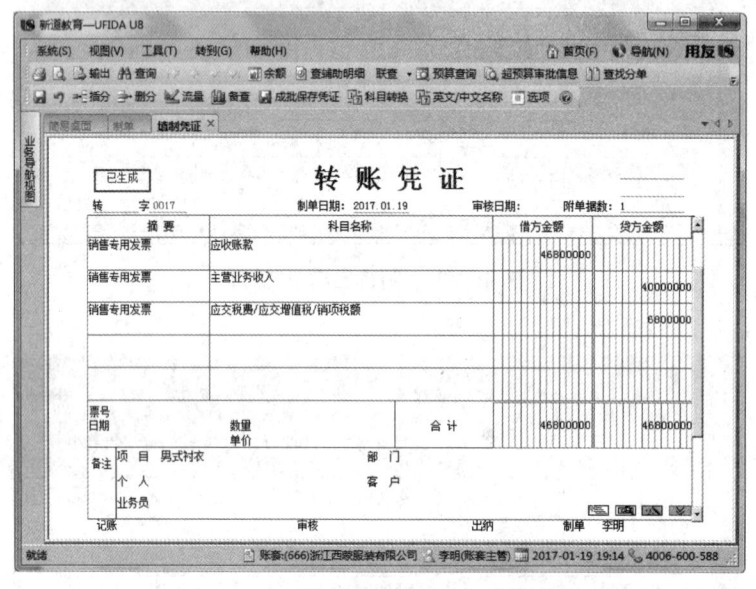

图4—42 根据销售发票生成转账凭证

(6)存货核算系统结转销售成本并制单

①在存货核算系统中,执行"业务核算/正常单据记账"命令,系统自动弹出"查询条件选择"对话框,设置过滤条件,单击"确定"按钮。

②系统显示符合条件的单据。选择需要记账的单据,单击"记账"按钮。

③执行"财务核算/生成凭证"命令,打开"生成凭证"窗口。单击"选择"按钮,打开生成凭证"查询条件"对话框。选择"(26)销售专用发票"复选框。

④单击"确定"按钮,系统打开"未生成凭证单据一览表"窗口。选择需要生成凭证的单据,单击"确定"按钮。

⑤选择凭证类别中的"转账凭证",分别录入或者选择"存货"科目编码1405,"对方"科目

编码6401。

⑥单击"生成"按钮,生成一张转账凭证,补充录入主营业务成本和库存商品的项目辅助为"男式衬衣",单击"保存"按钮,系统显示"已生成"标志,如图4-43所示。

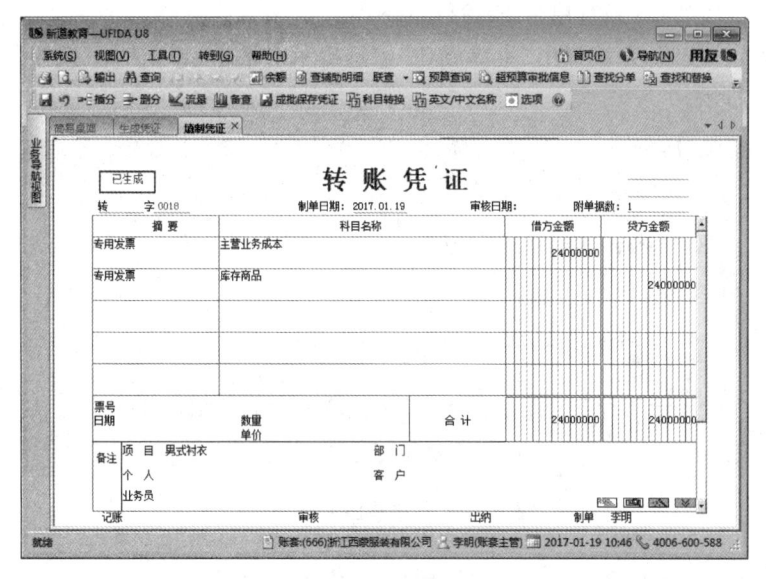

图4-43 结转销售成本凭证

2. 业务二的处理

本笔业务是先发货后开票的销售业务,需要处理发货单、出库单、销售发票等单据。销售发票参照发货单生成,多张发货单可以汇总开票,一张发货单也可拆单生成多张销售发票。

(1)填制并审核发货单

①在"销售管理系统"中,执行"销售发货/发货单"命令,打开"发货单"窗口。

②单击"增加"按钮,输入发货单号FH0119,发货日期为2017年1月19日,业务类型为"普通销售",销售类型为"VIP客户销售",客户简称为"天兴",表体中的仓库名称为"产成品仓",存货为"男式衬衣",数量500件,无税单价200元/件,如图4-44所示。

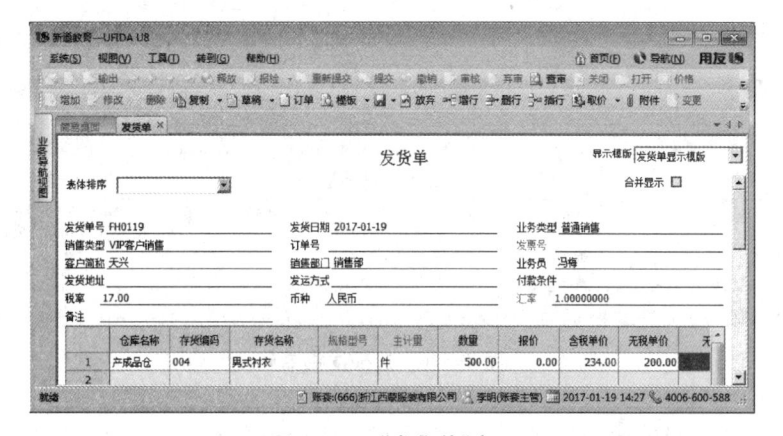

图4-44 "发货单"窗口

③单击"保存"按钮,再单击"审核"按钮,保存并审核发货单后退出。

(2)参照发货单生成销售出库单

①在库存管理系统中,执行"出库业务/销售出库单"命令,进入"销售出库单"窗口。

②单击"生单"按钮,选择"销售生单(批量)",打开"选择发货单"对话框。单击"确定"按钮,选择要参照的发货单(发货单号 FH0119)。

③单击"确定"按钮,系统弹出"生单成功"信息提示对话框,单击"是"按钮,生成销售出库单,如图 4-45 所示。

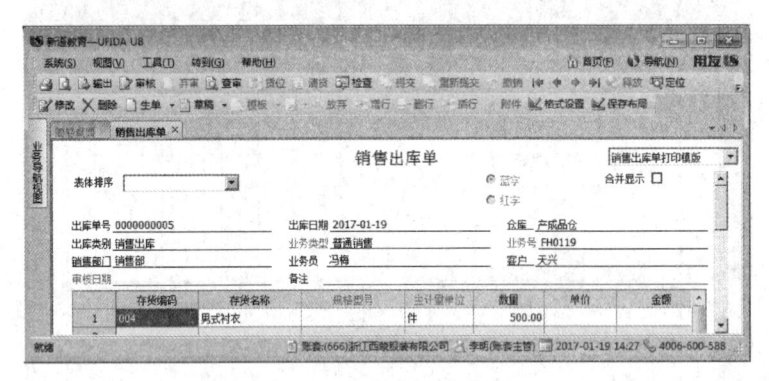

图 4-45 "销售出库单"窗口

④单击"审核"按钮,系统提示"该单据审核成功!"信息提示对话框,单击"确定"按钮返回。

(3)参照发货单生成并复核销售专用发票

①在销售管理系统中,执行"销售开票/销售专用发票"命令,打开"销售专用发票"窗口。

②单击"增加"按钮,再单击"生单"按钮,选择"参照发货单",系统弹出"查询条件选择——发票参照发货单"对话框,单击"确定"按钮,系统根据过滤条件显示符合条件的全部单据。

③选择要参照的两张发货单(发货单号 FH4321、FH0119),如图 4-46 所示,单击"OK确定"按钮。

图 4-46 选择发货单

④系统根据所选择的发货单和存货自动生成一张销售专用发票。输入发票号 XS002119,确认后单击"保存"按钮,确认并保存发票信息,如图 4-47 所示。

⑤单击"复核"按钮,再单击退出按钮,返回主菜单。

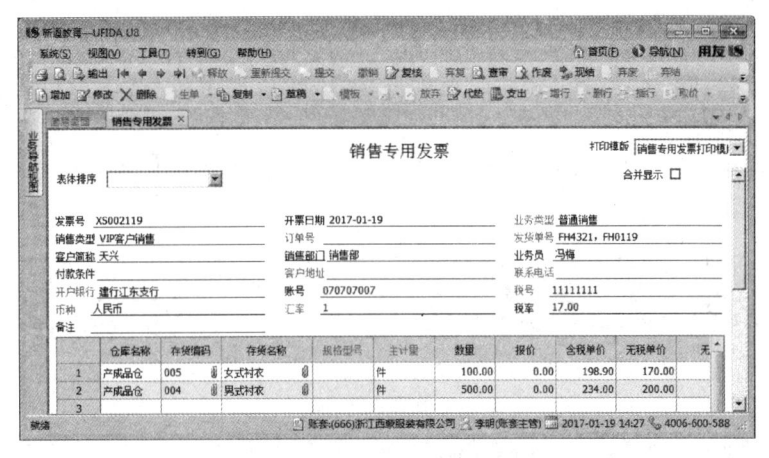

图4-47 "销售专用发票"窗口

（4）填制并审核代垫费用单

①在销售管理系统中，执行"代垫费用/代垫费用单"命令，进入"代垫费用单"窗口。

②单击"增加"按钮，输入代垫日期"2017-01-19"，客户"天兴"，销售部门"销售部"，费用项目"运输费"，代垫金额500，如图4-48所示。

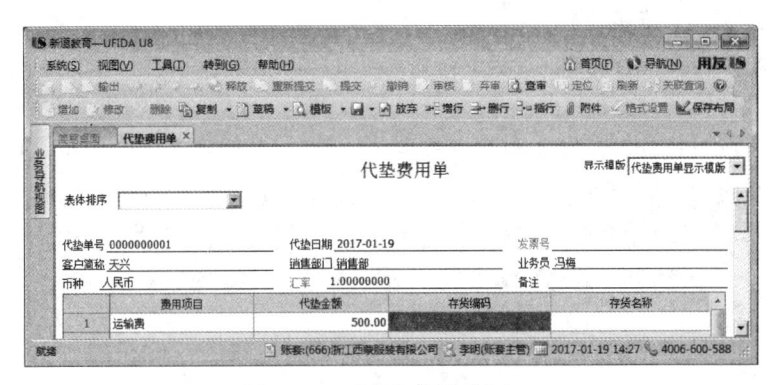

图4-48 "代垫费用单"窗口

③保存并审核，再单击退出按钮，返回主菜单。

📖 **注意**

● 代垫费用单可以在销售管理系统的专用发票窗口中，生成销售专用发票保存后，单击"代垫"按钮，调出"代垫费用单"窗口，输入"代垫费用单"。

● 代垫费用单也可以通过执行"代垫费用/代垫费用单"命令进行输入。

● 代垫费用单保存后自动生成其他应收单并传递至应收款管理系统。

● 销售管理系统只能记录代垫费用，但不能对代垫费用制单。其凭证需要在应收款管理系统审核代垫费用单后，才能制单。

● 由企业负担的销售费用通过销售费用支出单处理。销售费用支出单在销售管理系统中仅作为销售费用的统计单据，与其他产品没有传递或关联关系。

● 销售费用支出单可以通过在发票界面直接单击"支出"按钮，在销售费用支出窗口输入支付的各项费用；也可以在销售系统中通过执行"销售支出/销售支出单"命令输入费用支出信息。

(5)应收款管理系统审核应收单据并制单

①在应收款管理系统中,执行"应收单据处理/应收单据审核"命令,打开"应收单查询条件"对话框,单击"确定"按钮。

②系统筛选出符合条件的应收单据,如图4—49所示,选择需要审核的发票和应收单,单击"审核"按钮。

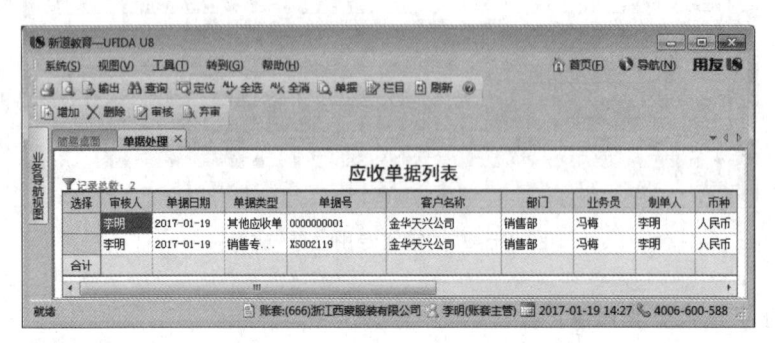

图4—49 "应收单据列表"窗口

③执行"制单处理"命令,系统自动打开"制单查询"对话框。选中"发票制单"和"应收单制单"复选框,单击"确定"按钮。

④选择凭证类别为"转账凭证",选中需要制单的单据,单击"制单"按钮,系统根据所选择的销售发票生成的凭证,将主营业务收入科目拆成两行,一行项目辅助为"男式衬衣"(金额100 000元),一行项目辅助为"女士衬衣"(金额17 000元),如图4—50所示。

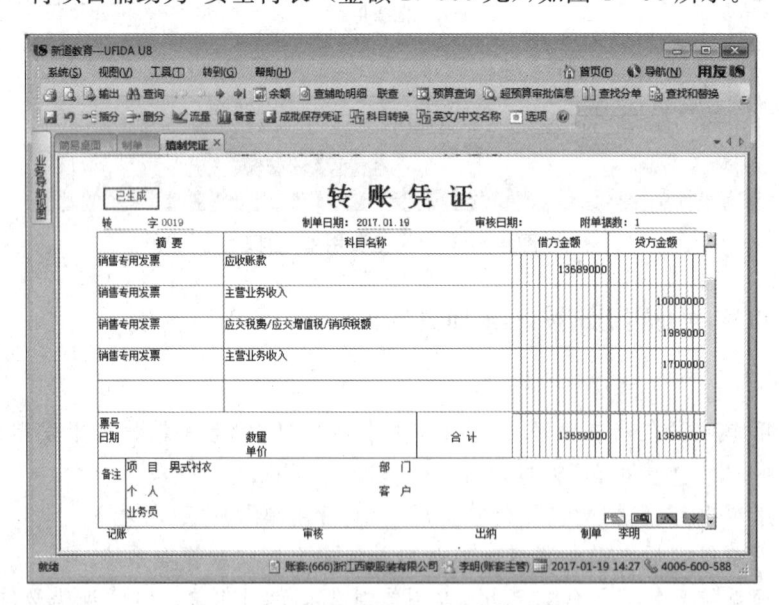

图4—50 根据销售发票生成转账凭证

⑤单击"保存"按钮。

⑥同理,根据其他应收单生成记账凭证,凭证类型为"付款凭证",贷方科目为"库存现金",如图4—51所示。

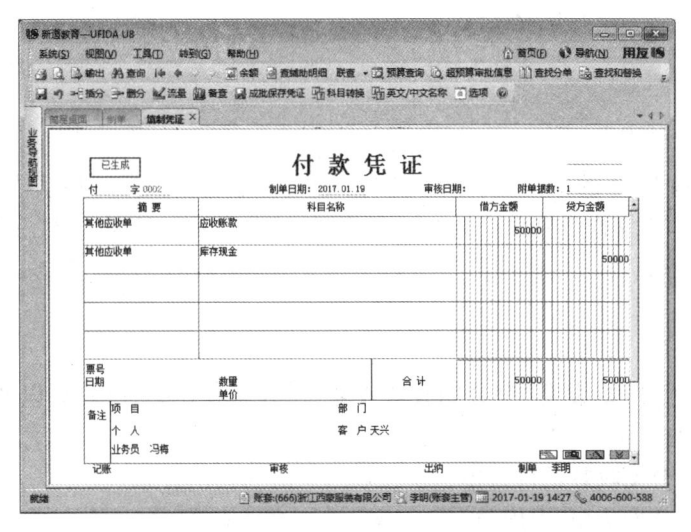

图4—51　根据其他应收单生成付款凭证

(6)存货核算系统结转销售成本并制单

①在存货核算系统中,执行"业务核算/正常单据记账"命令,系统自动弹出"查询条件选择"对话框,设置过滤条件,单击"确定"按钮。

②系统显示符合条件的单据。选择需要记账的单据(单据号为XS002119),单击"记账"按钮。

③执行"财务核算/生成凭证"命令,打开"生成凭证"窗口。单击"选择"按钮,打开生成凭证"查询条件"对话框。选择"(26)销售专用发票"复选框。

④单击"确定"按钮,系统打开"未生成凭证单据一览表"窗口。选择需要生成凭证的单据(单据号为XS002119),单击"确定"按钮。

⑤选择凭证类别中的"转账凭证",分别录入或者选择"存货"科目编码1405,"对方"科目编码6401。

⑥单击"生成"按钮,生成一张转账凭证,补充录入主营业务成本和库存商品的项目辅助为"男式衬衣"和"女式衬衣",单击"保存"按钮,系统显示"已生成"标志,如图4—52所示。

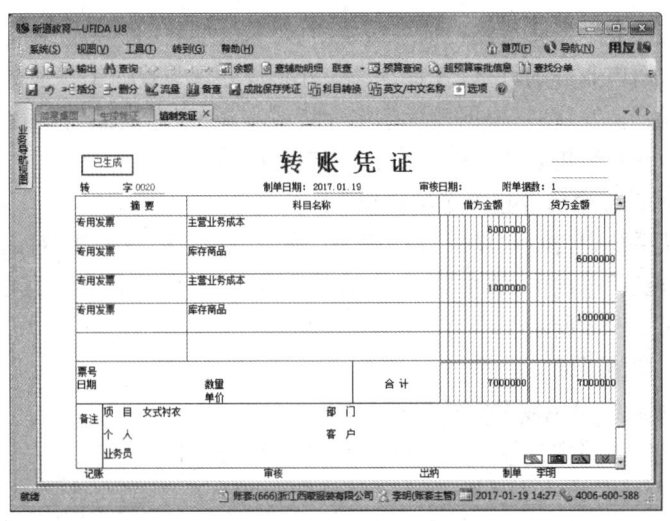

图4—52　结转销售成本凭证(60 000为男式衬衣成本,10 000为女式衬衣成本)

实验 4—3 分期收款业务

实验准备

已经完成实验 4—2 的操作,或者引入实验 4—2 账套备份数据。将系统日期修改为 2017 年 1 月 31 日,以"001 操作员"(口令为 001)的身份,以业务发生日期登录"666 账套"的企业应用平台。

实验要求

- 在销售管理系统中设置"有分期收款业务"、"分期收款必有订单"以及"销售生成出库单"选项
- 填制并审核分期收款销售订单
- 生成分期收款发货单、出库单
- 开具分期收款发票
- 确认收入和应收账款,并结转销售成本
- 备份账套

实验资料

(1)1 月 20 日,VIP 客户金华天兴公司向本公司订购男式衬衣 3 000 件,经双方协商,无税单价为 200 元,客户以分期付款形式购买该商品,分三次付款,本公司据此开具相应的销售发票。

(2)1 月 20 日,货物从产成品仓库发出(发货单号 FH02120)。

(3)1 月 20 日,第一次开具的专用发票为数量 1 000 件,无税单价 200 元,票号 XS002120。

(4)1 月 20 日,业务部门将该业务所涉及的发货单及销售发票交给财务部门,财务部门据此结转收入及成本。

实验指导

分期收款销售业务是指将货物提前一次发给客户,分期收回货款。其特点是一次发货,分期收款。分期收款销售业务的订货、发货、出库、开票等处理与普通销售业务相同,只是业务类型应选择"分期收款"。发货时,根据发货单将存货成本从"库存商品"科目结转至"发出商品"科目;分期收款时,开具销售发票,确认收入结转销售成本。

1. 在销售管理系统中修改相关选项设置

①在销售管理系统中,执行"设置/销售选项"命令,打开"销售选项"对话框。

②打开"业务控制"选项卡,选中"有分期收款业务"、"分期收款必有订单"及"销售生成出库单"复选框,如图 4—53 所示。

③单击"确定"按钮返回。

2. 在销售管理系统中填制并审核销售订单

①执行"销售订货/销售订单"命令,打开"销售订单"窗口。

②单击"增加"按钮,输入表头信息。订单日期为"2017-01-20",业务类型为"分期收款",销售类型为"VIP 销售",客户简称为"天兴",税率为 17%(填 17)。表体中的存货为"男式衬

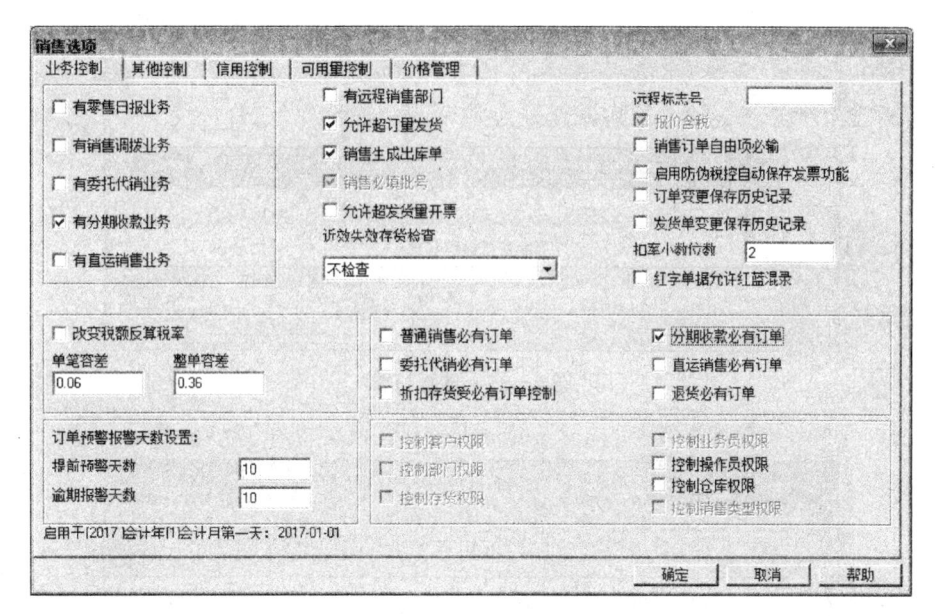

图 4—53 销售选项设置

衣",数量 3 000 件,无税单价 200 元/件,如图 4—54 所示。

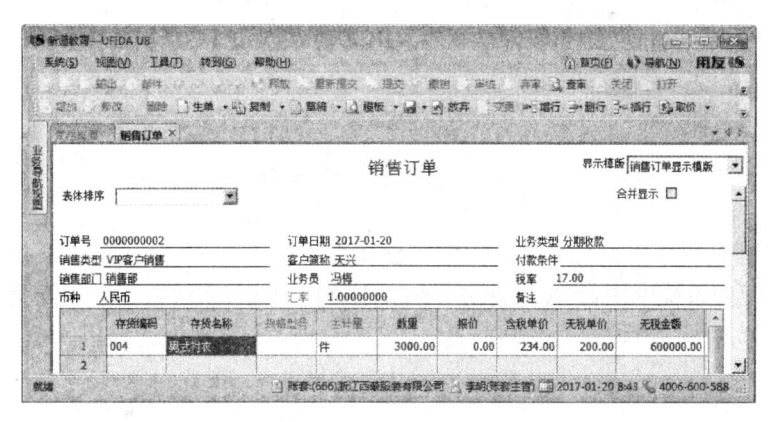

图 4—54 "销售订单"窗口

③信息确认后单击"保存"按钮。再单击"审核"按钮,保存并审核销售订单后退出。

3. 在销售管理系统中参照销售订单生成并审核发货单

①执行"销售发货/发货单"命令,打开"发货单"窗口。

②单击"增加"按钮,发货单表头项目中的业务类型改为"分期收款",再单击"订单"按钮,系统显示"查询条件选择——参照订单"对话框,可以输入相应的过滤条件,点"确定"按钮。

③在"参照生单"窗口中,系统显示符合条件的销售订单。双击出现 Y 选中销售订单和存货,如图 4—55 所示。

④单击"OK 确定"按钮,系统自动参照销售订单生成发货单,输入发货单号 FH02120,发货日期为 2017 年 1 月 20 日,输入发货仓库为"产成品仓",如图 4—56 所示。

⑤单击"保存"按钮,再单击"审核"按钮。

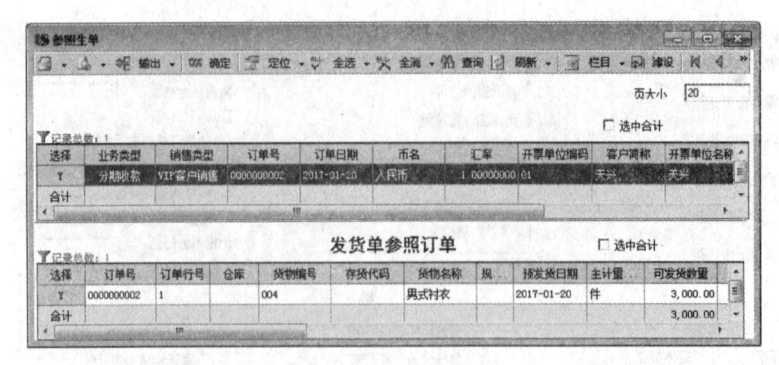

图 4-55 选择订单

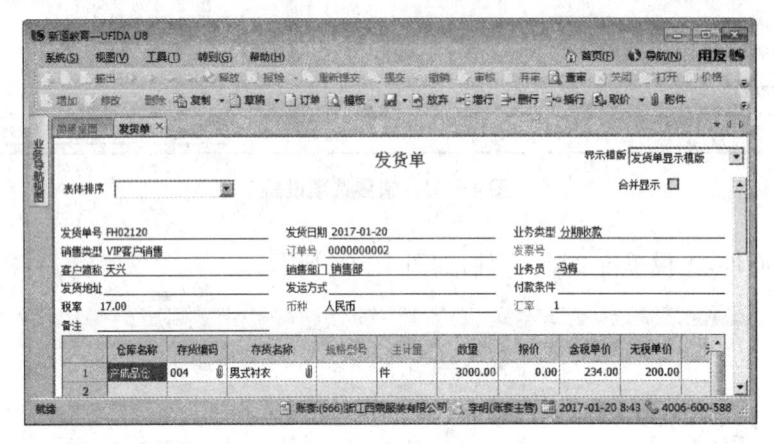

图 4-56 "发货单"窗口

4. 库存管理系统中审核自动生成的销售出库单

① 在库存管理系统中执行"出库业务/销售出库单"命令,系统根据销售发货单自动生成了销售出库单。单击"末张"按钮(快捷键 Alt+PageDown)定位到该销售出库单,如图 4-57 所示。

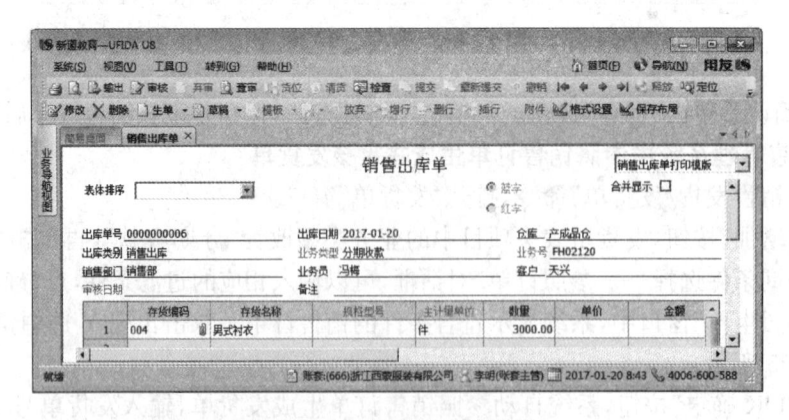

图 4-57 "销售出库单"窗口

② 单击"审核"按钮,完成销售出库单的审核后退出。

5. 在存货核算系统中执行发出商品记账并生成出库凭证

①在存货核算系统中，执行"业务核算/发出商品记账"命令，打开"发出商品核算查询条件"对话框。

②选择仓库"产成品仓"，单据类型"发货单"，业务类型"分期收款"，单击"确定"按钮，进入"未记账单据一览表"窗口，如图 4-58 所示。

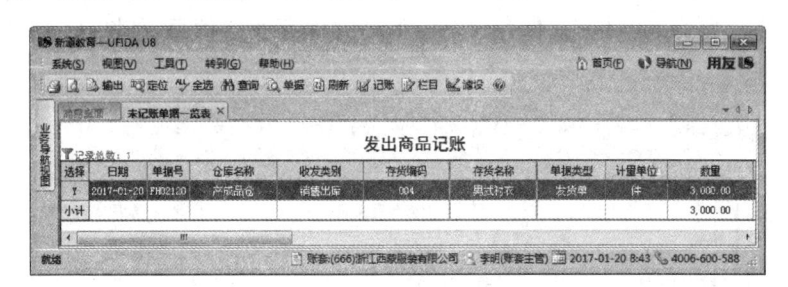

图 4-58 "发出商品记账"窗口

③选择要记账的单据，单击"记账"按钮后退出。

④执行"财务核算/生成凭证"命令，进入"生成凭证"窗口。单击"选择"按钮，打开"查询条件"对话框。

⑤在单据列表中，只选择"(05)分期收款发出商品发货单"选项，单击"确定"按钮，进入"未生成凭证单据一览表"窗口。

⑥选择要生成凭证的发货单，单击"确定"按钮，进入"生成凭证"窗口。分别录入或者选择"存货"科目编码 1405，"发出商品"科目编码 1406，单击"生成"按钮，生成出库凭证如图 4-59 所示。

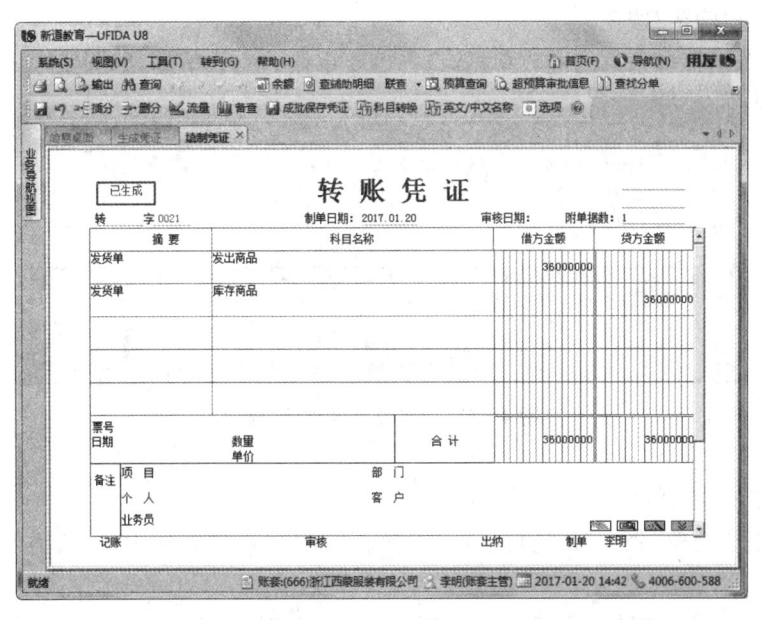

图 4-59 结转销售成本凭证（库存商品科目项目辅助为"男式衬衣"）

6. 参照发货单生成并复核销售发票

①在销售管理系统中，执行"销售开票/销售专用发票"命令，打开"销售专用发票"窗口。

②单击"增加"按钮,销售专用发票表头中的业务类型改为"分期收款",再单击"生单"按钮,选择"参照发货单",系统弹出"查询条件选择——发票参照发货单"对话框,单击"确定"按钮,系统根据过滤条件显示符合条件的全部单据。

③选择要参照的发货单(发货单号 FH02120)。单击"OK 确定"按钮。

④系统根据所选择的发货单和存货自动生成一张销售专用发票。输入发票号 XS002120,修改表体中的数量为 1 000,单击"保存"按钮,确认并保存发票信息,如图 4-60 所示。

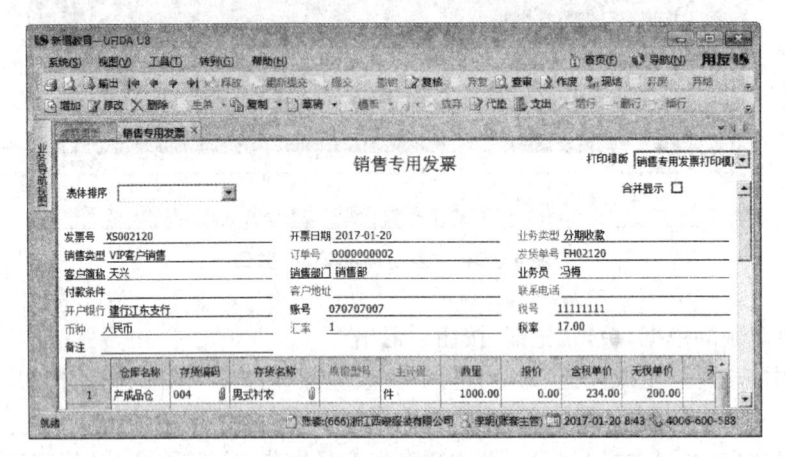

图 4-60 "销售专用发票"窗口

⑤单击"复核"按钮,再单击"退出"按钮,返回主菜单。

7. 应收款管理系统审核应收单据并制单

①在应收款管理系统中,执行"应收单据处理/应收单据审核"命令,打开"应收单查询条件"对话框,单击"确定"按钮。

②系统筛选出符合条件的应收单据,选择需要审核的应收单据,如图 4-61 所示。

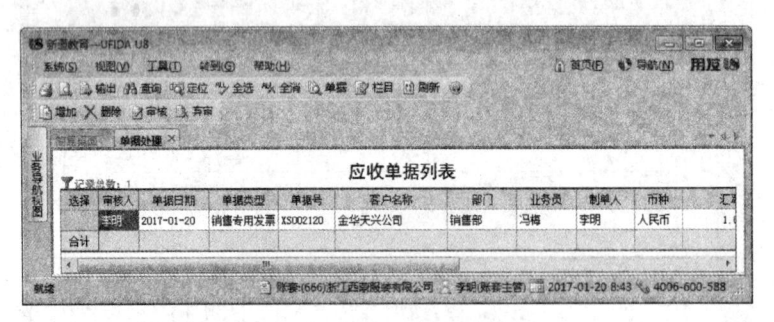

图 4-61 "应收单据审核"窗口

③单击"审核"按钮。

④执行"制单处理"命令,系统自动打开"制单查询"对话框。选中"发票制单"复选框,单击"确定"按钮。

⑤选择凭证类别为"转账凭证",选中需要制单的单据,单击"制单"按钮,系统根据所选择的应收单自动生成转账凭证,生成的凭证如图 4-62 所示。

8. 存货核算系统结转销售成本并制单

①在存货核算系统中,执行"业务核算/发出商品记账"命令,系统自动弹出"查询条件选

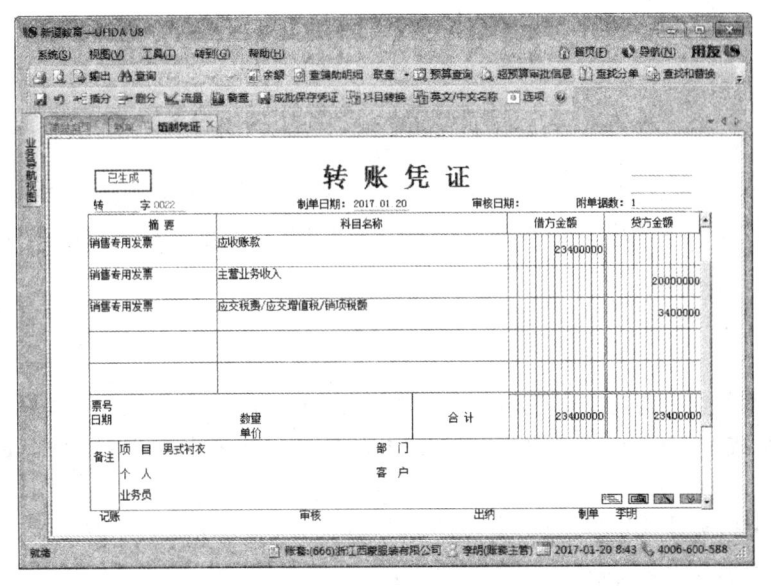

图4—62　根据销售发票生成转账凭证(主营业务收入科目的项目辅助为"男式衬衣")

择"对话框,设置过滤条件(单据类型选择销售发票),单击"确定"按钮。

②系统显示符合条件的单据。选择需要记账的单据(XS002120),单击"记账"按钮。

③执行"财务核算/生成凭证"命令,打开"生成凭证"窗口。单击"选择"按钮,打开生成凭证"查询条件"对话框。只选择"(26)分期收款发出商品销售专用发票"复选框。

④单击"确定"按钮,系统打开"未生成凭证单据一览表"窗口。选择需要生成凭证的单据,单击"确定"按钮。

⑤选择凭证类别中的"转账凭证",分别录入或者选择"存货"科目编码1406,"对方"科目编码6401。

⑥单击"生成"按钮,生成一张转账凭证,补充录入主营业务成本和库存商品的项目辅助为"男式衬衣",单击"保存"按钮,系统显示"已生成"标志,如图4—63所示。

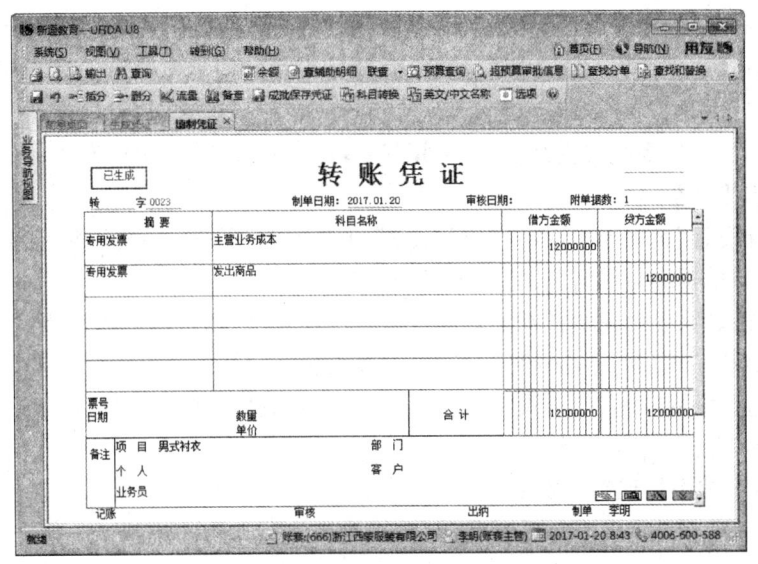

图4—63　结转销售成本凭证(主营业务成本科目项目辅助为"男式衬衣")

实验 4—4　委托代销业务

实验准备

已经完成实验 4—3 的操作，或者引入实验 4—3 账套备份数据。将系统日期修改为 2017 年 1 月 31 日，以"001 操作员"（口令为 001）的身份，以业务发生日期登录"666 账套"的企业应用平台。

实验要求

- 设置销售系统的委托发货单和结算单的单据编号设置为"完全手工编号"，存货核算系统中"委托代销成本核算方式"设置为"按发出商品核算"，在销售管理系统中设置"有委托代销业务"
- 填制并审核委托代销发货单，审核销售出库单
- 委托代销结算处理，复核生成的销售发票
- 确认收入和应收账款，并结转销售成本
- 备份账套

实验资料

（1）1 月 20 日，销售部委托普通客户绍兴大远公司代为销售 2 000 件男式衬衣，无税单价为 200 元/件，货物从成品仓库发出（发货单号 FH02122）。

（2）1 月 22 日，收到大远公司的委托代销清单（JS002122）一张，结算男式衬衣 500 件，结算价为 200 元。立即开具销售专用发票给大远公司。

（3）1 月 22 日，业务部门将该业务所涉及的发货单及销售发票交给财务部门，财务部门据此结转收入及成本。

实验指导

委托代销业务，指企业将商品委托他人进行销售但商品所有权仍归本企业的销售方式，委托代销商品销售后，受托方与企业进行结算，并开具正式的销售发票，形成销售收入，商品所有权转移。发货时，根据发货单将存货成本从"库存商品"科目结转至"发出商品"科目；收到受托方的代销清单时，填制委托代销结算单，委托代销结算单自动生成销售发票。

1. 调整选项设置

①在"基础设置"选项卡中，执行"单所设置/单据编号"设置，调整销售系统的委托发货单和委托结算单的单据编号设置为"完全手工编号"。

②在存货核算系统中，执行"初始设置/选项/选项录入"命令，将"委托代销成本核算方式"设置为"按发出商品核算"，单击"确定"按钮，保存设置。

③在销售管理系统中，执行"设置/销售选项"命令，在"业务控制"选项卡中，选择"有委托代销业务"选项，单击"确定"按钮。

2. 填制并审核委托代销发货单

①在销售管理系统中，执行"委托代销/委托代销发货单"命令，进入"委托代销发货单"窗口。

②单击"增加"按钮,输入委托代销发货单内容,如图4-64所示。

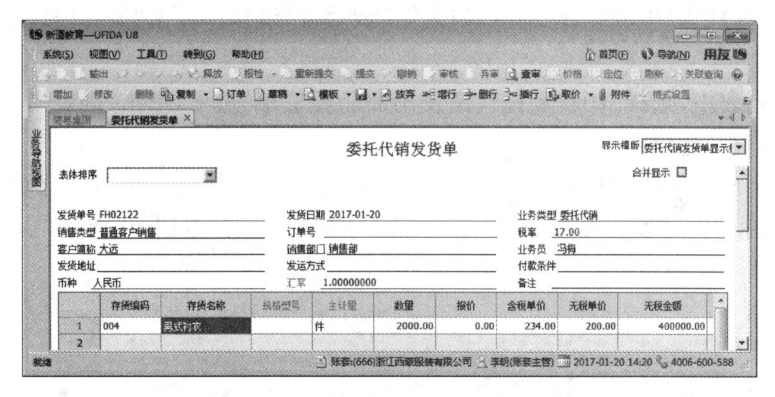

图4-64 "委托代销发货单"窗口

③单击"保存"按钮,再单击"审核"按钮,保存并审核发货单后退出。

3. 库存管理系统中审核自动生成的销售出库单

①在库存管理系统中执行"出库业务/销售出库单"命令,单击"末张"按钮(快捷键Alt+PageDown),定位到生成的销售出库单,如图4-65所示。

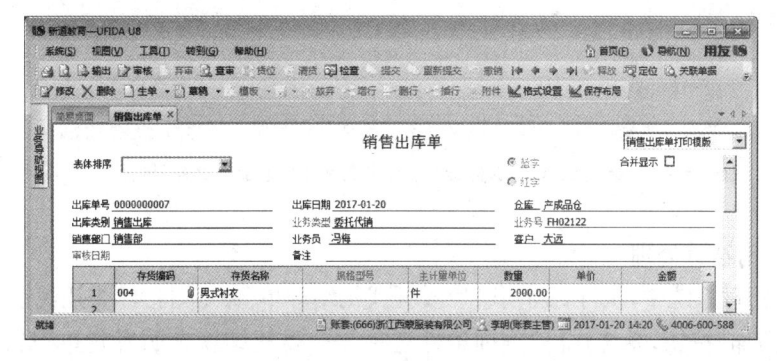

图4-65 "销售出库单"窗口

②单击"审核"按钮,完成销售出库单的审核后退出。

4. 在存货核算系统中执行发出商品记账并生成出库凭证

①在存货核算系统中,执行"业务核算/发出商品记账"命令,打开"查询条件选择"对话框。

②选择仓库"产成品仓",单据类型"发货单",选择业务类型"委托代销",单击"确定"按钮,进入"未记账单据一览表"窗口,如图4-66所示。

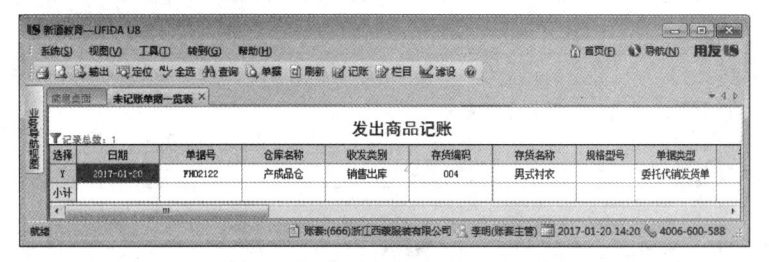

图4-66 "发出商品记账"窗口

③选择要记账的单据,单击"记账"按钮后退出。

④执行"财务核算/生成凭证"命令,进入"生成凭证"窗口。单击"选择"按钮,打开"查询条件"对话框。

⑤在单据列表中,选择"(06)委托代销发出商品发货单"选项,单击"确定"按钮,进入"未生成凭证单据一览表"窗口。

⑥选择要生成凭证的发货单,单击"确定"按钮,进入"生成凭证"窗口。分别录入或者选择"存货"科目编码1405,"发出商品"科目编码1406,单击"生成"按钮,再单击"保存"按钮,生成出库凭证如图4-67所示。

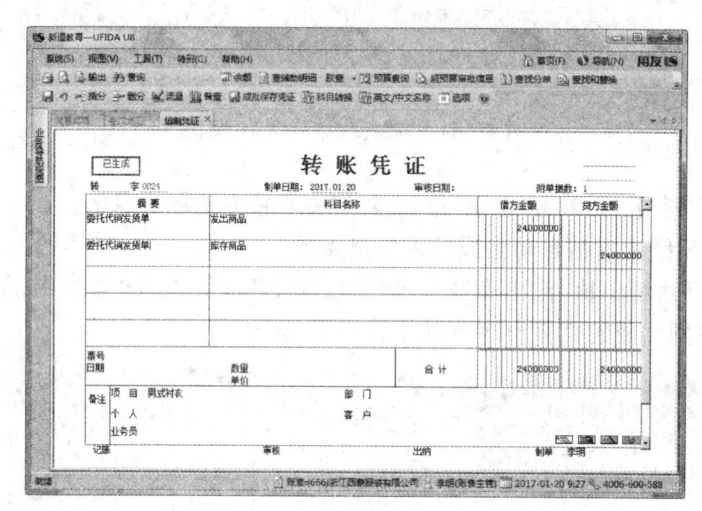

图4-67 结转销售成本凭证(库存商品科目项目辅助为"男式衬衣")

5. 委托代销结算处理

①在销售管理系统中,执行"委托代销/委托代销结算单"命令,打开"委托代销结算单"窗口。

②单击"增加"按钮,系统弹出"查询条件选择——委托结算参照发货单"对话框,单击"确定"按钮,系统根据过滤条件显示符合条件的全部单据。

③选择要参照的发货单(发货单号FH02122)。单击"OK确定"按钮。

④系统根据所选择的发货单和存货自动生成一张委托代销结算单。输入结算单号JS002122,修改表体中的数量为500,单击"保存"按钮,确认并保存委托代销结算单信息,如图4-68所示。

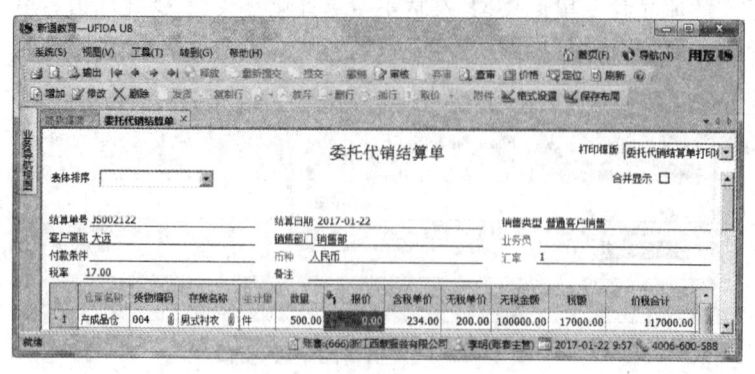

图4-68 "委托代销结算单"窗口

⑤单击"审核"按钮,选择审核生成的发票类型为"专用发票",单击"确定"按钮,系统自动生成了一张销售专用发票。再单击退出按钮,返回主菜单。

⑥执行"销售开票/销售专用发票"命令,打开"销售专用发票"窗口。单击"末张"按钮(快捷键 Alt+PageDown)定位到生成的销售专用发票,如图4-69所示。

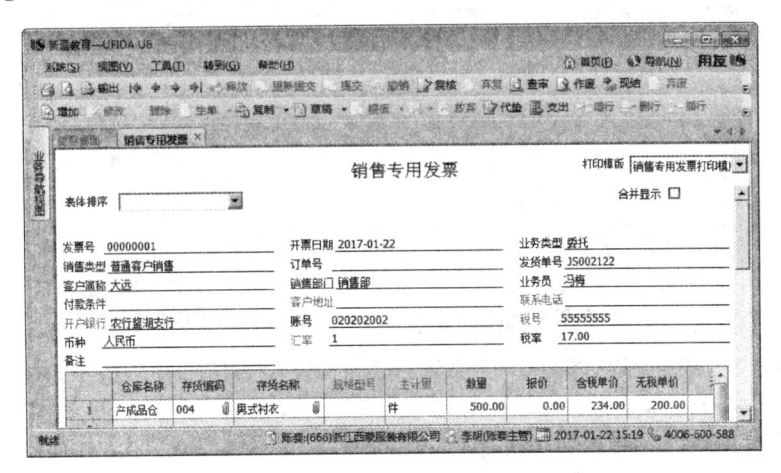

图4-69 "销售专用发票"窗口

⑦单击"复核"按钮,再单击"退出"按钮,返回主菜单。

> **注意**
> ● 委托代销结算单审核后,由系统自动生成相应的销售发票,系统不允许修改发票编号。
> ● 系统可根据委托代销结算单生成"普通发票"或"专用发票"两种发票类型。

6. 应收款管理系统审核应收单据并制单

①在应收款管理系统中,执行"应收单据处理/应收单据审核"命令,打开"应收单查询条件"对话框,单击"确定"按钮。

②系统筛选出符合条件的应收单据,选择需要审核的应收单据,如图4-70所示。

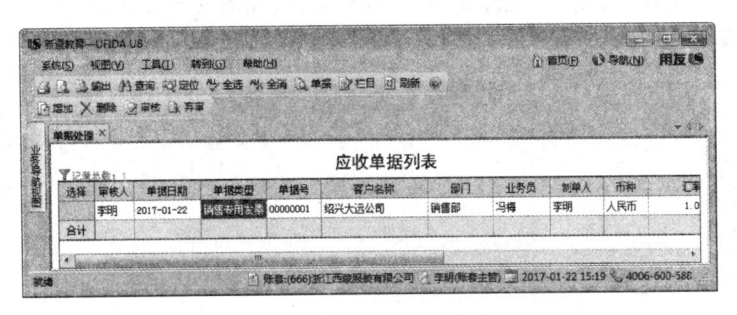

图4-70 "应收单据审核"窗口

③单击"审核"按钮。

④执行"制单处理"命令,系统自动打开"制单查询"对话框。选中"发票制单"复选框,单击"确定"按钮。

⑤选择凭证类别为"转账凭证",选中需要制单的单据,单击"制单"按钮,系统根据所选择的应收单自动生成转账凭证,生成的凭证如图4-71所示。

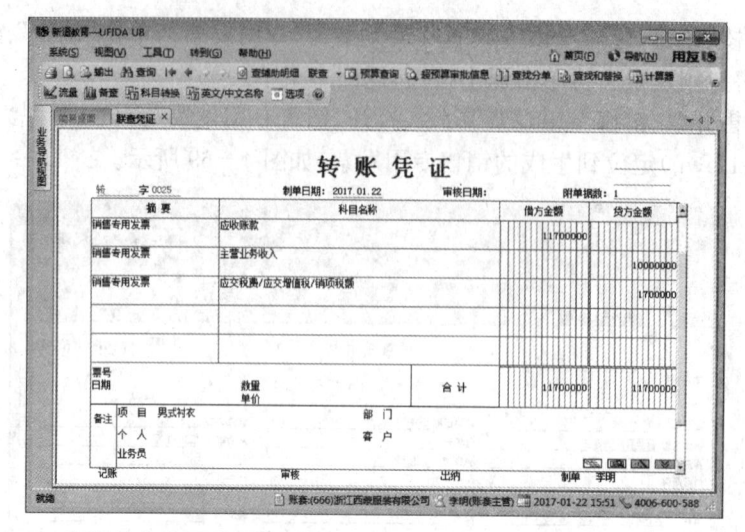

图4-71 根据销售发票生成转账凭证（主营业务收入科目项目辅助为"男式衬衣"）

7. 存货核算系统结转销售成本并制单

①在存货核算系统中，执行"业务核算/发出商品记账"命令，系统自动弹出"查询条件选择"对话框，设置过滤条件，单击"确定"按钮。

②系统显示符合条件的单据。选择需要记账的单据，单击"记账"按钮。

③执行"财务核算/生成凭证"命令，打开"生成凭证"窗口。单击"选择"按钮，打开生成凭证"查询条件"对话框。选择"(26)委托代销发出商品专用发票"复选框。

④单击"确定"按钮，系统打开"未生成凭证单据一览表"窗口，选择需要生成凭证的单据，单击"确定"按钮。

⑤选择凭证类别中的"转账凭证"，分别录入或者选择"存货"科目编码1405，"对方"科目编码6401。

⑥单击"生成"按钮，生成一张转账凭证，补充录入主营业务成本和库存商品的项目辅助为"男式衬衣"，单击"保存"按钮，系统显示"已生成"标志，如图4-72所示。

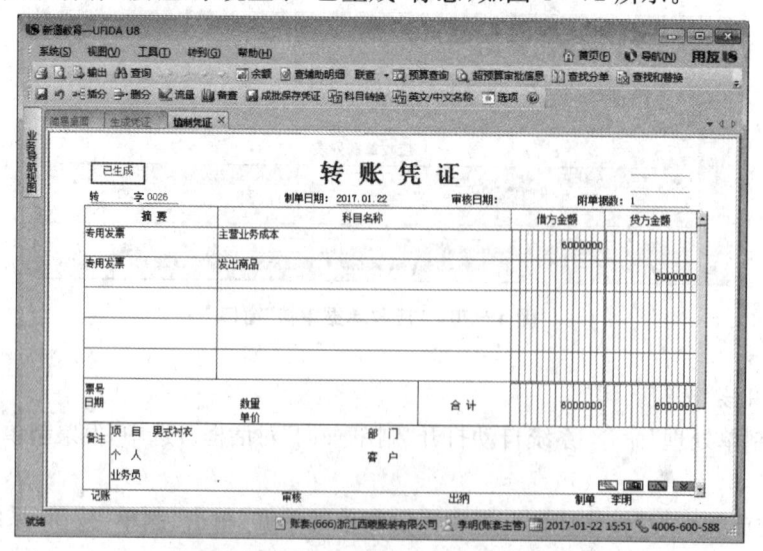

图4-72 结转销售成本凭证（主营业务成本科目项目辅助为"男式衬衣"）

实验 4—5　销售退货业务

实验准备

已经完成实验 4—4 的操作,或者引入实验 4—4 账套备份数据。将系统日期修改为 2017 年 1 月 31 日,以"001 操作员"(口令为 001)的身份,以业务发生日期登录"666 账套"的企业应用平台。

实验要求

- 掌握销售退货业务的一般流程
- 录入销售退货单
- 录入或生成红字销售发票
- 备份账套

实验资料

业务一:开票前退货业务

(1)1 月 22 日,销售部向普通客户温州伟成公司出售 1 000 件女士衬衣,无税单价为 180 元,从产成品仓库发出(发货单号 FH03123)。

(2)1 月 23 日,销售部售给温州伟成公司的女式衬衣因质量问题退回 500 件,无税单价为 180 元,收回产成品仓库(退货单号 TH03124)。

(3)1 月 23 日,开具相应的专用发票一张,数量为 500 件,票号 XS003122。

业务二:开票后退货业务

(1)1 月 23 日,1 月 16 日向宁波大海公司销售的 1 000 件男式衬衫中的 400 件因为质量问题遭受退回,入产成品仓库(退货单号 TH04123)。

(2)公司开具红字专用发票一张,票号 XS004213。

实验指导

1. 业务一的处理

销售退货是指客户,因质量、品种、数量不符合规定要求而将已购货物退回。销售退货业务分为开票前退货和开票后退货,不同阶段发生的退货业务其处理不完全相同。

本笔业务属于已经发货尚未开票的业务,首先需要填制并审核发货单,参照发货单生成或者自动生成销售出库单;退货后需要输入退货单,参照退货单生成或者自动生成红字销售出库单。开票时根据发货单和退货单生成销售专用发票,在应收款系统审核并制单,在存货核算系统执行正常单据记账并生成凭证。

(1)**在销售管理系统中填制并审核发货单**

①执行"销售发货/发货单"命令,打开"发货单"窗口。

②单击"增加"按钮,输入发货单相应内容,如图 4—73 所示。

③单击"保存"按钮,再单击"审核"按钮,保存并审核发货单后退出。

(2)**库存管理系统中审核自动生成的销售出库单**

①在库存管理系统中,执行"出库业务/销售出库单"命令,系统根据销售发货单自动生成了

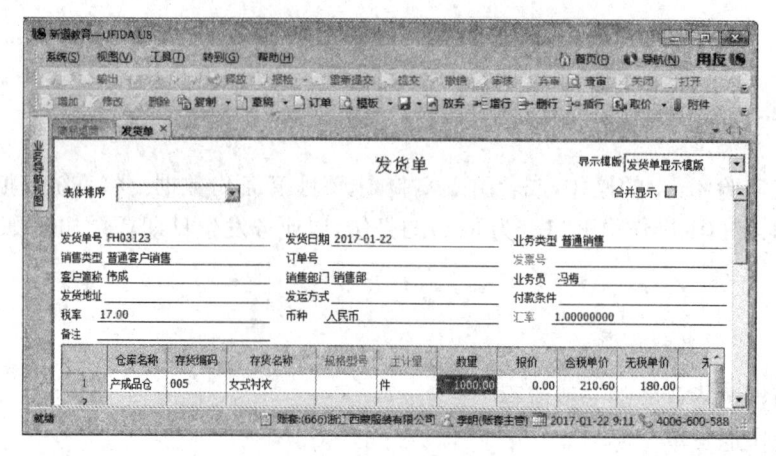

图 4-73 "发货单"窗口

销售出库单。单击"末张"按钮(快捷键 Alt+PageDown)定位到该销售出库单,如图 4-74 所示。

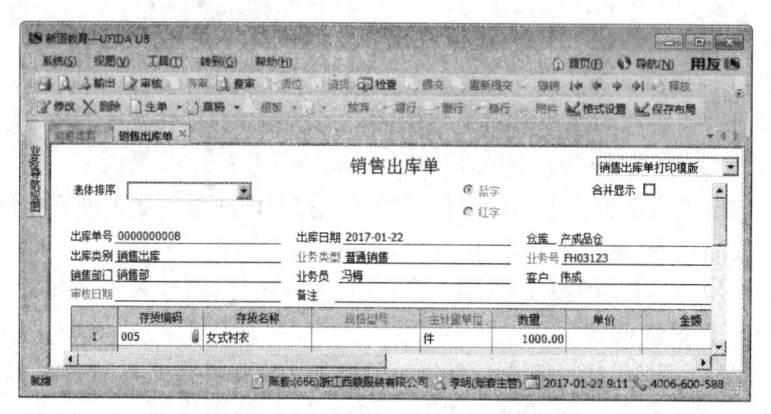

图 4-74 "销售出库单"窗口

②单击"审核"按钮,完成销售出库单的审核后退出。
(3)在销售管理系统中填制并审核退货单
①在销售管理系统中,执行"销售发货/退货单"命令,打开"退货单"窗口。
②单击"增加"按钮,再单击"生单"按钮,选择"参照发货单",系统弹出"查询条件选择——发票参照发货单"对话框,注意退货类型为"未开发票退货",单击"确定"按钮,系统根据过滤条件显示符合条件的全部单据。
③在显示的发货单记录中选择 FH03123 号发货单,单击"OK 确定"按钮。
④系统根据所选择的发货单和存货自动生成一张退货单。输入退货单号 TH03124,修改表体数量为-500,如图 4-75 所示。
⑤单击"保存"按钮,再单击"审核"按钮,保存并审核退货单后退出。
(4)库存管理系统中审核自动生成的红字销售出库单
①库存管理系统中,执行"出库业务/销售出库单"命令,系统根据销售退货单,自动生成了红字销售出库单。单击"末张"按钮(快捷键 Alt+PageDown)定位到该销售出库单,如图 4-76所示。
②单击"审核"按钮,完成红字销售出库单的审核后退出。

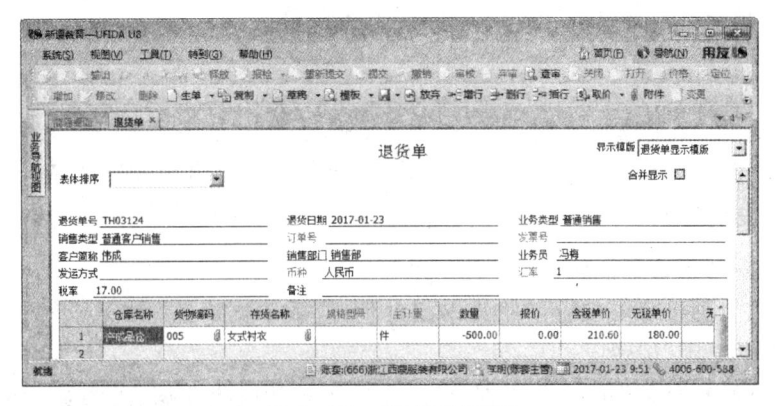

图4-75 "退货单"窗口

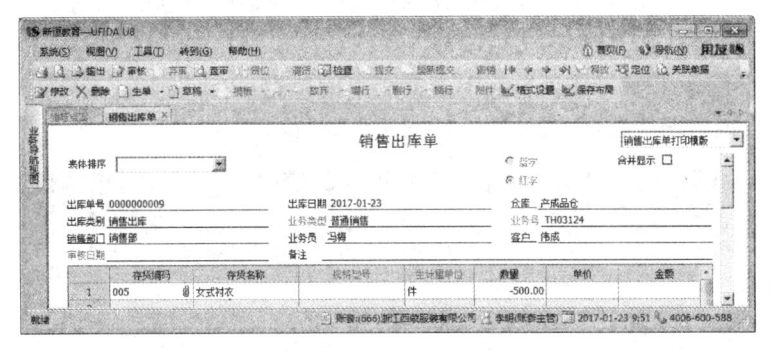

图4-76 "销售出库单"窗口

(5)填制并复核销售专用发票

①在销售管理系统中,执行"销售开票/销售专用发票"命令,打开"销售专用发票"窗口。

②单击"增加"按钮,再单击"生单"按钮,选择"参照发货单",系统弹出"查询条件选择——发票参照发货单"对话框,单击"确定"按钮,系统根据过滤条件显示符合条件的全部单据。

③在显示的发货单记录中选择FH03123发货单,注意未开票数量为500。单击"OK确定"按钮。

④系统根据所选择的发货单和存货自动生成一张销售专用发票。输入发票号XS003122,确认后单击"保存"按钮,确认并保存发票信息,如图4-77所示。

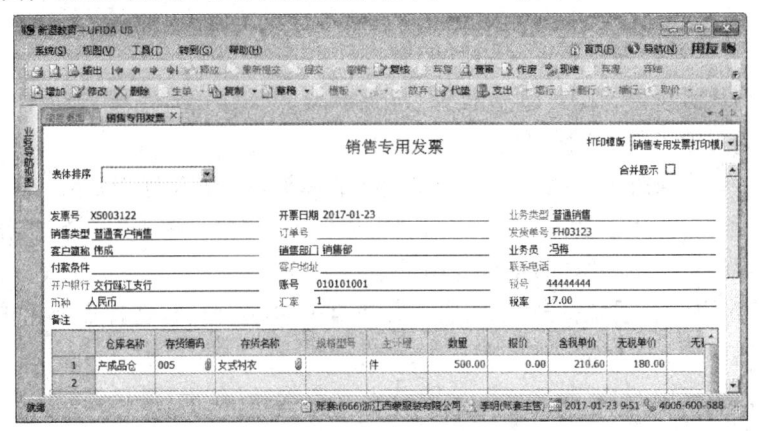

图4-77 "销售专用发票"窗口

⑤单击"复核"按钮,再单击"退出"按钮,返回主菜单。

> **注意**
>
> ● 参照发货单生成销售专用发票时,一般需要同时选中"蓝字记录"和"红字记录"复选框。如果生成退货单时已参照发货单,则"选择发货单"窗口中不再出现退货单,而参照的结果是发货单与退货单的数量差。

(6)应收款管理系统审核应收单据并制单

①在应收款管理系统中,执行"应收单据处理/应收单据审核"命令,打开"应收单查询条件"对话框,单击"确定"按钮。

②系统筛选出符合条件的应收单据,选择需要审核的应收单据(发票号 XS003122),单击"审核"按钮。

③执行"制单处理"命令,系统自动打开"制单查询"对话框。选中"发票制单"复选框,单击"确定"按钮。

④选择凭证类别为"转账凭证",选中需要制单的单据,单击"制单"按钮,系统根据所选择的应收单自动生成转账凭证,生成的凭证如图4-78所示。

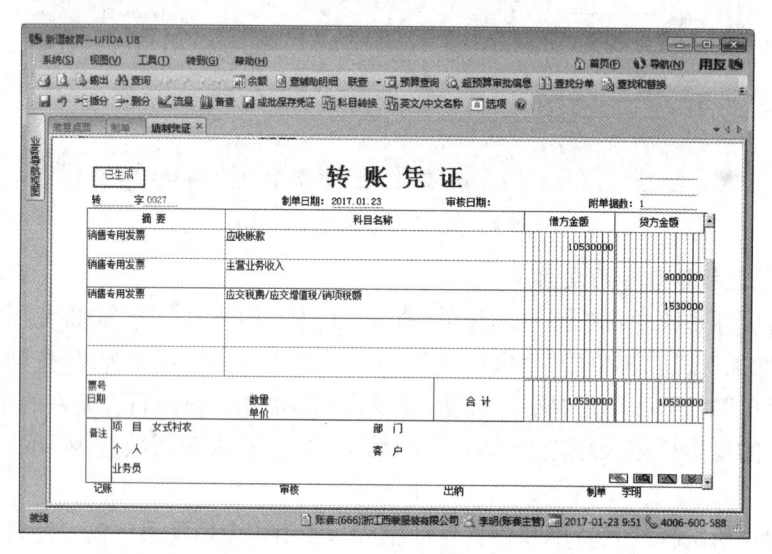

图4-78 根据销售发票生成转账凭证(主营业务收入科目的项目辅助为"女式衬衣")

(7)存货核算系统结转销售成本并制单

①在存货核算系统中,执行"业务核算/正常单据记账"命令,系统自动弹出"查询条件选择"对话框,设置过滤条件,单击"确定"按钮。

②系统显示符合条件的单据。选择需要记账的单据,单击"记账"按钮。

③执行"财务核算/生成凭证"命令,打开"生成凭证"窗口。单击"选择"按钮,打开生成凭证"查询条件"对话框。选择"(26)销售专用发票"复选框。

④单击"确定"按钮,系统打开"未生成凭证单据一览表"窗口,选择需要生成凭证的单据,单击"确定"按钮。

⑤选择凭证类别中的"转账凭证",分别录入或者选择"存货"科目编码1405,"对方"科目编码6401。

⑥单击"生成"按钮,生成一张转账凭证,补充录入主营业务成本和库存商品的项目辅助为"女式衬衣",单击"保存"按钮,系统显示"已生成"标志,如图4—79所示。

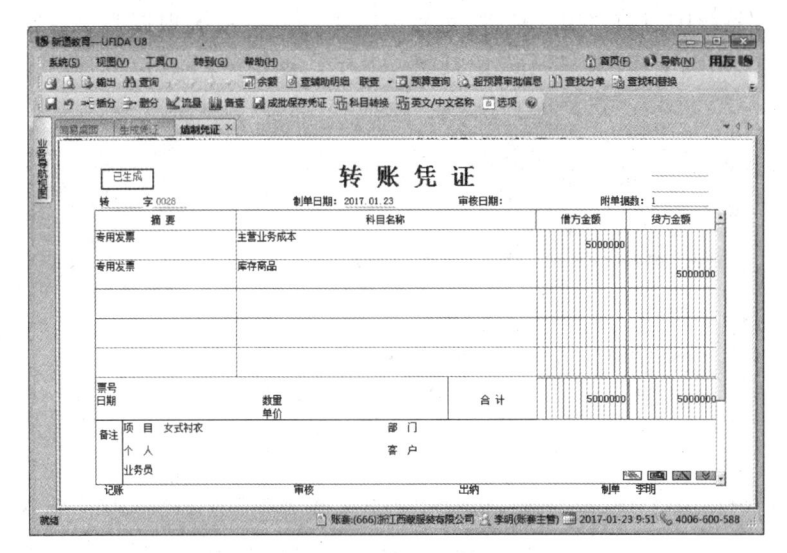

图4—79 结转销售成本凭证(主营业务成本和库存科目项目辅助均为"女式衬衣")

2. 业务二的处理

本笔业务属于开票后退货业务,需要填制并审核退货单,根据退货单生成红字专用发票、生成红字销售出库单,冲减收入和应收款,并冲销已经结转的销售成本。开票直接发货业务的退货可以按上述流程,也可以先填制并审核红字销售发票,审核后的红字销售发票自动生成相应的退货单、红字销售出库单以及红字应收账款,并传递到库存管理系统和应收款管理系统。

(1)在销售管理系统中填制并审核退货单

①在销售管理系统中,执行"销售发货/退货单"命令,打开"退货单"窗口。

②单击"增加"按钮,再单击"生单"按钮,选择"参照发货单",系统弹出"查询条件选择——发票参照发货单"对话框,注意退货类型为"已开发票退货",单击"确定"按钮,系统根据过滤条件显示符合条件的全部单据。

③在显示的发货单记录中选择FH0116号发货单,单击"OK确定"按钮。

④系统根据所选择的发货单和存货自动生成一张退货单。输入退货单号TH04123,修改表体数量为-400,如图4—80所示。

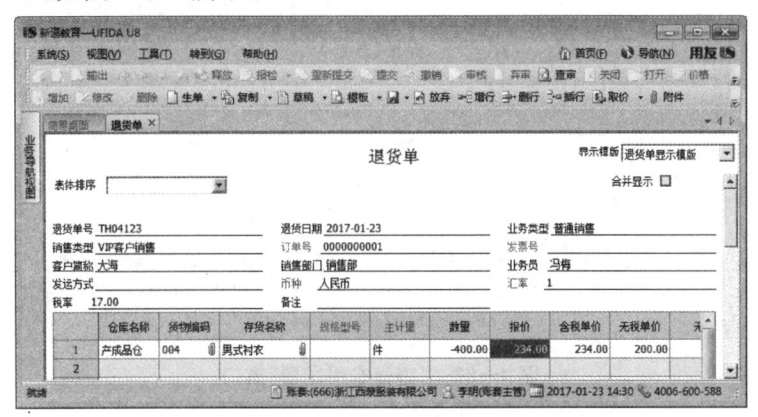

图4—80 "退货单"窗口

⑤单击"保存"按钮,再单击"审核"按钮,保存并审核退货单后退出。

(2)库存管理系统中审核自动生成的红字销售出库单

①库存管理系统中,执行"出库业务/销售出库单"命令,系统根据销售退货单自动生成了红字销售出库单。单击"末张"按钮(快捷键 Alt+PageDown)定位到该销售出库单,如图4-81所示。

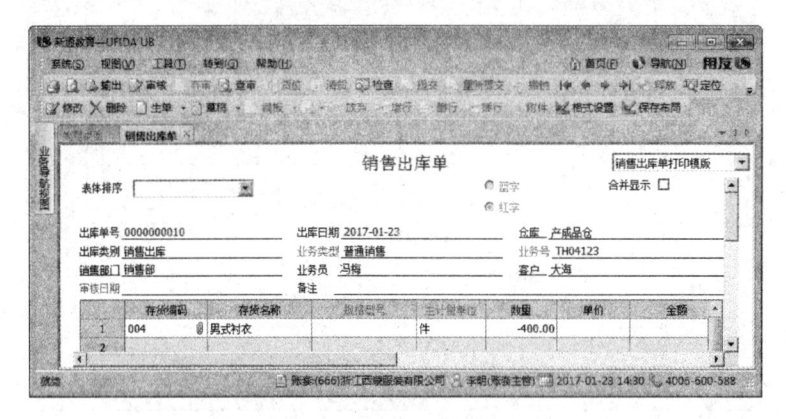

图 4-81 "销售出库单"窗口

②单击"审核"按钮,完成红字销售出库单的审核后退出。

(3)销售管理系统中参照退货单生成红字专用发票

①在销售管理系统中,执行"销售开票/红字专用销售专用发票"命令,打开"红字销售专用发票"窗口。

②单击"增加"按钮,再单击"生单"按钮,选择"参照发货单",系统弹出"查询条件选择——发票参照发货单"对话框,业务类型选"普通销售",发货单类型选"红字记录",单击"确定"按钮,系统根据过滤条件显示符合条件的全部单据。

③在显示的发货单记录中选择 TH04123 发货单,单击"OK确定"按钮。

④系统根据所选择的发货单和存货自动生成一张销售专用发票。输入发票号 XS004213,确认后单击"保存"按钮,确认并保存发票信息,如图4-82所示。

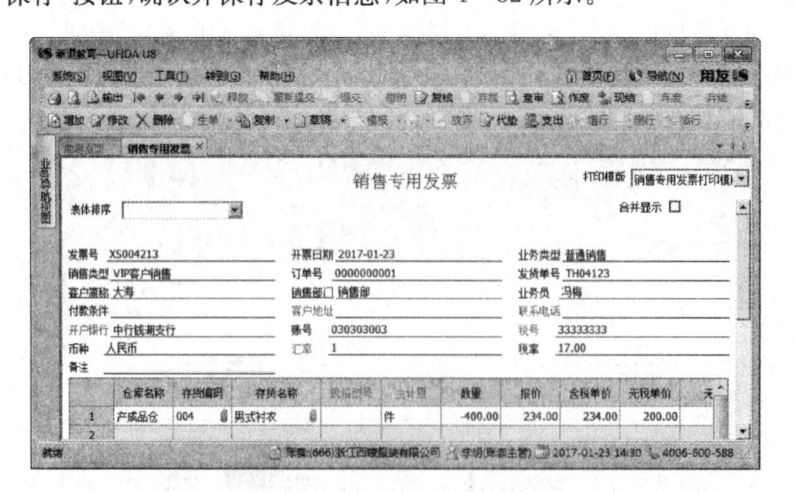

图 4-82 "销售专用发票"窗口

⑤单击"复核"按钮,再单击"退出"按钮,返回主菜单。

(4)应收款管理系统审核应收单据并制单

①在应收款管理系统中,执行"应收单据处理/应收单据审核"命令,打开"应收单查询条件"对话框,单击"确定"按钮。

②系统筛选出符合条件的应收单据,选择需要审核的应收单据,单击"审核"按钮。

③执行"制单处理"命令,系统自动打开"制单查询"对话框。选中"应收单制单"复选框,单击"确定"按钮。

④选择凭证类别为"转账凭证",选中需要制单的单据,单击"制单"按钮,系统根据所选择的应收单自动生成转账凭证,生成的凭证如图4-83所示。

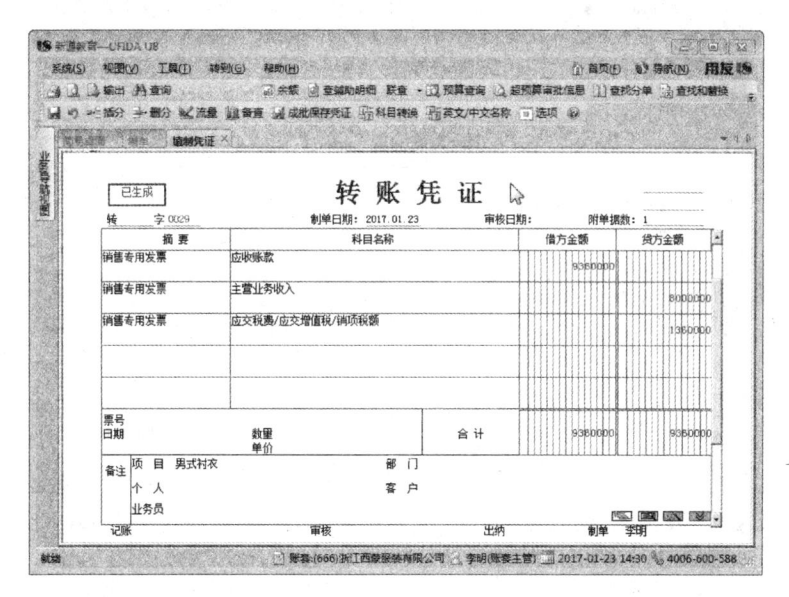

图4-83 根据销售发票生成转账凭证(主营业务收入科目的项目辅助为"男式衬衣")

(5)存货核算系统结转销售成本并制单

①在存货核算系统中,执行"业务核算/正常单据记账"命令,系统自动弹出"查询条件选择"对话框,设置过滤条件,单据类型选择"专用发票",单击"确定"按钮。

②系统显示符合条件的单据,选择需要记账的单据,单击"记账"按钮。

③系统打开"手工输入单价列表"窗口,在单价栏录入120,如图4-84所示。

图4-84 "手工输入单价列表"窗口

④单击"确定"按钮,系统提示"记账成功"。

⑤执行"财务核算/生成凭证"命令,打开"生成凭证"窗口。单击"选择"按钮,打开生成凭

证"查询条件"对话框。选择"(26)销售专用发票"复选框。

⑥单击"确定"按钮,系统打开"未生成凭证单据一览表"窗口,选择需要生成凭证的单据(专用发票号 XS004213),单击"确定"按钮。

⑦选择凭证类别中的"转账凭证",分别录入或者选择"存货"科目编码 1405,"对方"科目编码 6401。

⑧单击"生成"按钮,生成一张转账凭证,补充录入主营业务成本和库存商品的项目辅助为"男式衬衣",单击"保存"按钮,系统显示"已生成"标志,如图 4—85 所示。

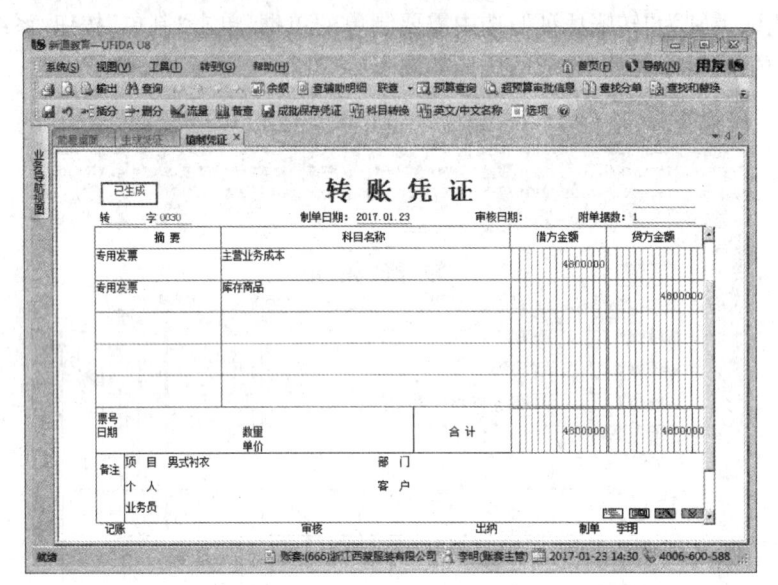

图 4—85　结转销售成本凭证(主营业务成本和库存科目项目辅助均为"男式衬衣")

实验 4—6　直运业务

实验准备

已经完成实验 4—5 的操作,或者引入实验 4—5 账套备份数据。将系统日期修改为 2017 年 1 月 31 日,以"001 操作员"(口令为 001)的身份,以业务发生日期登录"666 账套"的企业应用平台。

实验要求

- 直运业务基础设置
- 填制并审核直运销售订单
- 生成并审核直运采购订单
- 生成采购专用发票
- 生成并复核销售专用发票
- 确认直运销售业务收入并结转销售成本
- 备份账套

实验资料

(1)1月23日,销售部接到业务信息,金华天兴公司想购买男式西装1 000件,经协商以无税单价1 000元成交,增值税率为17%。随后销售部填制相应销售订单。

(2)1月23日,经联系以900元的无税单价向武汉东湖公司发出采购订单,并要求对方直接将货物送到天兴公司。

(3)1月25日,货物送至天兴公司,东湖公司凭送货签收单根据订单开具了一张专用发票给销售部,票号CG003456。

(4)1月25日,销售部根据销售订单开具专用发票一张,票号XS006789。

(5)业务部门将此业务的采购、销售发票交给财务部,财务部结转此业务的收入及成本。

实验指导

直运业务是指产品无须入库即可完成的购销业务,由供应商直接将商品发给企业的客户;结算时,由购销双方分别与企业结算,企业赚取购销差价。直运业务包括直运销售业务和直运采购业务。直运业务没有实物的出入库,货物流向是直接从供应商到客户,财务结算通过直运销售发票、直运采购发票进行。

直运销售业务分为两种模式:一种是只开发票,不开订单;另一种是先有订单再开发票。分别称为普通直运销售业务(非必有订单)和必有订单直运销售。无论采用哪种应用模式,直运业务选项均在销售管理系统设置。

1. 直运业务基础设置

①在销售管理系统中,执行"设置/销售选项"命令,打开"销售选项"对话框。

②选中"有直运销售业务"、"直运销售必有订单"复选框,单击"确定"按钮。

③在基础设置选项卡中,执行"基础档案/存货/存货档案"命令,进入"存货档案"窗口,在"03库存商品"分类下增加"007男式西装",主计量单位:件,注意勾选"外购"、"内销"属性。

④在基础设置选项卡中,执行"基础设置/基础档案/财务/项目目录"打开项目档案窗口,项目大类选择"产品核算",单击"项目目录"页签,单击"维护",增加项目目录003男式西装,所属分类码为1,单击"退出"按钮,返回主菜单。

📖 **注意**

● 直运销售涉及的存货应具有"内销、外购"等属性。

2. 在销售管理系统中填制并审核直运销售订单

①执行"销售订货/销售订单"命令,进入"销售订单"窗口。

②单击"增加"按钮,选择业务类型"直运销售",按要求输入完整内容,如图4-86所示。

③信息确认后,单击"保存"按钮,再单击"审核"按钮,保存并审核销售订单后退出。

3. 在采购管理系统中参照销售订单生成并审核直运采购订单

①执行"采购订货/采购订单"命令,进入"采购订单"窗口。

②单击"增加"按钮,业务类型修改为"直运采购",单击"生单"按钮,选择"销售订单"命令,选择客户是"天兴"的销售订单,单击"OK确定"按钮,将销售订单相关信息带入"采购订单"中。采购类型为"普通采购",供应商为"东湖",表体中无税单价为900,如图4-87所示。

③信息确认后单击"保存"按钮,再单击"审核"按钮,保存并审核采购订单后退出。

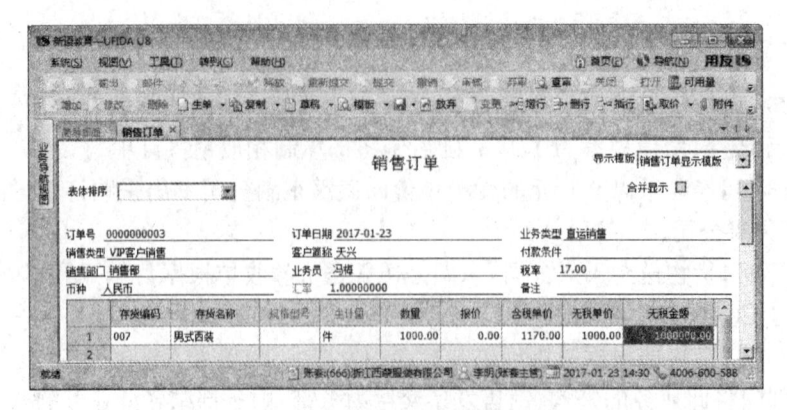

图4—86 "销售订单"窗口

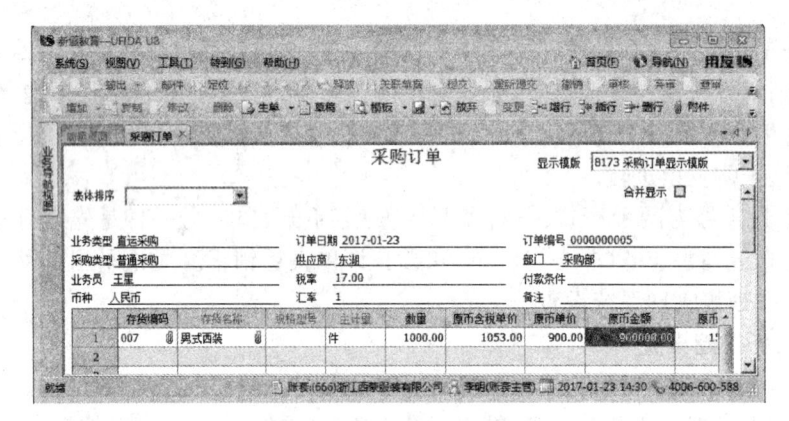

图4—87 "采购订单"窗口

注意

● 直运采购订单必须参照直运销售订单生成。

4. 采购系统中参照采购订单生成采购专用发票

①在采购管理系统中,执行"采购发票/专用采购发票"命令,打开"专用发票"窗口。

②单击"增加"按钮,业务类型改为"直运采购",再单击"生单"按钮,选择"参照采购订单",系统弹出"查询条件选择——采购订单列表过滤"对话框,单击"确定"按钮,系统根据过滤条件显示符合条件的全部单据。

③选择要参照的采购订单,单击"OK 确定"按钮。

④系统根据所选择的发货单和存货自动生成一张采购专用发票,输入发票号 CG003456,如图4—88 所示。

⑤单击"保存"按钮,再单击"退出"按钮,返回主菜单。

5. 应付款系统中审核直运采购发票但不制单

①在应付款管理系统中,执行"应付单据处理/应付单据审核"命令,打开"应付单查询条件"对话框,单击"确定"按钮。

②系统筛选出符合条件的应付单据,如图4—89 所示。

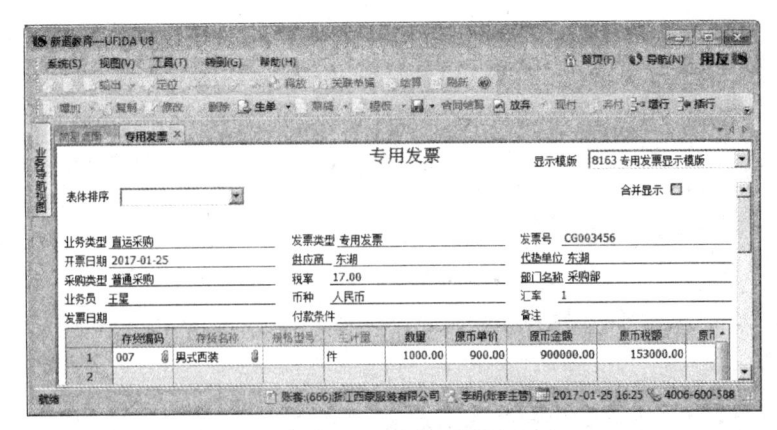

图 4—88 "采购专用发票"窗口

③选择需要审核的应付单据(采购专用发票号:CG003456),单击"审核"按钮。

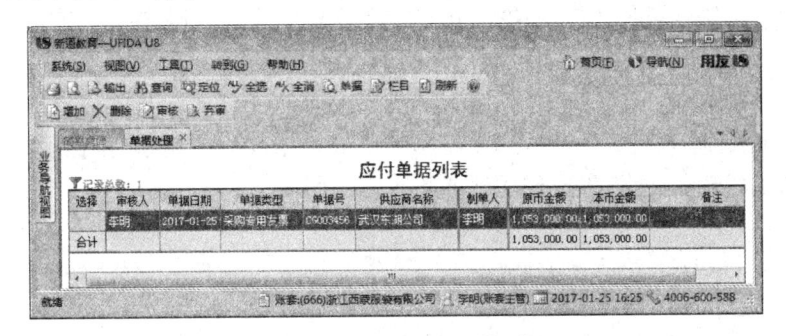

图 4—89 "应付单据审核"窗口

📖 **注意**
- 直运采购业务生成的直运采购发票在应付款管理系统中审核,但不能在此制单,其制单操作在存货核算系统中进行。
- 直运销售业务生成的直运销售发票在应收款管理系统中审核并制单(确认收入),其销售成本的结转需要在存货核算系统中进行。

6. 在销售管理系统中参照销售订单生成并复核销售专用发票

①在销售管理系统中,执行"销售开票/销售专用发票"命令,打开"销售专用发票"窗口。

②单击"增加"按钮,业务类型改为"直运销售",再单击"生单"按钮,选择"参照订单",系统弹出"查询条件选择——参照订单"对话框,单击"确定"按钮,系统根据过滤条件显示符合条件的全部单据。

③选择要参照的销售订单,单击"OK 确定"按钮。

④系统根据所选择的发货单和存货自动生成一张销售专用发票。输入发票号 XS006789,修改表体中的数量为 1 000,单击"保存"按钮,确认并保存发票信息,如图 4—90 所示。

⑤单击"复核"按钮,再单击"退出"按钮,返回主菜单。

7. 应收款管理系统审核应收单据并制单

①在应收款管理系统中,执行"应收单据处理/应收单据审核"命令,打开"应收单查询条件"对话框,单击"确定"按钮。

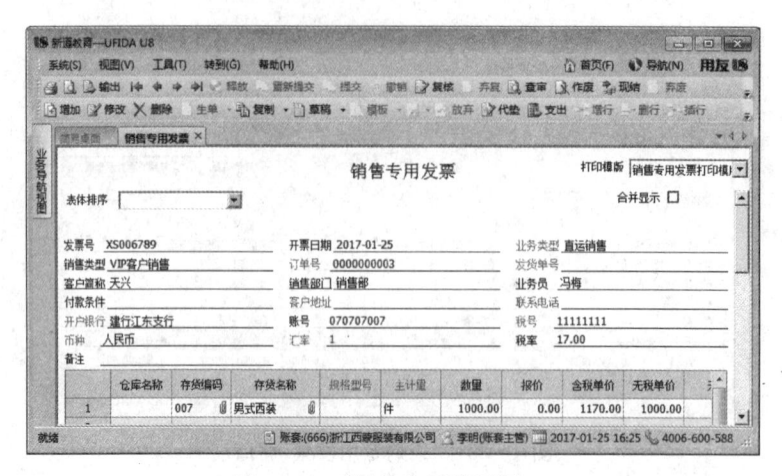

图 4—90 "销售专用发票"窗口

②系统筛选出符合条件的应收单据,选择需要审核的应收单据,单击"审核"按钮。

③执行"制单处理"命令,系统自动打开"制单查询"对话框。选中"发票制单"复选框,单击"确定"按钮。

④选择凭证类别为"转账凭证",选中需要制单的单据,单击"制单"按钮,系统根据所选择的应收单自动生成转账凭证,生成的凭证如图 4—91 所示。

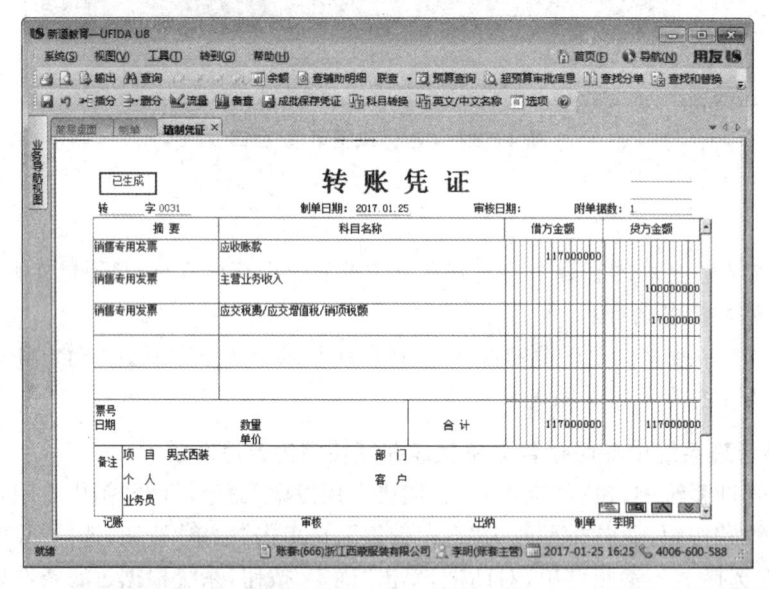

图 4—91 根据销售发票生成转账凭证(主营业务收入科目的项目辅助为"男式西装")

8. 存货核算系统结转销售成本并制单

①在存货核算系统中,执行"业务核算/直运销售记账"命令,系统自动弹出"直运采购发票核算查询条件"对话框,设置过滤条件,单据类型勾选"采购发票"和"销售发票",单击"确定"按钮,如图 4—92 所示。

②系统打开"直运销售记账"窗口,选择需要记账的单据,如图 4—93 所示,单击"记账"按钮。

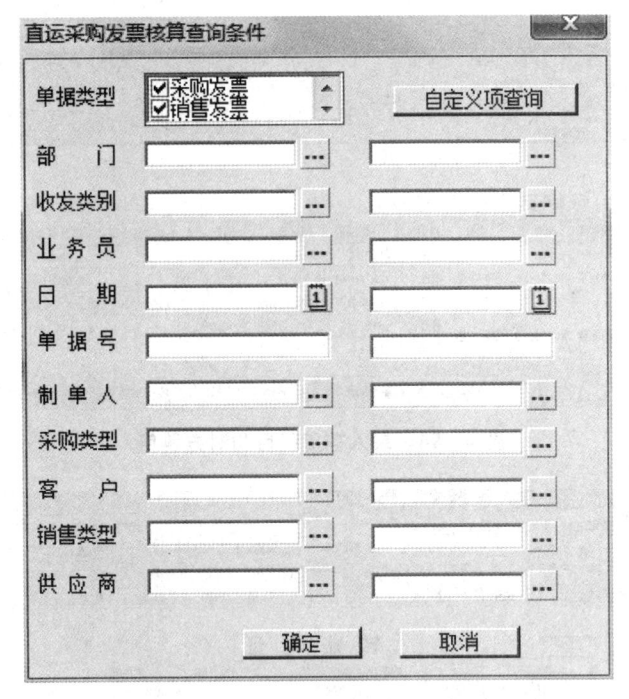

图4—92 "直运采购发票核算查询条件"对话框

图4—93 "直运销售记账"窗口

③执行"财务核算/生成凭证"命令,打开"生成凭证"窗口。单击"选择"按钮,打开生成凭证"查询条件"对话框。选择"(25)直运采购发票和(26)直运销售发票"复选框。

④单击"确定"按钮,系统打开"未生成凭证单据一览表"窗口。选择需要生成凭证的单据,单击"确定"按钮。

⑤选择凭证类别中的"转账凭证",分别录入或者选择"存货"科目编码1401,"对方"科目编码6401,如图4—94所示。

⑥单击"生成"按钮,生成两张转账凭证,补充录入主营业务成本项目辅助为"男式西装",单击"保存"按钮,系统显示"已生成"标志,如图4—95、图4—96所示。

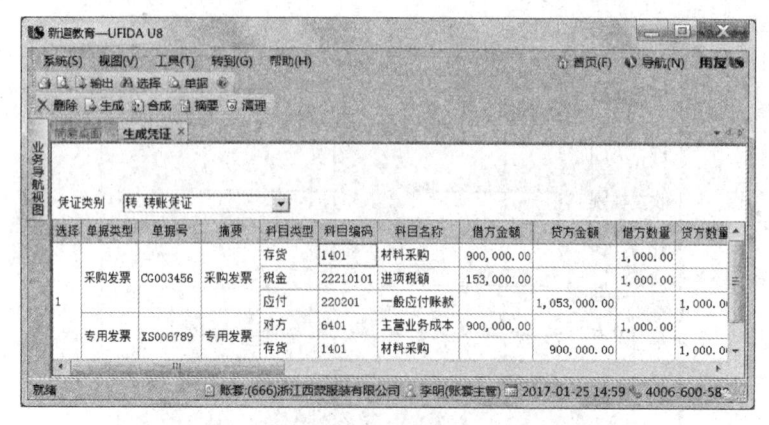

图 4—94 录入存货科目和对方科目

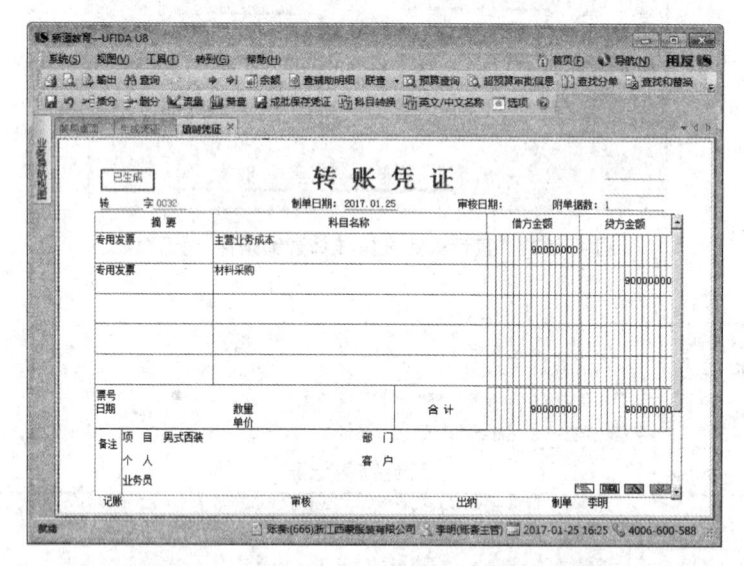

图 4—95 销售发票生成凭证（主营业务成本科目项目辅助为"男式西装"）

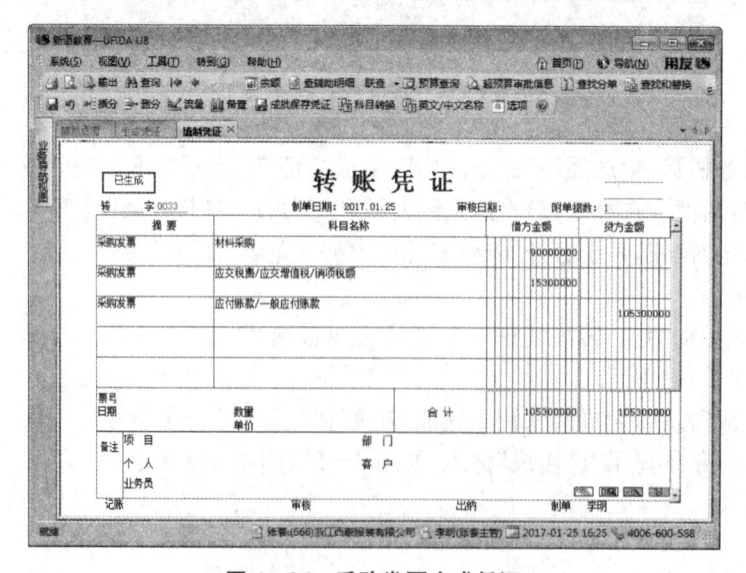

图 4—96 采购发票生成凭证

第五章 库存管理系统

5.1 功能概述

库存管理是在物流过程中对商品数量的管理,它接收采购部门从供应商那里采购来的材料或商品,并且支配着生产的领料、销售的出库等。库存管理在量化的管理基础上,通常认为零库存是最好的库存管理。库存多,占用资金多,利息负担加重,但是如果过分降低库存,则会出现断档。

库存管理系统是用友 ERP-U8 应链管理系统的一个子系统,它的主要功能包括以下内容:

- 日常收发存业务处理:库存管理系统的主要功能是对采购管理系统、销售管理系统及库存管理系统填制的各种出入库单据进行审核,并对存货的出入库数量进行管理。除管理采购业务、销售业务形成的入库和出库业务外,还可以处理仓库间的调拨业务、盘点业务、组装拆卸业务、形态转换业务等。
- 库存控制:库存管理系统支持批次跟踪、保质期管理、委托代销商品管理、不合格品管理、现存量(可用量管理)、安全库存管理,可对超储、短缺、呆滞积压、超额领料等情况进行报警。
- 库存账簿及统计分析:库存管理系统可以提供出入库流水账、库存台账、受托代销商品备查簿、委托代销商品备查簿、呆滞积压存货备查簿供用户查询,同时提供各种统计汇总表。

库存管理可以单独使用,也可以与采购管理、销售管理、物料需求计划、存货核算集成使用,发挥更加强大的应用功能。

库存管理系统可以参照采购管理系统的采购订单、采购到货单生成采购入库单,库存管理系统将入库情况反馈到采购管理系统。采购管理系统向库存管理系统提供预计入库量。

根据选项设置,销售出库单可以在库存管理系统填制、生成,也可以在销售管理系统生成后传递到库存管理系统,库存管理系统再进行审核。如果在库存管理系统生成,则需要参照销售管理系统的发货单、销售发票。销售管理系统为库存管理系统提供预计出库量,库存管理系统为销售管理系统提供可用于销售的存货的可用量。

库存管理系统为存货核算系统提供各种出入库单据。所有出入库单均由库存管理系统填制,存货核算系统只能填写出入库单的单价、金额,并可对出入库单进行记账操作,核算出入库的成本。

库存管理适用于各种类型的工商业企业,如制造业、医药、食品、批发、零售、批零兼营、集团应用和远程仓库等。系统着重实现工商企业库存管理方面的需求,覆盖了目前工业和商业的大部分库存管理工作。

5.2 实验操作指导

实验 5—1 库存日常业务

实验准备

已经完成实验 4—6 的操作，或者引入实验 4—6 账套备份数据。将系统日期修改为 2017 年 1 月 31 日，以"001 操作员"（口令为 001）的身份，以业务发生日期登录"666 账套"的企业应用平台。

实验要求

- 填制并审核材料出库单，对材料出库单进行记账并生成凭证
- 录入并审核产成品入库单，在存货核算系统中录入生产总成本并对产成品成本进行分配，产成品入库单记账并生成凭证
- 备份账套

实验资料

业务一：材料领用业务

1 月 25 日，生产部向原材料仓库领用纯棉面料 1 500 米、纽扣 10 盒，用于男式衬衫的生产。记材料明细账，生成领料凭证。

业务二：产成品入库业务

(1) 1 月 27 日，产成品仓库收到当月加工的 1 000 件男式衬衣，做产成品入库。

(2) 1 月 27 日，收到财务部门提供的完工产品成本，其中男式衬衣的总成本 121 000 元，立即做成本分配。

实验指导

1. 业务一的处理

业务一是生产领料业务，需要填制材料出库单。材料出库单是领用材料时所填制的出库单据。只有工业企业才有材料出库单，商业企业没有此单据。

本业务以 2017 年 1 月 25 日的业务日期，在库存管理系统中增加一张材料出库单，保存并审核该出库单。

(1) 在库存管理系统中录入材料出库单并审核

①执行"出库业务/材料出库单"命令，进入"材料出库单"窗口。

②单击"增加"按钮，填写出库日期"2017-01-25"，选择仓库"原材料仓"，出库类别"材料出库"，部门"生产部"。

③表体中材料选择"001 纯棉面料"，输入数量 1 500；选择"003 纽扣"，输入数量 10，如图 5—1 所示。

④单击"保存"按钮，再单击"审核"按钮。

第五章 库存管理系统

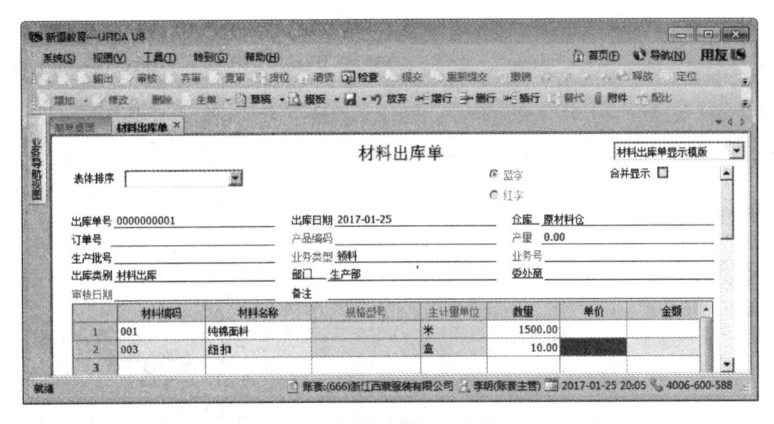

图 5－1 "材料出库单"窗口

(2) 在存货核算系统中对材料出库单记账并生成凭证

① 执行"业务核算/正常单据记账"命令,对材料出库单(单据编号 0000000001)记账。

② 执行"财务核算/生成凭证"命令,选择材料出库单生成凭证,如图 5－2 所示。

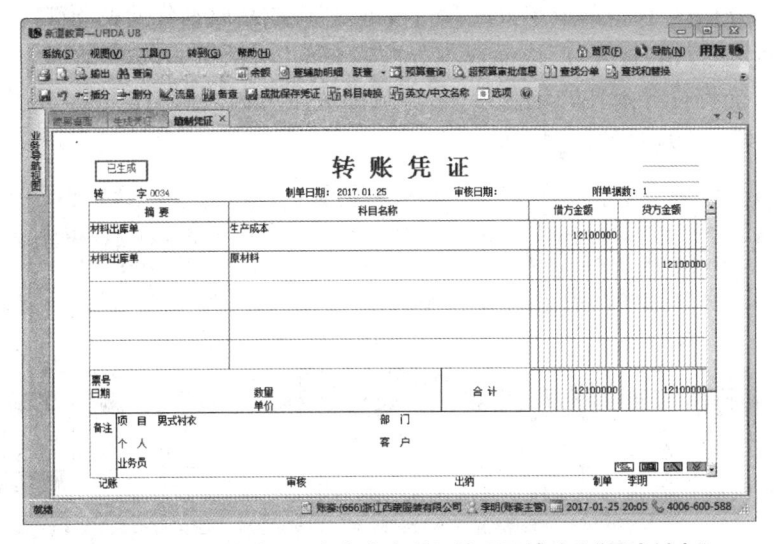

图 5－2 生成领料凭证(生产成本科目的项目辅助为"男式衬衣")

2. 业务二的处理

业务二是产成品入库业务,需要填制产品入库单。产成品入库单是工业企业入库单据中的主要单据。产成品入库时一般无法确定产品的总成本和单位成本,所以在填制产成品入库单时,一般情况下只有数量,没有单价和金额。

(1) 在库存管理系统中录入产成品入库单并审核

① 执行"入库业务/产成品入库单"命令,进入"产成品入库单"窗口。

② 单击"增加"按钮,表头输入入库日期"2017-01-27",选择仓库"产成品仓",入库类型"产成品入库",部门"生产部"(可为空)。表体选择存货编码"004 男式衬衣",输入数量 1 000,单价为空(产成品入库单上无须填写单价,待产成品成本分配后会自动写入),如图 5－3 所示。

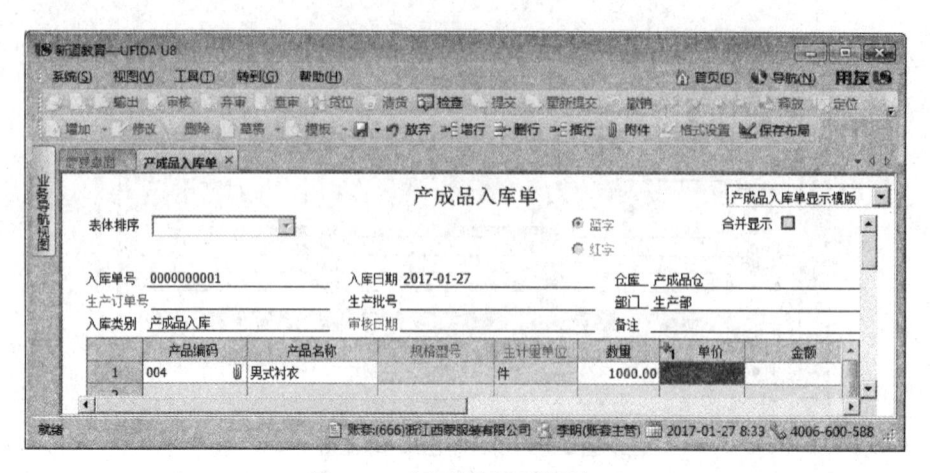

图 5—3 "产成品入库单"窗口

③单击"保存"按钮,再单击"审核"按钮,完成对该单据的审核。
(2)在存货核算系统中录入生产总成本并对产成品进行成本分配
①执行"业务核算/产成品成本分配"命令,进入"产成品成本分配表"窗口。
②单击"查询"按钮,打开"产成品成本分配表查询"对话框。选择"产成品仓"选项,单击"确认"按钮,系统将符合条件的记录带回"产成品成本分配表"。在"004 男式衬衣"记录行"金额"栏输入 121 000,如图 5—4 所示。

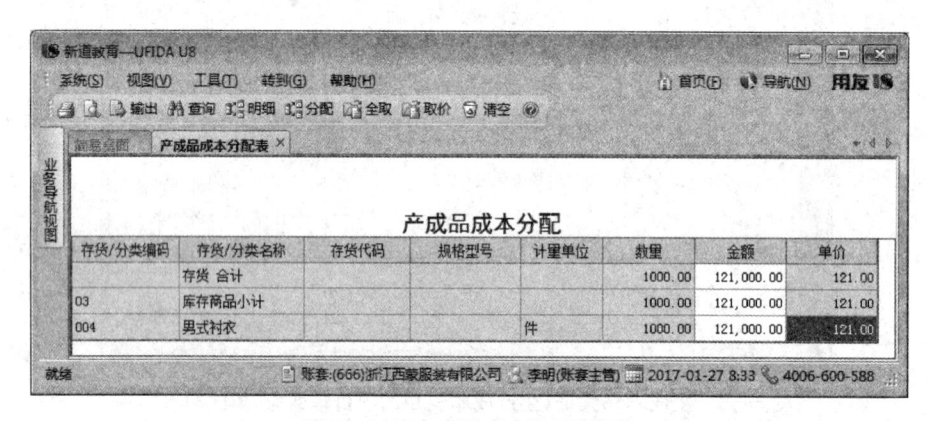

图 5—4 "产成品成本分配"窗口

③单击"分配"按钮,系统弹出"分配操作顺利完成!"信息提示对话框,单击"确定"按钮返回。
④执行"日常业务/产成品入库单"命令,进入"产成品入库单"窗口,查看入库存货单价。
(3)在存货核算系统中对产成品入库单记账并生成凭证
①执行"业务核算/正常单据记账"命令,对产成品成本入库单进行记账处理。
②执行"财务核算/生成凭证"命令,选择"产成品入库单"生成凭证。在生成凭证窗口,单击"生成"按钮,生成入库凭证如图 5—5 所示。

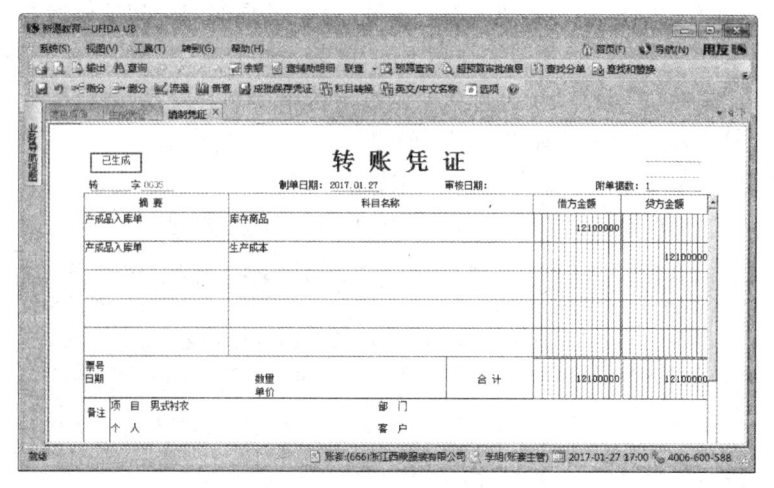

图 5-5　生成产成品入库凭证（生产成本、库存商品科目的项目辅助均为"男式衬衣"）

实验 5-2　其他库存业务

实验准备

已经完成实验 5-1 的操作，或者引入实验 5-1 账套备份数据。将系统日期修改为 2017 年 1 月 31 日，以"001 操作员"（口令为 001）的身份，以业务发生日期登录"666 账套"的企业应用平台。

实验要求

- 填制并审核调拨单和盘点单
- 审核其他入库单和其他出库单
- 其他入库单和其他出库单记账并生成凭证
- 备份账套

实验资料

业务一：调拨业务

(1) 1 月 27 日，由于原材料仓库漏水，将部分纯棉面料 9 200 米转移到产成品仓库以方便维修，由仓储部负责。

(2) 1 月 31 日，原材料仓库维修完毕，将转出的 9 200 米纯棉面料转回到原材料仓库，由仓储部负责。

业务二：盘点业务

1 月 31 日，对原材料仓库所有存货进行盘点，发现混纺面料少了 100 米，纽扣多了 1 盒，单价按 80 元/盒计算。

实验指导

1. 业务一的处理

库存管理系统中提供了调拨单用于处理仓库之间存货的转库业务或部门之间的存货调拨

业务。如果调拨单上的转出部门和转入部门不同,就表示是部门之间的调拨业务;如果转出部门和转入部门相同,但转出仓库和转入仓库不同,就表示是仓库之间的转库业务。调拨单可以手工增加,也可以参照生产订单、委外订单或调拨申请单填制。

(1)1月27日在库存管理系统中填制调拨单

①执行"调拨业务/调拨单"命令,进入"调拨单"窗口。

②单击"增加"按钮,根据实验内容输入调拨单相关信息,如图5—6所示。

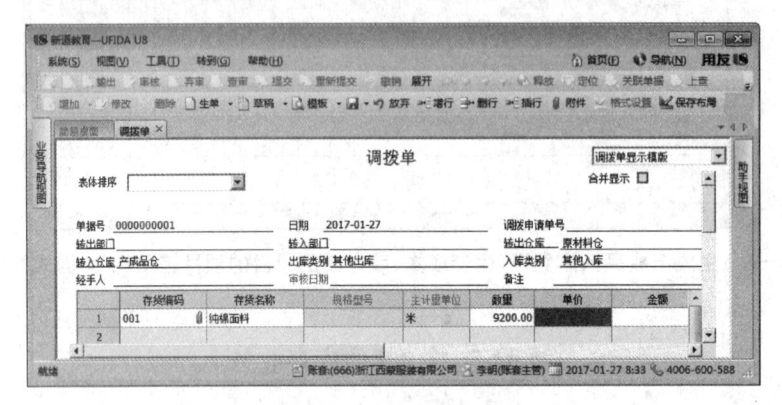

图5—6 "调拨单"窗口

③单击"保存"按钮。再单击"审核"按钮。

注意

● 调拨单保存后,系统自动生成其他入库单和其他出库单,且由调拨单生成的其他入库单和其他出库单不得修改和删除。如果调拨单被弃审,那么相应的其他出入库单自动被删除。

● 转出仓库的计价方式是移动平均、先进先出、后进先出时,调拨单的单价可以为空,系统根据计价方式自动计算填入。

(2)1月27日在库存管理系统中审核由调拨单生成的其他出入库单

①执行"入库业务/其他入库单"命令,进入"其他入库单"窗口。

②定位到生成的其他入库单,单击"审核"按钮,审核后的其他入库单如图5—7所示。

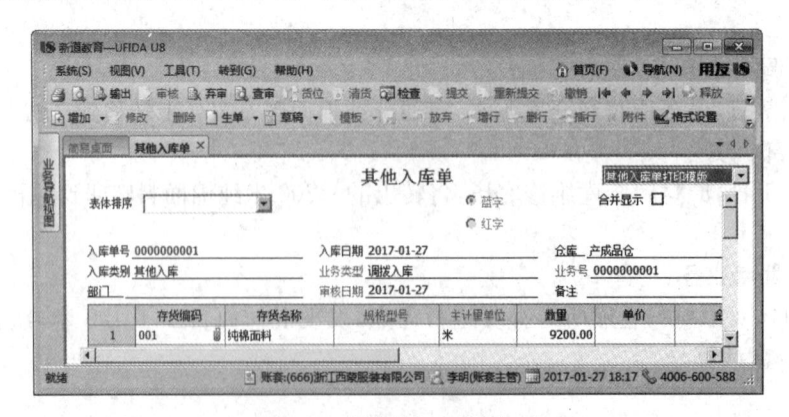

图5—7 "其他入库单"窗口

③同理,完成对其他出库单的审核。

(3)1月27日在存货核算系统中对调拨单进行记账

①执行"业务核算/特殊单据记账"命令,打开"特殊单据记账条件"对话框,如图5-8所示。

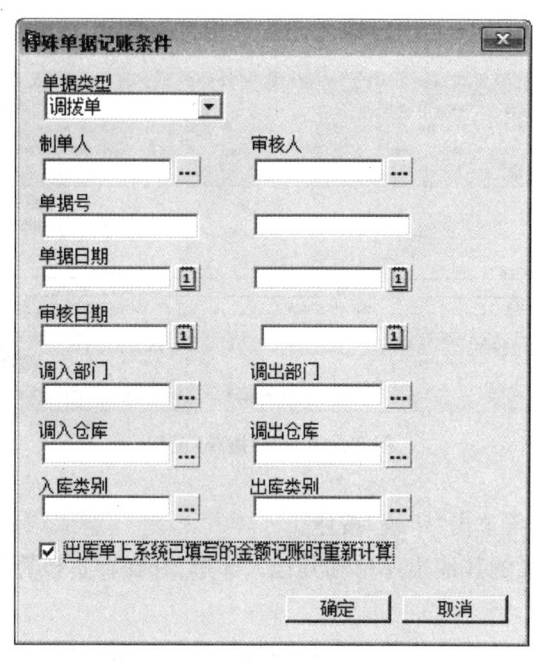

图5-8 "特殊单据记账条件"对话框

②选择单据类型"调拨单",此处出库单金额来自存货核算,建议选择"出库单上系统已填写金额记账时重新计算"复选框,单击"确定"按钮,进入"特殊单据记账"窗口,如图5-9所示。

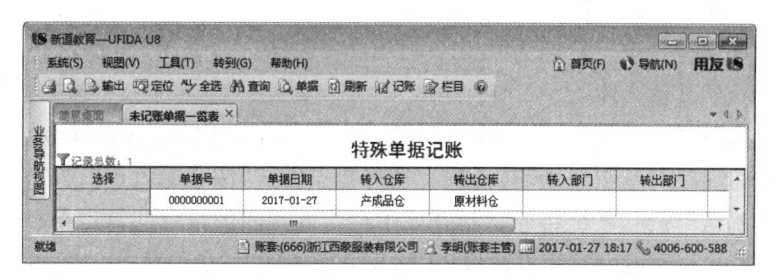

图5-9 "特殊单据记账"窗口

③选择要记账的调拨单,单击"记账"按钮,完成记账。

📖 注意

● 调拨单可按特殊单据记账,也可按正常单据记账,全月平均、计划价(或售价)核算的存货,按特殊单据记账时,调拨单生成的其他出入库单按存货上月的平均单价或差异率计算成本。按正常单据记账时,调拨单生成的其他出入库单按存货当月的平均单价或差异率计算成本。

● 调拨单可以不生成凭证,但是每次生单时都会过滤出未制单单据;建议生成凭证,可以对其他出入库单单独生成凭证,对方科目可以使用中间过渡科目;也可以直接选择对调拨单生成凭证,借贷方都是存货科目。

(4) 1 月 31 日调拨单业务处理

①执行"调拨业务/调拨单"命令,进入"调拨单"窗口。

②单击"增加"按钮,根据实验内容输入调拨单相关信息,生成的调拨单如图 5－10 所示。

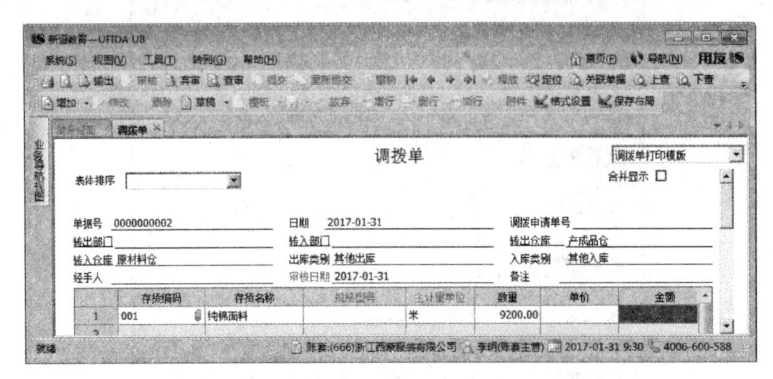

图 5－10 "调拨单"窗口

③单击"保存"按钮,再单击"审核"按钮。

④审核由调拨单生成的其他出库单和其他入库单,并在存货核算系统执行特殊单据记账。

2. 业务二的处理

盘点是指将仓库中存货的实物数量和账面数量进行核对。根据记录的所有业务得到账面数量,在手工录入仓库中的实际库存数量即盘点数量,系统根据它们之间的差异,通过填制盘点单来判断盘亏或盘盈,盘点单保存审核后自动生成其他出入库单。

(1) 在库存管理系统中增加盘点单

①执行"盘点业务"命令,进入"盘点单"窗口。

②单击"增加"按钮,盘点日期为" 2017-01-31 ",选择盘点仓库"原材料仓",出库类别"其他出库",入库类别"其他入库"。

③单击"盘库"按钮,系统弹出"盘库将删除未保存的所有记录,是否继续?"信息提示对话框,单击"是"按钮,弹出"盘点处理"对话框。选择盘点方式"按仓库盘点",勾选"账面为零时是否盘点",单击"确认"按钮,系统将原材料仓库中存货的账面数量带回盘点单。

④输入存货"002 混纺面料"盘点数量 12 280,"003 纽扣"的盘点数量 219,如图 5－11 所示。

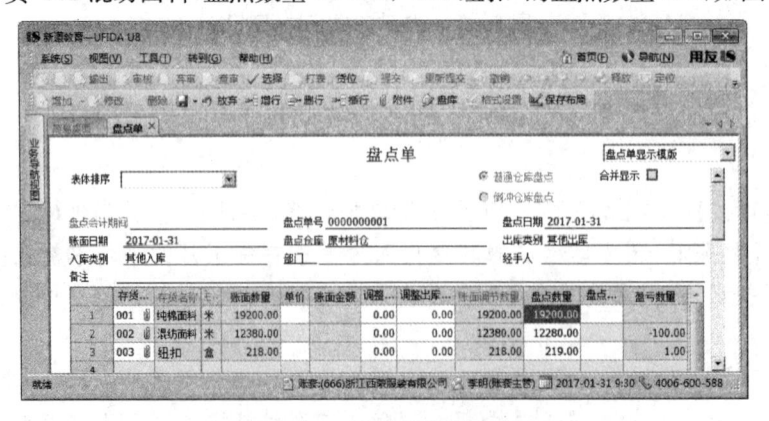

图 5－11 调整后的盘点单

⑤单击"保存"按钮,再单击"审核"按钮。
(2)在库存管理系统中审核由盘点单生成的其他出入库单
①执行"入库业务/其他入库单"命令,进入"其他入库单"窗口。
②定位到生成的其他入库单,单击"审核"按钮。
③同理,完成对其他出库单的审核。
(3)录入盘盈的纽扣单价
在"存货核算系统"中,执行"日常业务/其他入库单"命令,打开其他入库单之后,单击"修改"按钮,输入单价80,再单击"保存"按钮,如图5-12所示。

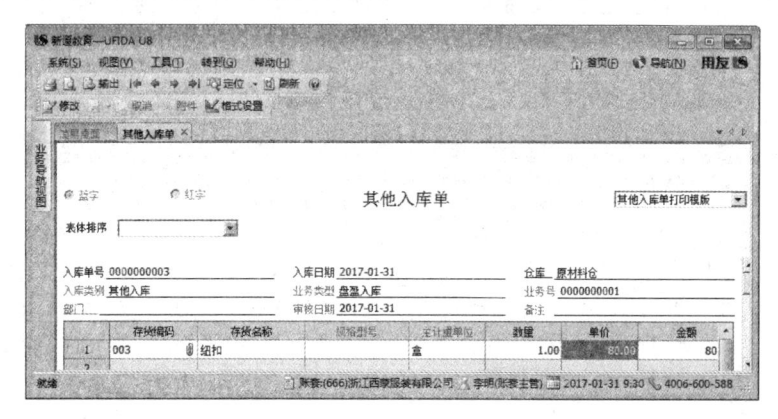

图 5-12　录入盘盈纽扣的单价

(4)在存货核算系统中对进行正常单据记账并生成凭证
①执行"业务核算/正常单据记账"命令,对其他入库单和其他出库单进行记账。
②执行"财务核算/生成凭证"命令,单击"选择"按钮,打开"查询条件"对话框,选择"其他出库单"和"其他入库单"后,点"确定"按钮。
③未生成凭证单据一览表,选择业务类型为"盘亏出库"和"盘盈入库"的两种其他出库单和其他入库单,如图5-13所示。

图 5-13　"未生成凭证单据一览表"窗口

④单击"确定"按钮,打开"生成凭证"窗口,凭证类别选"转账凭证",对方科目录入"1901待处理财产损溢"科目,如图5-14所示。
⑤单击"生成"按钮,系统生成盘盈和盘亏两种凭证后,保存凭证,如图5-15、图5-16所示。

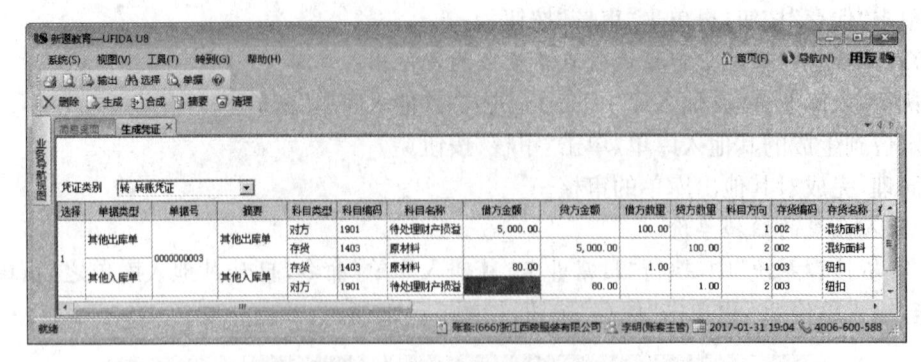

图 5-14 "生成凭证"窗口

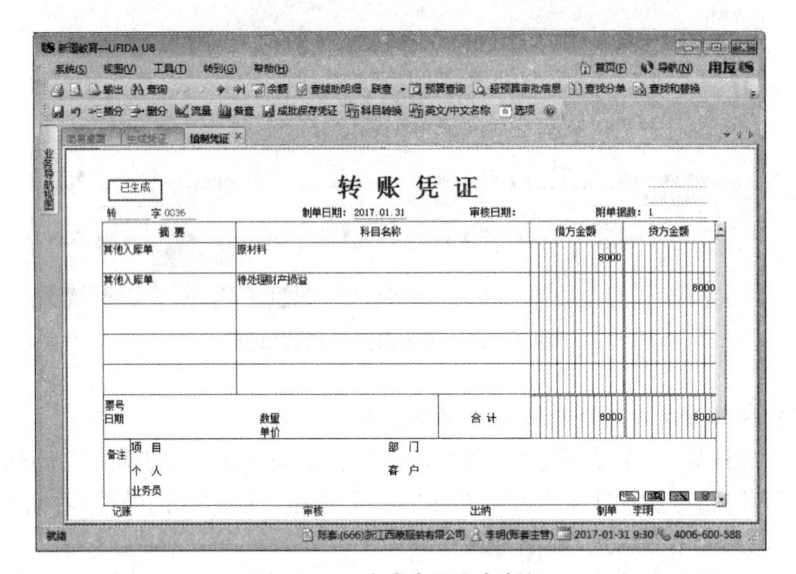

图 5-15 生成盘盈业务凭证

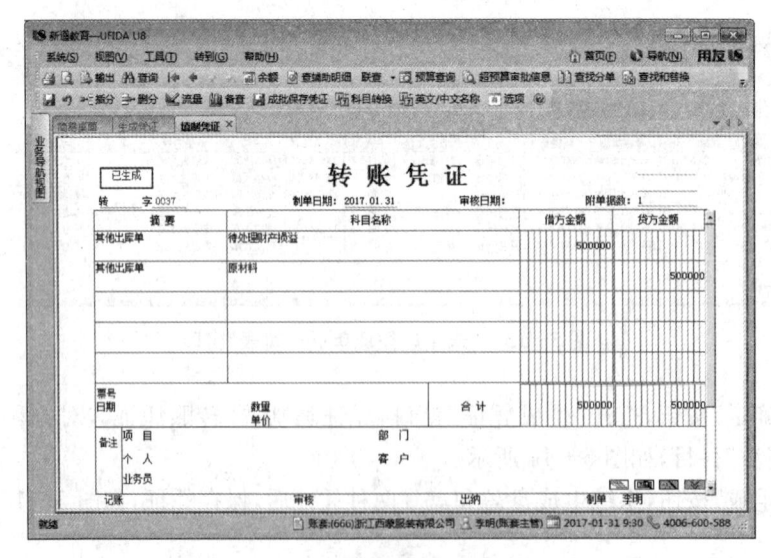

图 5-16 生成盘亏业务凭证

第六章 存货核算系统

6.1 功能概述

存货核算系统是用友 ERP-U8 供应链管理系统的一个子系统,主要针对企业存货的收、发、存业务进行核算,掌握存货的耗用情况,及时准确地把各类存货成本归集到各成本项目和各成本核算对象上,为企业的成本核算提供基础数据。

存货核算的主要功能包括初始设置、日常单据处理、暂估入库业务处理、存货入出库成本核算、出入库成本的调整、存货跌价准备的处理、存货库存统计分析等。

存货核算系统既可以和采购管理、销售管理、库存管理集成使用,也可以只与库存管理联合使用,还可以单独使用。

入库业务包括采购入库、产成品入库和其他入库。采购入库单在库存管理系统中录入,在存货核算系统中可以修改采购入库单上的入库金额,采购入库单上"数量"的修改只能在该单据填制的系统进行。产成品入库单在填制时一般只填写数量,单价与金额既可以通过修改产成品入库单直接填入,也可以由存货核算系统的产成品成本分配功能自动计算填入;大部分其他入库单都是由相关业务直接生成的,如果与库存管理系统集成使用,可以通过修改其他入库单的操作对盘盈入库业务生成的其他入库单的单价输入或修改。

出库业务包括销售出库、材料出库和其他出库。可以在存货核算系统修改出库单据上的单价或金额。

出入库单据记账后,发现单据金额错误,如果是录入错误,通常采用修改方式进行调整。但如果遇到由于暂估入库后发生零出库业务等原因所造成的出库成本不准确,或库存数量为零而仍有库存金额的情况,就需要利用调整单据进行调整。调整单据包括入库调整单和出库调整单。它们都只针对当月存货的出入库成本进行调整,并且只调整存货的金额,不调整存货的数量。出入库调整单保存即记账,因此已保存的单据不可修改和删除。

存货核算系统中对采购暂估入库业务提供了月初回冲、单到回冲、单到补差 3 种方式,暂估处理方式一旦选择就不可以修改。无论采用哪种方式,都要遵循以下步骤:(1)待采购发票到达后,在采购管理系统填制发票并进行采购结算;(2)在存货核算系统中完成暂估入库业务成本处理。

在存货核算系统中,可以将各种出入库单据中涉及存货增减和价值变动的单据生成凭证传递到总账。在执行生成凭证操作时,一般由在总账中有填制凭证权限的操作员来完成。

存货核算系统的月末处理工作包括期末处理和结账两部分。

1. 期末处理

当存货核算系统日常业务全部完成后,进行期末处理,系统自动计算全月平均单价及本会计月出库成本,自动计算差异率(差价率)以及本会计月的分摊差异/差价,并对已完成日常业务的仓库/部门作处理标志。

2. 与总账系统对账

为保证业务与财务数据的一致性,需要进行对账。存货核算系统记录的存货明细账数据与总账管理系统存货科目和差异科目的结存金额与数量进行核对。

3. 月末结账

存货核算系统期末处理完成后,就可以进行月末结账。如果是集成应用模式,必须采购管理、销售管理、库存管理全部结账后,存货核算系统才能结账。

6.2 实验操作指导

实验6－1 存货日常业务处理

实验准备

已经完成实验5－2的操作,或者引入实验5－2账套备份数据。将系统日期修改为2017年1月31日,以"001操作员"(口令为001)的身份,以业务发生日期登录"666账套"的企业应用平台。

实验要求

- 存货价格及计算成本处理
- 单据记账及生成凭证

实验资料

业务一:存货价格及计算成本处理

(1)2017年1月31日,检查是否有入库单上存货无价格,并给这些单据录入价格。

(2)2017年1月31日,检查本期进行采购结算中需要进行结算成本暂估处理的单据,并对其进行暂估处理。

业务二:单据记账及生成凭证

2017年1月31日,将所有业务产生的单据进行记账,并生成凭证。

实验指导

1. 业务一的处理

检查所有采购入库单或部分其他入库单上存货是否有价格,对于录入的暂估价格是否更真实,可以在存货核算模块的暂估成本录入窗口中完成,并且系统还提供上次出入库成本、售价成本、参考成本、结存成本作为暂估成本的录入参照。

对于前期暂估采购入库单本期进行采购结算,即已经记账的暂估采购入库单进行采购结算,需要对结算的单据或结算的存货进行结算成本处理,以及对暂估部分按照系统设置的暂估方式进行处理。

【第1笔业务的处理】

(1)在存货核算系统中,执行"业务核算/暂估成本录入"命令,进入"查询条件选择"对话框,"包括已有暂估金额的单据"选项改为"是"。单击"确定"按钮,系统显示筛选出来的入库单,如图 6—1 所示。

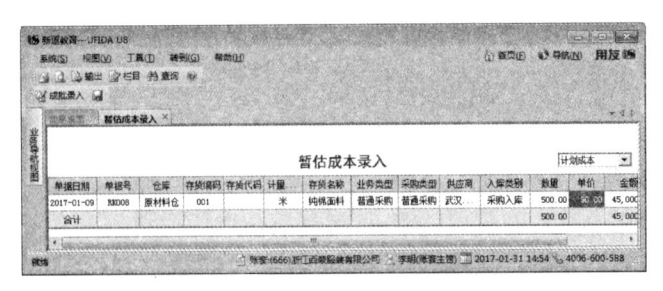

图 6—1 "暂估成本录入"窗口

(2)如果需要修改单价或金额可以直接在表体中进行修改,也可以通过右上角的下拉列表框选择计划成本、参考成本、上次入库成本、上次出库成本或结存成本,再单击"录入"按钮进行系统自动录入。筛选出来的入库单为 1 月 9 日采购入库的业务,月底发票尚未收到,假定暂估单价为 92,因此修改表体中的单价,如图 6—2 所示。

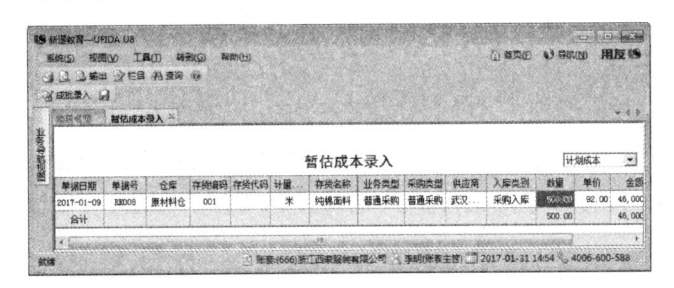

图 6—2 修改后的"暂估成本录入"窗口

(3)单击"保存"按钮,即保存设置的单价。
(4)在存货核算系统中对进行正常单据记账并生成凭证。
①执行"业务核算/正常单据记账"命令,对采购入库单(单据号:RK008)进行记账。
②执行"财务核算/生成凭证"命令,根据采购入库单生成凭证,注意选择"01 采购入库单(暂估记账)",如图 6—3 所示。

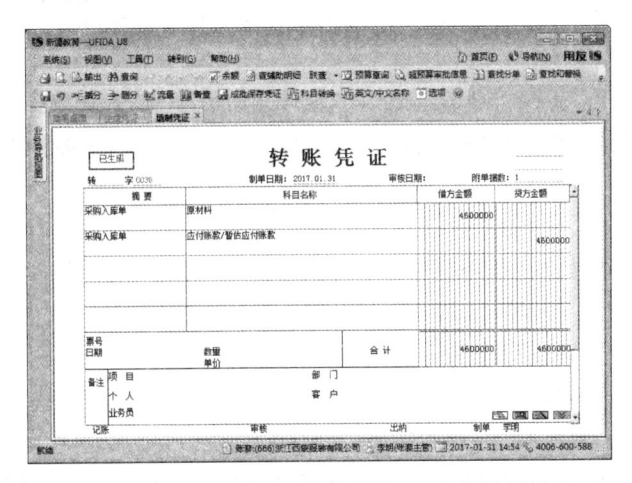

图 6—3 生成暂估入库凭证(存货科目 1403,暂估科目 220202)

📖 **注意**

● 在进行暂估成本录入单据查询时,如果企业这类单据数量特别大,可以设置查询条件,分批进行录入,以免造成错误,提高效率。

● 对于有暂估价的单据也可以在此处修改。

● 也可以通过执行"日常业务/采购入库单"命令修改金额。

【第2笔业务的处理】

暂估结算业务在第三章采购管理已做,这里只总结操作步骤。

(1)在存货核算系统中执行"业务核算/结算成本处理"命令,系统弹出"暂估处理查询"对话框,可以选择所有的仓库,其他条件为空,即默认所有,单击"确定"按钮。

(2)双击单据体中需要进行暂估处理的单据,再单击"暂估"按钮,暂估过的单据不再显示。

📖 **注意**

● "结算成本处理"显示的单据是前期或本期已经记账,且记账之后再进行采购结算的单据。

● 此处暂估结算是为了系统按照存货期初设置的暂估处理方式(月初回冲、单到回冲或者单到补差)进行暂估处理。

2. 业务二的处理

单据记账是登记存货明细账、差异明细账/差价明细账、受托代销商品明细账和受托代销商品差价账;同时是对除全月平均法外的其他几种存货计价方法,对存货进行出库成本的计算。

一般的业务单据在"正常单据记账"功能中进行。

发出商品记账适用于两种情况:(1)分期收款发出商品记账;(2)委托代销业务按发出商品核算的情况下,在"发出商品记账"功能中进行单据记账,进行成本核算。

特殊单据记账主要功能是提供用户对组装单、调拨单、形态转换单进行成本计算,记入存货明细账,它的特殊性在于这类单据都是出入库单据对应的,并且其入库的成本数据来源于该存货原仓库按照存货计价方法计算出的出库成本。

已记账单据不能修改和删除。如果发现已记账单据有错误,在本月未结账状态下可以取消记账。如果已记账单据已生成凭证,就不能取消记账,除非先删除相关凭证。

(1)单据记账

如果有未记账单据,在存货核算系统中"业务核算"下的"正常单据记账"、"发出商品记账"、"直运销售记账"或者"特殊单据记账"命令,选择查询条件,进入相应窗口后选择单据进行记账。

(2)生成凭证

生成凭证用于对本月已记账单据生成凭证传至总账系统,所生成的凭证后续在总账系统中进行签字、审核和记账等操作。

经查,未生成凭证的单据只有两张调拨单。

①执行"财务核算/生成凭证"命令,打开"生成凭证"窗口。单击"选择"按钮,打开生成凭证"查询条件"对话框。只选择"(12)调拨单"复选框,如图6-4所示。

②单击"确定"按钮,系统打开"未生成凭证单据一览表"窗口。选择需要生成凭证的单据,

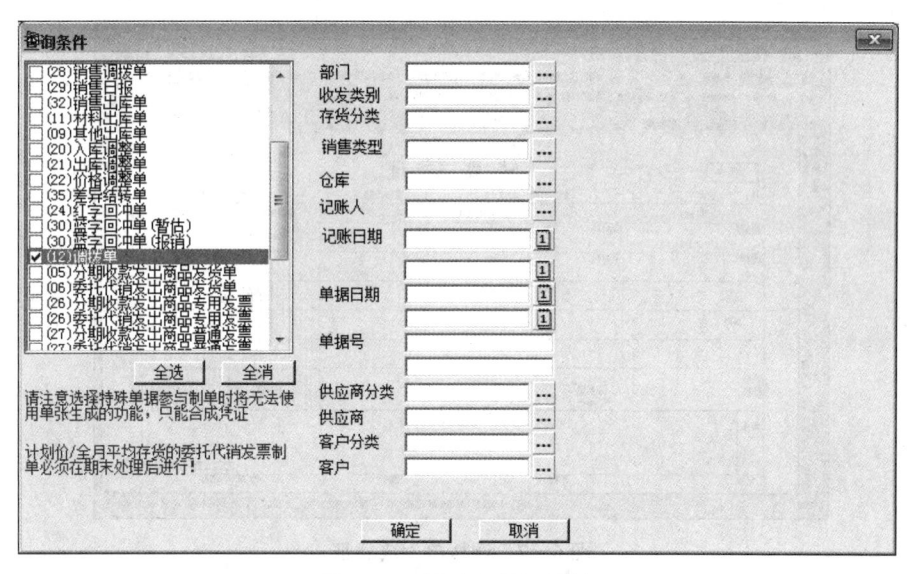

图6-4 "查询条件"对话框

如图6-5所示，单击"确定"按钮。

图6-5 "未生成凭证单据一览表"窗口

③选择凭证类别中的"转账凭证"，分别录入或者选择"存货"科目编码1403，如图6-6所示。

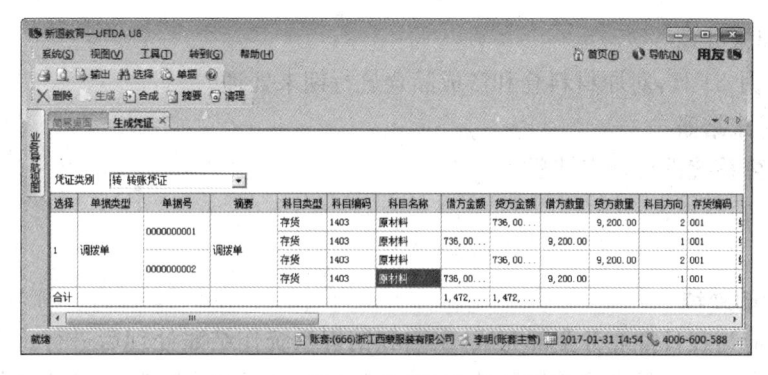

图6-6 录入存货科目和对方科目

④单击"合成"按钮，生成一张转账凭证，单击"保存"按钮，系统显示"已生成"标志，如图6-7所示。

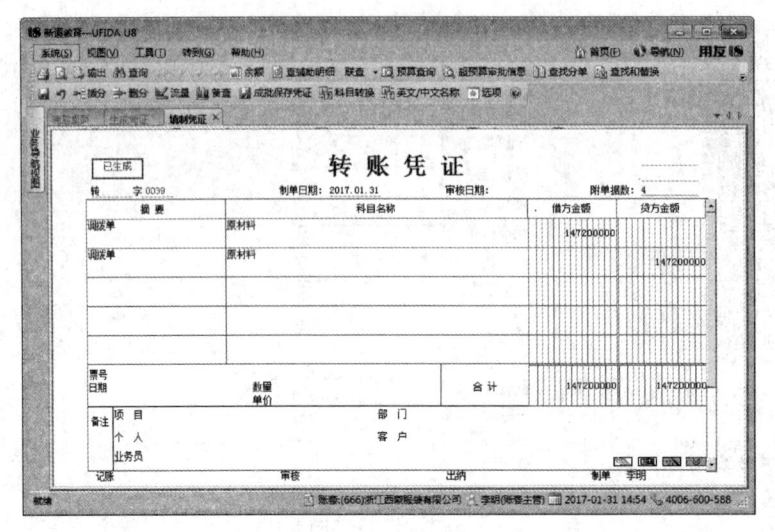

图 6-7　调拨单生成凭证

实验 6-2　期末处理与月末结账

实验准备

已经完成实验 6-1 的操作,或者引入实验 6-1 账套备份数据。将系统日期修改为 2017 年 1 月 31 日,以"001 操作员"(口令为 001)的身份,以业务发生日期登录"666 账套"的企业应用平台。

实验要求

- 仓库期末处理
- 期末结账

实验资料

业务一:期末处理

2017 年 1 月 31 日,对原材料仓和产成品仓进行期末处理。

业务二:月末结账

对存货核算系统进行月末结账。

实验指导

1. 业务一的处理

期末处理应当在日常业务全部完成,采购和销售系统作结账处理后进行。它是计算按全月平均法核算存货的全月平均单价及其本月出库成本,计算按计划价/售价方式核算存货的差异率/差价率及其本月的分摊差异/差价,并对已完成日常业务的仓库、部门、存货做处理标志。

(1)在存货核算系统中,对所有单据记账。

(2)在采购管理系统中,进行采购管理系统月末结账。

以 2017 年 1 月 31 日的业务日期，登录采购管理系统，执行"月末结账"命令，并选择会计月份为 1 月份，单击"结账"按钮，关闭所有订单。1 月份"是否结账"处显示"是"，单击"退出"按钮退出结账界面。

(3)在销售管理系统中，进行销售管理系统月末结账。

以 2017 年 1 月 31 日的业务日期，登录销售管理系统，执行"月末结账"命令，进入销售结账窗口。单击"结账"按钮，关闭所有订单。1 月份"是否结账"处显示"是"，单击"退出"按钮退出结账界面。

(4)在库存管理系统中，进行库存管理系统月末结账。

以 2017 年 1 月 31 日的业务日期，登录库存管理系统，执行"月末结账"命令，进入库存结账窗口。单击"结账"按钮，最后，1 月份"是否结账"处显示"是"，单击"退出"按钮退出结账界面。

(5)在存货核算系统中，对仓库进行期末处理。

①以 2017 年 1 月 31 日的业务日期，登录存货核算系统，执行"业务核算/期末处理"命令，打开"期末处理"对话框，如图 6-8 所示。

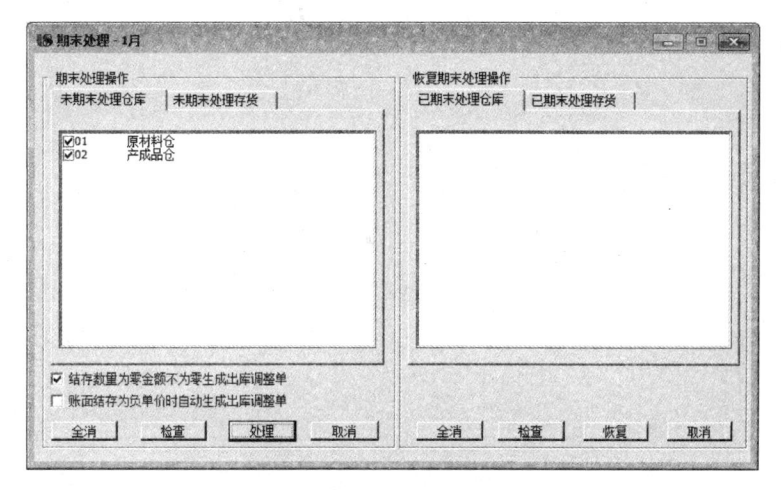

图 6-8 "期末处理"对话框

②选择全部仓库，并选中"结存数量为零金额不为零生成出库调整单"复选框，单击"处理"按钮，系统提示期末处理完毕。

(6)单击"确定"按钮之后，系统完成期末处理。

注意

● 系统提供恢复期末处理功能，但是在总账结账后将不可恢复。

● 如果采用全月平均法，在期末处理时系统自动计算全月平均单价并显示"平均单价计算表"；如果采用计划价/售价法，在期末处理时系统自动计算本月差异率，并显示"差异率计算表"与"差异结转单"。平时不能结转成本的单据在期末处理后可以通过"财务核算/生成凭证"命令结转已售产品销售成本。

● "业务核算/平均单价计算"功能提供加权平均法下存货平时的平均单价（平时的单价不是本月的最终结果）。也可以查询以前月份或本月已进行期末处理的全月平均单价。

● "业务核算/差异率计算"功能提供计划价/售价法下平时的差异率/差价率（平时的差异

率不是本月最终结果)。只有进行期末处理时,所计算的差异率或差价率才被用于出库差异或差价的结转计算。

2. 业务二的处理

以 2017 年 1 月 31 日的业务日期,登录存货核算系统,执行"业务核算/月末结账"命令,进入结账窗口。单击"结账"按钮,系统提示结账完成,单击"确定"按钮后退出结账界面。

附录　ERP综合考核

考核一　系统管理与基础设置

【目的与要求】

掌握在使用ERP-U8 V10.1软件进行期初建账时核算体系的建立及各项基础档案的设置。

【考核内容】

一、建立核算体系

1. 启动系统管理,以"Admin"的身份进行注册。
2. 增设三位操作员:001李红,002于平,003赵鑫。
3. 建立账套信息:

(1)账套信息:账套号888,账套名称为"浙江宏业有限公司",启用日期为2018年1月。

(2)单位信息:单位名称为"浙江宏业有限公司",单位简称为"宏业",税号为3307220022564372XX。

(3)核算类型:企业类型为"工业",行业性质为"2007新会计制度科目"并预置科目,账套主管选"李红"。

(4)基础信息:存货、客户及供应商均分类,有外币核算。

(5)编码方案:

①客户分类和供应商分类的编码方案为2

②部门编码的方案为2—2

③存货分类的编码方案为2—2—3—3

④收发类别的编码级次为2—2

⑤结算方式的编码方案为2

⑥科目编码级次4—2—2

⑦其他编码保持不变

(6)数据精度:保持系统默认设置。

4. 分配操作员权限:

(1)操作员于平。拥有"公用目录设置"、"应收款管理"、"应付款管理"、"采购管理"、"销售管理"、"库存管理"、"存货核算"中的所有权限。

(2)操作员赵鑫。拥有"公用目录设置"、"库存管理"、"存货核算"中的所有权限。

二、各系统的启用

1. 启动企业应用平台，以账套主管（001 李红）身份进行注册。
2. 启用"采购管理"、"销售管理"、"库存管理"、"存货核算"、"应收款管理"、"应付款管理"、"总账"系统，启用日期为 2018-01-01。

三、定义各项基础档案

在企业应用平台中的基础设置中，选择"基础档案"来增设下列档案。

1. 设置部门档案：1 制造中心、2 营业中心、3 管理中心。

(1) 制造中心下设：101 一车间、102 二车间。

(2) 营业中心下设：201 业务一部、202 业务二部。

(3) 管理中心下设：301 财务部、302 人事部。

2. 设置职员档案：01 王飞（属业务一部）、02 李华（属业务二部），均为正式工、业务员。
3. 设置客户分类：01 批发、02 零售、03 代销、04 专柜。
4. 设置客户档案（如表 A-1 所示）。

表 A-1　　　　　　　　　　　客户档案

客户编码	客户简称	所属分类	税号	开户银行	账号	信用额度	信用期限
RHGS	荣华公司	批发	37000315466	工行	111		
TFGS	腾飞公司	批发	37010877788	中行	222	100000	30
WXGS	五星公司	专柜	37500012366	建行	333	150000	60
HYGS	红运公司	代销	37545245399	招行	444		

5. 定义供应商分类：01 原料供应商、02 成品供应商。
6. 设置供应商档案（如表 A-2 所示）。

表 A-2　　　　　　　　　　　供应商档案

供应商编码	供应商名称/简称	所属分类	税号	银行/账号
YDGS	远大公司	01 原料供应商	33071082138522AAA	交行 555
DCGS	达昌公司	01 原料供应商	33071482570533BBB	中行 666
MXSH	美新商行	02 成品供应商	33071847822668CCC	农行 777
DXGS	大兴公司	02 成品供应商	33071048800888DDD	工行 888

7. 设置存货分类：

(1) 01 原材料　　——0101　主机　　——0101001 芯片　　——0101002 硬盘

　　　　　　　　　——0102　显示器

　　　　　　　　　——0103　键盘

　　　　　　　　　——0104　鼠标

(2) 02 产成品　　——0201　计算机

(3) 03 外购商品　——0301　打印机

　　　　　　　　　——0302　传真机

(4) 04 应税劳务

8. 设置计量单位(如表 A-3 所示)。

表 A-3　　　　　　　　　　　　　　计量单位

计量单位编号	计量单位名称	所属计量单位组	计量单位组类别
01	盒	无换算关系	无换算率
02	台	无换算关系	无换算率
03	只	无换算关系	无换算率
04	公里	无换算关系	无换算率

9. 设置存货档案(如表 A-4 所示)。

表 A-4　　　　　　　　　　　　　　存货档案

存货编码	存货名称	所属类别	计量单位	税率	存货属性
001	B150 芯片	芯片	盒	17	外购,生产耗用,
002	2T 硬盘	硬盘	盒	17	外购,生产耗用,内销
003	17 英寸显示器	显示器	台	17	外购,生产耗用,内销
004	键盘	键盘	只	17	外购,生产耗用,内销
005	鼠标	鼠标	只	17	外购,生产耗用,内销
006	计算机	计算机	台	17	自制,内销
007	HP 打印机	打印机	台	17	外购,内销
008	运输费	应税劳务	公里	11	外购,内销,应税劳务

10. 设置会计科目:

(1)1122 应收账款,2203 预收账款设为"客户往来",受控系统为应收款管理系统。

(2)220201 应付账款/一般应付账款,1123 预付账款设为"供应商往来",受控系统为应付款管理系统。

11. 选择凭证类别为"记账凭证"。

12. 定义结算方式:01 现金结算、02 支票结算、03 汇票结算。

13. 定义本企业开户银行:01 工行金南路支行,账号为 012345678912。

14. 设置仓库档案(如表 A-5 所示)。

表 A-5　　　　　　　　　　　　　　仓库档案

仓库编码	仓库名称	计价方式
001	原料仓库	移动平均
002	成品仓库	移动平均
003	外购品仓库	移动平均

15. 设置收发类别:

(1)01 正常入库　　——0101 采购入库

　　　　　　　　　　——0102 产成品入库

　　　　　　　　　　——0103 调拨入库

(2)02 非正常入库 ——0201 盘盈入库
——0202 其他入库
(3)03 正常出库 ——0301 销售出库
——0302 生产领用
——0303 调拨出库
(4)04 非正常出库 ——0401 盘亏出库
——0402 其他出库

16. 设置采购类型：01 普通采购，入库类别为"0101 采购入库"。
17. 设置销售类型：01 经销、02 代销，出库类别均为"0301 销售出库"。

考核二 财务与供应链系统初始设置

【目的与要求】

掌握应用 ERP-U8 V10.1 软件期初建账时如何进行财务与供应链系统的初始设置，以及如何设置基础科目和进行各系统期初余额的录入。

【考核内容】

一、设置基础科目

1. 根据存货大类分别设置存货科目（如表 A-6 所示）。

表 A-6　　　　　　　　　　　　存货科目

仓库	存货分类	存货科目
原料仓库	原材料	原材料(1403)
成品仓库	产成品	库存商品(1405)
外购品仓库	外购商品	库存商品(1405)

2. 根据收发类别设置存货的对方科目（如表 A-7 所示）。

表 A-7　　　　　　　　　　　　存货的对方科目

收发类别	对方科目	暂估科目
采购入库	材料采购(1401)	应付账款/暂估应付款(220202)
产成品入库	基本生产成本(500101)	
盘盈入库	待处理流动财产损溢(190101)	
销售出库	主营业务成本(5401)	

3. 设置应收款管理系统中的常用科目（在应收款管理系统中，进入初始设置）。

(1)基本科目设置：应收科目 1122，预收科目 2203，销售收入科目为 6001，税金科目 22210102(应交税费/应交增值税/销项税额)。

(2)结算方式科目设置：现金结算对应 1001，支票结算对应 1002，汇票结算对应 1002。

(3)调整应收系统的选项:将坏账处理方式设置为"应收余额百分比法"。

(4)设置坏账准备期初:坏账准备科目1231,期初余额为10 000元,提取比率为0.5%;对方科目6701。

4. 设置应付款管理系统中的常用科目(在应付款管理系统中,进入初始设置)。

(1)基本科目设置:应付科目220201,预付科目为1123,采购科目为1401,税金科目22210101(应交税费/应交增值税/进项税额)。

(2)结算方式科目设置:现金结算对应1001,支票结算对应1002,汇票结算对应1002。

二、期初余额的整理录入

1. 录入总账系统各科目的期初余额(如表A-8所示)。

表A-8　　　　　　　　　　　　期初余额表

科目编码	科目名称	方向	期初余额
1001	库存现金	借	3 000
1002	银行存款	借	348 000
1122	应收账款	借	25 000
1231	坏账准备	贷	10 000
1401	材料采购	借	80 000
1403	原材料	借	1 000 000
1405	库存商品	借	2 400 000
2202	应付账款	贷	5 000
220201	一般应付账款(应付受控)	贷	5 000
220202	暂估应付账款	贷	0
222101	应交增值税	贷	0
22210101	进项税额	借	0
22210102	销项税额	贷	0
4001	实收资本	贷	3 841 000

说明:应收账款的单位为荣华公司,应付账款的单位为远大公司。

2. 期初货到票未到数的录入。

2017/12/18,业务二部李华收到远大公司提供的2T硬盘100盒,单价为800元,商品已验收入原料仓库(入库单号:RK001),至今尚未收到发票。

操作向导:

(1)启动采购管理系统,录入期初采购入库单。

(2)进行期初采购记账。

3. 期初发货单的录入

2017/12/28,业务一部王飞向腾飞公司出售计算机10台,含税报价为6 000元,由成品仓库发货(发货单号:FH001)。销售类型:经销,业务类型:普通销售,该发货单尚未开发票。

操作向导:

启动销售管理系统,录入并审核期初发货单。

4. 进入存货核算系统,录入各仓库期初余额(如表 A—9 所示)。

表 A—9　　　　　　　　　　　存货系统期初余额

仓库名称	存货名称	数量	结存单价
原料仓库	B150 芯片	700	1 200
	2T 硬盘	200	800
成品仓库	计算机	350	4 800
外购品仓库	HP 打印机	200	3 600

操作向导:
(1)启动存货核算系统,录入期初余额。
(2)进行期初记账。
(3)进行对账。

5. 进入库存管理系统,录入各仓库期初库存(如表 A—10 所示)。

表 A—10　　　　　　　　　　库存管理系统期初库存

仓库名称	存货名称	数　量
原料仓库	B150 芯片	700
	2T 硬盘	200
成品仓库	计算机	350
外购品仓库	HP 打印机	200

操作向导:
(1)启动库存管理系统,录入并审核期初库存(可通过取数功能录入)。
(2)与存货核算系统进行对账。

6. 应收款期初余额的录入及对账。

应收账款科目的期初余额:2017 年 12 月 12 日,业务一部王飞销售给荣华公司产成品 25 000元(以应收单形式录入)。

操作向导:
(1)启动应收款管理系统,录入期初余额。
(2)在总账系统引入应收账款科目期初余额。
(3)与总账系统进行对账。

7. 应付款期初余额的录入及对账。

应付账款/一般应付账款(220201)科目的期初余额中:2017 年 12 月 15 日,业务二部李华到远大公司购材料 5 000 元(以应付单形式录入)。

操作向导:
(1)启动应付款管理系统,录入期初余额。
(2)与总账系统进行对账。

考核三 采购业务

【目的与要求】

掌握在日常业务中如何通过 ERP-U8 V10.1 软件来处理采购入库业务及相关账表查询。

【考核内容】

业务一：

1. 2018/01/01，业务员李华向远大公司询问键盘的价格（90元/只），觉得价格合适，随后向公司上级主管提出请购要求，请购数量为300只。业务员据此填制请购单，需求日期2018/01/03。

2. 2018/01/02，上级主管同意向远大公司订购键盘300只，单价为90元，要求到货日期为2018/01/03。

3. 2018/01/03，收到所订购的键盘300只，填制到货单。

4. 2018/01/03，将所收到的货物验收入原材料仓库（入库单号：RK002）。当天收到该笔货物的专用发票一张（发票号：ZY0418）。

5. 2018/01/03，业务部门将采购发票交给财务部门，财务部门确认此业务所涉及的应付账款及采购成本。

操作向导：

(1)在采购管理系统中，填制并审核请购单。
(2)在采购管理系统中，填制并审核采购订单。
(3)在采购管理系统中，填制并审核到货单。
(4)启动库存管理系统，填制并审核采购入库单。
(5)在采购管理系统中，填制采购发票。
(6)在采购管理系统中，采购结算（自动结算）。
(7)在应付款管理系统中，审核采购发票并制单。
(8)在存货核算系统中，进行入库单记账。
(9)在存货核算系统中，生成入库凭证。
(10)账表查询：
①在采购管理系统中，订单执行情况统计表。
②在采购管理系统中，到货明细表。
③在采购管理系统中，入库统计表。
④在采购管理系统中，采购明细表。
⑤在库存管理系统中，库存台账。
⑥在存货核算系统中，收发存汇总表。

业务二：

2018/01/05，向远大公司购买鼠标400只，单价为50元/只，验收入原料仓库（入库单号：RK003）。同时收到专用发票一张，票号 ZY1811，立即以支票（ZP0215）形式支付货款 17 550

元。

操作向导：

(1)启动库存管理系统,填制并审核采购入库单。
(2)在采购管理系统中,填制采购专用发票,并做现结处理。
(3)在采购管理系统中,采购结算(自动结算)。
(4)在应付款管理系统中,审核采购专用发票,并制单(注意:选择现结发票)。
(5)在存货核算系统中,记账并生成凭证。

业务三：

2018/01/06,向达昌公司购买硬盘 200 只,单价为 800 元/盒,验收入原料仓库(入库单号：RK004)。同时收到专用发票一张,票号为 ZY8501。另外,在采购的过程中,发生了一笔运输费 200 元,税率为 11%,收到相应的运费发票一张,票号为 5678。

操作向导：

(1)启动库存管理系统,填制并审核采购入库单。
(2)在采购管理系统中,填制采购专用发票。
(3)在采购管理系统中,填制运费发票。
(4)在采购管理系统中,采购结算(手工结算)。
(5)在应付款管理系统中,审核采购专用发票,并制单。
(6)在存货核算系统中,记账并生成凭证。

业务四：

2018/01/05,业务员二部李华想购买 100 只鼠标,提出请购要求,经同意填制并审核请购单,根据以往的资料得知提供鼠标的供应商有两家,分别为远大公司和达昌公司,他们的报价分别为 35 元/只和 40 元/只。通过比价,决定向远大公司订购,要求到货日期为 2018/01/06。

操作向导：

(1)在采购管理系统中,定义供应商存货对照表、供应商存货调价单,查看供应商存货价格表。
(2)在采购管理系统中,填制并审核请购单。
(3)在采购管理系统中,执行请购比价生成订单功能,并审核采购订单。

业务五：

2018/01/09,收到远大公司提供的上月已验收入库的 100 盒 2T 硬盘的专用发票一张,票号为 ZY7502,发票单价为 820 元。

操作向导：

(1)在采购管理系统中,填制采购发票(可拷贝采购入库单)。
(2)在采购管理系统中,执行采购结算。
(3)在存货核算系统中,执行结算成本处理。
(4)在存货核算系统中,生成凭证(红字回冲单,蓝字回冲单)。
(5)在采购管理系统中,查询暂估入库余额表。
(6)在应付款管理系统中,审核采购发票并制单。

业务六：
2018/01/10,收到美新公司提供的 HP 打印机 100 台,入外购品仓库(入库单号:RK005),发票尚未收到。由于到了月底发票仍未收到,故确认该批货物的暂估成本为 19 000 元。

操作向导：
(1)在库存管理系统中,填制并审核采购入库单。
(2)在存货核算系统中,录入暂估入库成本。
(3)在存货核算系统中,执行正常单据记账。
(4)在存货核算系统中,生成凭证(暂估记账)。

业务七：
1.2018/01/10,收到大兴公司提供的 17 英寸显示器,数量 102 台,单价为 1 100 元。验收入原料仓库(入库单号:RK006)。
2.2018/01/11,仓库反映有 2 台显示器存在质量问题,要求退回给供应商(入库单号:RK007)。
3.2018/01/11,收到大兴公司开具的专用发票一张,发票号为 ZY440888。

操作向导：
(1)在库存管理系统中,填制并审核采购入库单。
(2)在库存管理系统中,填制红字采购入库单。
(3)在采购管理系统中,填制采购发票。
(4)在采购管理系统中,执行采购结算(手工结算)。
(5)在应付款管理系统中,审核采购发票并制单。
(6)在存货核算系统中,记账并生成凭证。

业务八：
2018/01/12,从远大公司购入的键盘质量有问题,退回 2 只,单价为 90 元,同时收到票号为 ZY6652 的红字专用发票一张,红字采购入库单(RK008)。

操作向导：
(1)在库存管理系统中,填制红字入库单。
(2)在采购管理系统中,填制采购专用发票。
(3)在采购管理系统中,执行采购结算(自动结算)。
(4)在应付款管理系统中,审核采购发票并制单。
(5)在存货核算系统中,记账并制单。

考核四　销售业务

【目的与要求】

掌握在日常业务中如何通过 ERP-U8 V10.1 软件来处理销售出库业务及相关账表查询。

【考核内容】

业务一：

1.2018/01/14,腾飞公司想购买 10 台计算机(销售类型:经销),向业务一部了解价格。业务一部报价为 6 000 元/台,填制并审核报价单。

2.2018/01/15,该客户了解情况后,要求订购 10 台,要求发货日期为 2018/01/16,填制并审核销售订单。

3.2018/01/16,业务一部从成品仓库向腾飞公司发出其所订货物,发货单号(FH002),并据此开具专用销售发票(ZY0418)一张。

4.2018/01/16,业务部门将销售发票交给财务部门,财务部门结转此业务的收入及成本。

操作向导：

(1)在销售管理系统中,填制并审核销售报价单。
(2)在销售管理系统中,填制并审核销售订单。
(3)在销售管理系统中,填制并审核销售发货单。
(4)在销售管理系统中,调整选项(将新增发票默认"参照发货")。
(5)在销售管理系统中,根据发货单填制并复核销售发票。
(6)在应收款管理系统中,审核销售发票并生成销售收入凭证。
(7)在库存管理系统中,审核销售出库单。
(8)在存货核算系统中,执行出库单记账。
(9)在存货核算系统中,生成结转销售成本的凭证。
(10)账表查询：
①在销售管理系统中,查询销售订单执行情况统计表。
②在销售管理系统中,查询发货统计表。
③在销售管理系统中,查询销售统计表。
④在存货核算系统中,查询出库汇总表。

业务二：

1.2018/01/17,业务二部向腾飞公司出售 HP 打印机 5 台,报价为 2 400 元,成交价为报价的 90%,货物从外购品仓库发出,发货单号(FH003)。

2.2018/01/17,根据上述发货单开具专用发票(ZY0419)一张。

操作向导：

(1)在销售管理系统中,填制并审核销售发货单。
(2)在销售管理系统中,根据发货单填制并复核销售发票。
(3)在库存管理系统中,审核销售出库单。
(4)在存货核算系统中,执行出库单记账并生成结转销售成本的凭证。
(5)在应收款管理系统中,审核销售发票并制单。

业务三：

1.2018/01/17,业务一部向腾飞公司出售计算机 10 台,报价为 6 400 元,货物从成品仓库发出。

2.2018/01/17,根据上述发货单开具专用发票(ZY0208987)一张。同时收到客户以支票(ZP011487)所支付的全部货款。

操作向导：

(1)在销售管理系统中,填制并审核销售发货单。

(2)在销售管理系统中,根据发货单填制销售发票,执行现结功能,复核销售发票。

(3)在库存管理系统中,审核销售出库单。

(4)在存货核算系统中,执行出库单记账并生成结转销售成本的凭证。

(5)在应收款管理系统中,审核销售发票并制单。

业务四：

1.2018/01/17,业务一部向腾飞公司出售计算机10台,报价为6 000元,货物从成品仓库发出,发货单号(FH005)。

2.2018/01/17,业务一部向腾飞出售HP打印机5台,报价为2 400元,货物从外购品仓库发出,发货单号(FH006)。

3.2018/01/17,根据上述两张发货单开具专用发票(ZY021)一张。

操作向导：

(1)在销售管理系统中,填制并审核两张销售发货单。

(2)在销售管理系统中,根据上述两张发货单填制并复核销售发票。

(3)在库存管理系统中,审核销售出库单。

(4)在存货核算系统中,执行出库单记账并生成结转销售成本的凭证。

(5)在应收款管理系统中,审核销售发票并制单。

业务五：

1.2018/01/18,业务二部向荣华公司出售HP打印机30台,报价为2 400元,货物从外购品仓库发出,发货单号(FH007)。

2.2018/01/19,应客户要求,对上述所发出的商品开具两张专用销售发票,第一张发票(ZY0219)上所列示的数量为20台,第二张发票(ZY0220)上所列示的数量为10台。

操作向导：

(1)在销售管理系统中,填制并审核销售发货单。

(2)在销售管理系统中,分别根据发货单填制并复核两张销售发票(考虑一下,在填制第二张发票时,系统自动显示的开票数量是否为10台)。

(3)在库存管理系统中,审核销售出库单。

(4)在存货核算系统中,执行出库单记账并生成结转销售成本的凭证。

(5)在应收款管理系统中,审核销售发票并制单。

业务六：

2018/01/19,业务一部向腾飞出售10台HP打印机,报价为4 000元,货物从外购品仓库发出,发货单号(FH007),并据此开具专用销售发票(ZY020)一张。

操作向导：

(1)在销售管理系统中,填制并审核销售发票。

(2)在销售管理系统中,查询销售发货单。
(3)在库存管理系统中,查询销售出库单。
(4)在库存管理系统中,审核销售出库单。
(5)在存货核算系统中,执行出库单记账并生成结转销售成本的凭证。
(6)在应收款管理系统中,审核销售发票并制单。

业务七:

2018/01/19,业务一部向腾飞公司销售商品过程中发生了一笔代垫的安装费500元,现金支付。

操作向导:

(1)在基础设置中,增设费用项目为"安装费",费用类型为"代垫运费"。
(2)在销售管理系统中,填制并审核代垫费用单。
(3)在应收款管理系统中,审核其他应收单并制单。

业务八:

1. 2018/01/20,业务一部向五星公司出售17英寸显示器30台,由原料仓库发货,发货单号(FH009),报价为1 500元/台,同时开具专用发票(ZY0228)一张。
2. 2018/01/20,客户根据发货单从原料仓库领出25台显示器。
3. 2018/01/21,客户根据发货单再从原料仓库领出5台显示器。

操作向导:

(1)在销售管理系统中,调整有关选项(将"是否销售生单"选项的"√"去掉)。
(2)在销售管理系统中,填制并审核发货单。
(3)在销售管理系统中,根据发货单填制并复核销售发票。
(4)在库存管理系统中,填制销售出库单(根据发货单生成销售出库单)。
(5)在存货核算系统中,执行出库单记账并生成结转销售成本的凭证。
(6)在应收款管理系统中,审核销售发票并制单。

业务九:

1. 2018/01/20,业务一部向荣华公司出售17英寸显示器33台,由原料仓库发货,发货单号(FH010),报价为1 500元/台。开具发票时,客户要求再多买2台,根据客户要求开具了35台显示器的专用发票(ZY0229)一张。
2. 2018/01/20,客户先从原料仓库领出30台显示器。
3. 2018/01/21,客户再从原料仓库领出5台显示器。

操作向导:

(1)在库存管理系统中,调整选项(将"允许超发货单出库"选项置上"√"标记)。
(2)在库存管理系统或销售管理系统中,勾选"允许超发货单开票",在基础设置中,定义存货档案(定义超额出库上限为0.2)。
(3)在销售管理系统中,填制并审核发货单。
(4)在销售管理系统中,填制并复核销售发票(注意开票数量应为"35")。
(5)在库存管理系统中,填制销售出库单,根据发货单生成销售出库单(注意选择"按累计出库数调整发货数")。
(6)在存货核算系统中,执行出库单记账并生成结转销售成本的凭证。
(7)在应收款管理系统中,审核销售发票并制单。

业务十:
1.2018/01/21,业务一部向荣华公司出售计算机 200 台,由成品仓库发货,发货单号(FH011),报价为 6 000 元/台。由于金额较大,客户要求以分期付款形式购买该商品。经协商,客户分四次付款,并据此开具相应销售发票。第一次开具的专用发票(ZY0224)为数量 50 台,单价 6 000 元。
2.2018/01/22,业务部门将该业务所涉及的出库单及销售发票交给财务部门,财务部门据此结转收入及成本。

操作向导:
(1)在销售管理系统中,调整有关选项:将"销售生成出库单"选项置上"√"标记;将"有分期收款业务"选项置上"√"标记。
(2)在销售管理系统中,填制并审核发货单(注意选择业务类型)。
(3)在库存管理系统中,审核销售出库单。
(4)在存货核算系统中,执行发出商品记账功能,对发货单进行记账并生成凭证。
(5)在销售管理系统中,根据发货单填制并复核销售发票。
(6)在应收款管理系统中,审核销售发票及生成收入凭证。
(7)在存货核算系统中,执行发出商品记账功能,对销售发票进行记账。
(8)在存货核算系统中,生成结转销售成本凭证。
(9)账表查询:
①在存货核算系统中,查询发出商品明细账。
②在销售管理系统中,查询销售统计表。

业务十一:
1.2018/01/22,业务一部委托红运公司代为销售计算机 40 台,售价为 6 200 元,货物从成品仓库发出,发票号 WT001,发货单号 FH012。
2.2018/01/25,收到利益公司的委托代销清单一张,结算计算机 30 台,售价为 6 200 元。立即开具销售专用发票(ZY0225)给红运公司。
3.2018/01/26,业务部门将该业务所涉及的出库单及销售发票交给财务部门,财务部门据此结转收入及成本。

操作向导:
(1)在存货核算系统中,调整委托代销业务的销售成本结转方法为"发出商品"确定。
(2)在销售管理系统中,调整有关选项,将"有委托代销业务"选项置上"√"标记。
(3)发货时:
①在销售管理系统中,填制并审核委托代销发货单。
②在库存管理系统中,审核销售出库单。
③在存货核算系统中,对发货单进行记账。
④在存货核算系统中,生成出库凭证。

(4)结算开票时：
①在销售管理系统中，填制并审核委托代销结算单。
②在销售管理系统中，复核销售发票。
③在应收款管系统中，审核销售发票及生成销售凭证。
(5)结转销售成本时：
①在存货核算系统中，对发票进行记账。
②在存货核算系统中，生成结转成本的凭证。
(6)账表查询：
①在销售管理系统中，查询委托代销统计表。
②在库存管理系统中，查询委托代销备查簿。

业务十二：

1.2018/01/25，业务一部售给五星公司的计算机10台，单价为6 000元，从成品仓库发出。

2.2018/01/26，业务一部售给五星公司的计算机因质量问题，退回1台，单价为6 000元，收回成品仓库。

3.2018/01/26，开具销售专用发票(ZY0226)一张，数量为9台。

操作向导：
(1)在销售管理系统中，填制并审核发货单。
(2)在销售管理系统中，填制并审核退货单。
(3)在销售管理系统中，填制并复核销售发票(选择发货单时应包含红字)。
(4)在库存管理系统中，审核红字销售出库单。
(5)在存货核算系统中，红字销售出库单记账并生成凭证。
(6)在应收款管理系统中，审核红字销售发票及生成收入凭证。

业务十三：

2018/01/27，委托红运公司销售的计算机退回2台，入成品仓库。由于该货物已经结算，故开具红字专用发票(ZY0288)一张。

操作向导：
(1)在销售管理系统中，填制并审核委托代销结算退回单。
(2)在销售管理系统中，复核红字专用销售发票。
(3)在销售管理系统中，填制并复核委托代销退货单。
(4)在库存管理系统中，查询委托代销备查簿。
(5)在存货核算系统中，发出商品记账(委托销售发货单和销售专用发票)并生成凭证。
(6)在应收款管理系统中，审核红字销售发票及生成收入凭证。

考核五　库存管理

【目的与要求】

掌握在日常业务中如何通过ERP-U8 V10.1软件来处理各种其他业务及相关账表查询。

【考核内容】

业务一：（产成品入库）
1. 2018/01/15，成品仓库收到一车间当月加工的 10 台计算机，作为产成品入库。
2. 2018/01/16，成品仓库收到一车间当月加工的 20 台计算机，作为产成品入库。
3. 2018/01/27，收到财务部门提供的完工产品成本，其中计算机的总成本 160 000 元，立即做成本分配。

操作向导：
(1) 在库存管理系统中，填制并审核产成品入库单。
(2) 在库存管理系统中，查询收发存汇总表。
(3) 在存货核算系统中，进行产成品成本分配。
(4) 在存货核算系统中，执行单据记账。
(5) 在存货核算系统中，生成记账凭证。

业务二：（材料领用）
2018/01/15，一车间从原料仓库领用 B150 芯片 100 盒、T2 硬盘 100 只，用于生产。

操作向导：
(1) 在库存管理系统中，填制并审核材料出库单（建议单据中的单价为空）。
(2) 在存货核算系统中，记账并生成凭证。

业务三：（调拨业务）
2018/01/20，将原料仓库中的 60 只键盘调拨到外购品仓库。

操作向导：
(1) 在库存管理系统中，填制并审核调拨单。
(2) 在库存管理系统中，审核其他入库单。
(3) 在库存管理系统中，审核其他出库单。
(4) 在存货核算系统中，执行特殊单据记账。

业务四：（盘点业务）
2018/01/25，对原料仓库的所有存货进行盘点。盘点后，发现键盘多出 1 只。经确认，该键盘的成本为 80 元/只。

操作向导：
(1) 盘点前：在库存管理系统中，填制盘点单。
(2) 盘点后：
① 在库存管理系统中修改盘点单，录入盘点数量，确定盘点金额。
② 在库存管理系统中，审核盘点单。
③ 在存货核算系统中，对出入库单进行记账。
④ 在存货核算系统中，生成记账凭证。

考核六　往来业务

【目的与要求】

掌握在日常业务中如何通过 ERP-U8 V10.1 软件来处理各种往来业务及相关账表查询。

【考核内容】

第一部分：客户往来款项的处理

一、应收款的确认

将上述销售业务中所涉及的销售发票进行审核,财务部门据此结转各项收入。

操作向导：

(1)在应收款管理系统中,进入[应收单据处理]→[应收单据审核]。

(2)在应收款管理系统中,进入[制单处理],选择发票制单(生成凭证时可做合并制单)。

(3)账表查询：

①根据信用期限进行单据报警查询。

②根据信用额度进行信用报警查询。

二、收款结算

（一）收到预收款

2018/01/06,收到腾飞公司以汇票(HP02165)方式支付的预付货款80 000元。财务部门据此生成相应凭证。

操作向导：

(1)在应收款管理系统中,进入[收款单据处理]→[收款单据录入](注意：款项类型为"预收款")。

(2)在应收款管理系统中,进入[收款单据处理]→[收款单据审核]。

(3)在应收款管理系统中,进入[制单处理],选择收付款单制单。

（二）收到应收款

1.2018/01/26,收到腾飞公司以支票(票号:1086)方式支付的货款64 000元,用于冲减其所欠的第一笔货款(1月16日发票号ZY0418)。

操作向导：

(1)在应收款管理系统中,进入[收款单据处理]→[收款单据录入],录入收款单(注意：款项类型为"应收款")。

(2)在应收款管理系统中,进入[收款单据处理]→[收款单据审核],审核收款单。

(3)在应收款管理系统中,进入[核销]→[手工核销],核销应收款。

2.2018/01/21,收到腾飞公司的500元现金,用于归还其所欠的代垫安装费。

操作向导：

(1)在应收款管理系统中,进入[收款单据处理]→[收款单据录入],录入收款单(注意：款项类型为"应收款")。

(2)在应收款管理系统中,进入[收款单据处理]→[收款单据审核],审核收款单。

(3)在应收款管理系统中,进入[核销]→[自动核销],核销应收款。

3. 查询业务明细账。

4. 查询收款预测。

三、转账处理

(一)预收冲应收

2018/01/27,将收到的腾飞公司80 000元的预收款冲减其应收账款(发票号:ZY0218,金额74 400元)。

操作向导:

(1)在应收款管理系统中,进入[转账]→[预收冲应收]。

(2)在应收款管理系统中,制单。

(二)红票对冲

2018/01/27,将腾飞公司的一张红字销售发票与其一张蓝字销售发票进行对冲。

操作向导:

在应收款管理系统中,进入[转账]→[红票对冲]→[手工对冲]。

四、坏账处理

(一)发生坏账时

2018/01/27,收到通知,应收五星公司54 000元无法收回(发票号ZY0225,1月26日发生的销售业务),做坏账处理。

操作向导:

(1)在应收款管理系统中,进入[转账]→[坏账处理]→[坏账发生]。

(2)在应收款管理系统中,坏账处理制单。

(二)坏账收回

2018/01/28,收回五星公司已做坏账的货款50 000元现金,做坏账收回处理,收到支票(票号ZP2068)。

操作向导:

(1)在应收款管理系统中,进入[收款单据处理]→[收款单据录入],录入收款单(注意:款项类型为"应收款",不要审核收款单)。

(2)在应收款管理系统中,进入[转账]→[坏账处理]→[坏账收回],进行坏账收回处理。

(三)计提本年度的坏账准备

操作向导:

在应收款管理系统中,进入[坏账处理]→[计提坏账准备]。

五、财务核算

(一)将上述业务中未生成凭证的单据生成相应的凭证

在应收款管理系统中,进入[制单处理]:

1. 发票制单

2. 结算单制单

3. 转账制单

4. 现结制单

5. 坏账处理制单

(二)查询凭证

第二部分：供应商往来款的处理

一、应付款的确认

将上述采购业务中所涉及的采购发票进行审核。财务部门据此结转各项成本。

操作向导：

(1)在应付款管理系统中，进入[应付单据处理]→[应付单据审核]，审核采购发票。

(2)在应付款管理系统中，进入[制单处理]，选择发票制单(生成凭证时可做合并制单)。

二、付款结算

2018/01/27，以支票方式(票号：ZP3456)支付给兴盛公司货款 31 590 元(1 月 3 日发票号：CG001)。

操作向导：

(1)在应付款管理系统中，进入[付款单据处理]→[付款单据录入]，录入付款单(注意：款项类型为"应付款")。

(2)在应付款管理系统中，进入[付款单据处理]→[付款单据审核]，审核付款单。

(3)在应付款管理系统中，进入[核销]→[手工核销]，核销应付款。

(4)查询业务明细账。

(5)查询付款预测。

三、转账处理

红票对冲：将远大公司的一张红字采购发票与其一张蓝字采购发票进行对冲。

四、财务核算

将上述业务中未生成凭证的单据生成相应的凭证。

在应付款管理系统中，进入[制单处理]：

1. 发票制单
2. 结算单制单
3. 现结制单

五、月末结账

1. 应收款管理系统结账
2. 应付款管理系统结账

考核七　出入库成本管理

【目的与要求】

掌握企业在日常业务中如何通过 ERP-U8 V10.1 软件进行各出入库成本的计算及月末如何做好结账工作。

【考核内容】

一、单据记账

将上述各出入库业务中所涉及的入库单、出库单进行记账：

1. 调拨单进行记账

2. 正常单据记账

二、财务核算

1. 根据上述业务中所涉及的采购入库单和出库单编制相应凭证
2. 查询凭证

三、月末结账

1. 采购管理系统的月末结账
2. 销售管理系统的月末结账
3. 库存管理系统的月末结账
4. 存货核算系统的月末处理

(1)各仓库的期末处理

(2)生成结转销售成本的凭证(如果计价方式为"全月平均")

(3)存货系统的月末结账

面向21世纪高等院校会计类核心课程实验实训教材系列

ERP供应链管理系统实验指导教程（用友-U8 V10.1版）	毛卫东　叶小平
会计基础能力实训	陈云娟　汪　静
成本会计综合实训	王家华　陈赛珍
企业财务会计综合实训	陈云娟　虞拱辰
企业税收实务综合实训	虞拱辰　陈委委　虞江帆
会计信息系统实验指导教程（第二版）	毛卫东　孙　洁　叶小平

丛书策划　袁　敏
封面设计　杨雪婷

www.sufep.com

ISBN 978-7-5642-2953-5

定价：36.00元